77

SCHÖNSTE ORTE
HOLLAND

Schlösser, Parks und sehenswerte Orte.
Mit Restaurant- und Hotelempfehlungen

MONIKA DIEPSTRATEN

© Hans Zaglitsch

IMPRESSUM

Unsere Inhalte werden ständig gepflegt, aktualisiert und erweitert. Für die Richtigkeit der Angaben übernimmt der Verlag jedoch keine Haftung. | © 1. Auflage 2013

Umschlag- und Reihenkonzept, insbesondere die Kombination von Griffmarken und Schlagwort-System auf dem Umschlag, sowie Text, Gliederung und Layout, Karten, Tabellen, Piktogramme und Illustrationen sind urheberrechtlich geschützt. | Abdruck und Einspeisung in elektronische Medien, auch auszugsweise, nur mit Genehmigung des Verlags | **Druck & Bindung:** AZ Druck, Kempten; www.az-druck.de | **Umschlaggestaltung:** pmv, Agentur 42, Mainz. www.agentur42.de, Annette Sievers unter Verwendung eines Fotos vom Keukenhof (© PR Keukenhof) | **Fotos:** Monika Diepstraten. Wenn nicht anders angegeben, alle Rechte beim Verlag, siehe Nachweis beim jeweiligen Bild. Wir danken allen Unterstützern, insbesondere Hans Zaglitsch, http://hans-zaglitsch.photoshelter.com, und dem Nederlands Bureau voor Toerisme & Congressen, NBT | **Karten:** pmv | **Lektorat:** Sarah König, Annette Sievers (v.i.S.P.) | **Bezug:** über Prolit, Fernwald-Annerod, oder über den Verlag, vertrieb@PeterMeyer-Verlag.de, ℡ 069/40562570 | **ISBN 978-3-89859-180-5**

INHALT

AB ANS WATTENMEER: DER NORDEN

Der besondere Tipp:
Het kleine Paradijs 19
Dromen aan Zee 21

WATT-DIAMANTEN: DIE INSELN

Der besondere Tipp:
Spitzenhotel auf Vlieland 53

DIE HAUPTSTADT AMSTERDAM

Der besondere Tipp:
Jamie Oliver's Fifteen 89
Amstel Botel 92

ZEICHEN IN TEXT & KARTEN   **LEGENDE**

Infostelle VVV, Tourist-Information   ❶

Öffnungszeiten der Sehenswürdigkeit   🕐

Tour: wandern, radeln, Bootstour, Stadtrundgang   ➲

(Bier, Wein) probieren und kaufen   ◔

Buch-/Kartentipp, Bibliothek   🄐

Unterkunft   ♠

Restaurant, Bistro   ✖

Café, Kneipe, Bar   ▣

Museum, Ausstellung   Ⓜ

Kino | Theater   🅚 🅣

Konzert, Tanz   🎵

Wassersport, Wellness   ⛱

VEEL PLEZIER IN HOLLAND!

Sie kennen unseren Nachbarn noch nicht? Dann nichts wie hin! Denn die Niederlande – oft nur mit Tulpen, Windmühlen und orange gekleideten Fußballfans assoziert – stecken voller Überraschungen! Hollandreisende wissen das und kommen deswegen immer wieder in dieses unkomplizierte, vielseitige Land. Und auch für sie gibt's immer was Neues zu entdecken.

Dieser Freizeitführer wurde für Hollandneulinge ebenso wie für langjährige Fans unseres vielfältigen Nachbarlands geschrieben. Er eignet sich für Einzelreisende, Paare, Familien und Reisegruppen. Ziel ist es, die Vielseitigkeit der Niederlande aufzuzeigen. Denn das Land bietet eine Fülle an verschiedenen Freizeitmöglichkeiten: vom Spaziergang durch malerische Städtchen mit altholländischem Flair über eine Schiffsrundfahrt auf dem IJsselmeer bis zum Besuch eines Orchideengartens.

Neben Altbekanntem finden Sie auch Unerwartetes oder gar Überraschendes. Wussten Sie zum Beispiel, dass es möglich ist, sich von einem echten Gondoliere durch die Grachten von Utrecht fahren zu lassen? Oder hätten Sie Weingüter in Holland erwartet? Ungewöhnliche **Museen** werden ebenso vorgestellt wie besondere **Einkaufsmöglichkeiten**. Und da das müde Haupt auch schon mal ein Kissen braucht, finden Sie **Unterkünfte** von stilvoll bis originell. Wie wäre es mit einem Bett im Leuchtturm? Oder würden Sie lieber mal eine Nacht im Weinfass schlummern? Auch der **Genuss** kommt nicht zu kurz. Ob Whisky- oder Bierverkostung, Picknick oder Edelrestaurant, für jeden Geschmack ist etwas dabei.

Dieses Buch behandelt die gesamten Niederlande. Da sich umgangssprachlich die Bezeichnung Holland durchgesetzt hat, verwende auch ich diesen Namen.

Veel Plezier – Viel Vergnügen
wünscht Ihnen Monika Diepstraten

Monika Diepstraten

Die Autorin ist vielen pmv-Lesern bereits von ihrem Freizeitführer für Familien »Hollands Küste mit Kindern« bekannt. Hier nun hat sie Orte für Sie zusammengetragen, die sehenswert bedeutend – oder einfach nur sehenswert lustig sind. Dass Monika Diepstraten dabei ihren Spaß hatte, merkt man ihrer Auswahl an.

Zum Gebrauch des Buches

Die Niederlande wurden für diesen Freizeit- und Reiseführer in Regionen eingeteilt. Dabei habe ich mich nur manchmal an die Einteilung der Provinzen gehalten. Wo nötig, wurden diese Verwaltungsgrenzen einfach übersprungen. Die »Griffmarken«, wie pmv seine Kapitel nennt, beginnen im Norden des Landes, den ich in eine Rundreise ans **Wattenmeer** integriert habe. Die fünf **Inseln** *Texel, Vlieland, Terschelling, Ameland* und *Schiermonnikoog* gehören aus Sicht des Touristen als **Watt-Diamanten** unbedingt zusammen. Dies habe ich auch so gehandhabt, obwohl *Texel* zu *Nordholland* zählt und die übrigen Eilande friesisch sind. Natürlich gebührt der lebendigen Hauptstadt **Amsterdam** ein eigenes Kapitel. Viele Reisende werden vielleicht zunächst nur sie besuchen, bevor sie die Küste für sich entdecken. Die **Nordseeküste** samt ihrem attraktiven Hinterland und der südholländischen Provinzhauptstadt **Den Haag** ist ebenso zusammengefasst dargestellt wie das **IJsselmeer,** das mit seinem südlichen Teil, dem *Markermeer,* eine Einheit bildet. Eine Runde um diesen großen und großartigen Binnensee ist nicht nur für Wassersportler ein Genuss.

Danksagung: Für die wertvolle Unterstützung bei der Entstehung des vorliegenden Reiseführers bedanke ich mich bei meinem Mann Corné, bei allen Freunden und Verwandten dies- und jenseits der deutsch-niederländischen Grenze sowie beim gesamten Team des Peter Meyer Verlags.

Als Herz der Niederlande werden die beiden Provinzen **Utrecht** und **Nordbrabant** gemeinsam vorgestellt bevor es wieder Richtung Deutschland zurückgeht. Die vielseitige Grenzregion des **Gelderlands** im Nordosten sowie **Maastrichts** im hügeligen Süden gehören beide zum Teil der Provinz Limburg an, verdienen aber ebenfalls eigene Kapitel. Gerade Maastricht mit seinem gemütlichen Boulevard-Flair zieht die Besucher aus dem nahen Rheinland immer wieder an.

Die Reihenfolge der Orte, Sehenswürdigkeiten und Aktivitäten wurde so angelegt, dass eine **Rundreise** möglich ist. Zu jedem Ort und den einzelnen Aktivitäten finden Sie daher detaillierte Angaben für die **Anfahrt** mit dem **Auto** und dem **öffentlichen Nahverkehr.**

Die **Karten** am Ende des Buches sollen Ihnen einen Überblick über Kapiteleinteilung, Provinzen und Orte sowie zu Amsterdams City geben, können aber natürlich eine offizielle Straßenkarte oder einen Stadtplan nicht ersetzen. Hier bitten wir Sie, im Buchhandel entsprechend zu ordern.

Die Autorin und der Verlag sind stets um Aktualität bemüht. Dennoch ist es möglich, dass sich Öffnungszeiten und/oder Preise zwischenzeitlich ändern. Betrachten Sie die Angaben daher bitte als Richtwerte. Es ist ratsam, vor Ihrer Abreise einen Blick auf die jeweilige Internetseite zu werfen.

Karte Niederlande 1:200.000, Marco Polo 8,99 €. Zu beziehen über **Landkartenhaus Angermann,** Mauergasse 21, Wiesbaden, ✆ 0611/376061. www.landkartenhaus.de, info@landkartenhaus.de.

Post bitte an:
Peter Meyer Verlag
Schopenhauerstraße 11
60316 Frankfurt a.M.
info@PeterMeyerVerlag.de
www.PeterMeyerVerlag.de

AB ANS WATTENMEER:
DER NORDEN

*Typisch Friesland: Boote
in einem der vielen Kanäle*
© pmv, Foto Monika Diepstraten

DER NORDEN DER NIEDERLANDE

Auf dem Weg von der deutschen Grenze ans Wattenmeer kann der aufmerksam Reisende links und rechts des Weges eine Vielzahl an Interessantem und Spannendem entdecken.

Das **Gezeitengebiet Watt** gehört als Lebensraum für Vögel und Seehunde zu den bedeutendsten Naturgebieten in Europa. Die Küste spielt im Bereich Tourismus meist als Ausgangspunkt für **Wattwanderungen** und Vogelbeobachtungen eine wichtige Rolle.

Die Städte **Groningen** und **Leeuwarden** weisen einiges Sehenswertes auf und haben zudem einen gemütlichen Innenstadtbereich. Doch auch die **kleineren Orte** in den bevölkerungsarmen Landstrichen mit viel grüner Natur sowie Kanälen und riesigen Wasserflächen halten die ein oder andere Überraschung bereit. Da steht inmitten urfriesischer Landschaft ein buddhistischer Tempel und im Dörfchen Havelte fliegen hunderte exotische Schmetterlinge. Die Wattenmeerküste und Ihre Reise dorthin sind alles andere als langweilig.

➔ Das **Wadloopcentrum Fryslân** organisiert verschiedene Wattwanderungen ab Holwerd. Infos unter www.wadlopen.net oder info@wadlopen.net.

FESTKALENDER

Christi Himmelfahrt:	Leeuwarden: **Bloemetjesmarkt,** großer Blumenmarkt 8 – 18 Uhr auf der Tesselschadestraat und Lange Marktstraat.
Juli:	Grou: **Skûtsjesilen,** Regatta mit alten Segelschiffen aus verschiedenen friesischen Orten.
Juli und August:	Zentrum von Emmen: **Vlindermarkt,** kombinierter Waren- und Flohmarkt, jeden Di.
August:	Groningen: **Festival Noorderzon,** Musik- und Theaterfestival im Park Noorderplantsoen, 10 Tage. www.noorderzon.nl.
September:	Eelde: **Blumenkorso,** Wochenende des 1. So im Sep, www.bloemencorso-eelde.nl.

VON WASSERSTRASSEN DURCHZOGEN: GIETHOORN

Das autofreie Dorf mit 2600 Einwohnern ist von Kanälen durchzogen und wird auch *Holländisches Venedig* genannt. Der ganze Ort ist eine einzige Sehenswürdigkeit. Entlang der **Grachten** stehen hübsche rietgedeckte Bauernhäuser aus dem 18. und 19. Jahrhundert zwischen liebevoll angelegten Gärten. Auf einer Bootsfahrt, zum Beispiel mit einem elektrisch betriebenen Flüsterboot, können Sie den Ort am besten entdecken.

ⓘ *VVV Giethoorn, Eendrachtsplein 1, 8355 DL Giethoorn. www.ervaarhetwaterreijk.nl. giethoorn@hetWaterReijk.nl. **Bahn/Bus:** Bhf Steenwijk Bus 70 Richtung Zwolle bis Dominee T.O. Hylkemaweg, Giethoorn. **Auto:** N334 ortseinwärts, links auf Bartus Warnersweg, links auf Eendrachtsplein. **Zeiten:** Jan – März, Okt – Dez Mo, Mi – Fr 10 – 16, April – Juni, Sep Mo – Sa 9.30 – 17.30, Juli – Aug Mo – Sa 9.30 – 17.30, So 11 – 15 Uhr.*

➜ In der Umgebung von Giethoorn finden Sie ein Netz von Fahrradwegen mit markierten Radrouten vor.

Bootsfahrt durch die Kanäle

Es werden einstündige Rundfahrten durch das autofreie Wasserdorf Giethoorn angeboten. Dabei fährt das Boot, ausgestattet mit einem umweltfreundlichen und leisen Elektromotor, in gemächlichem Tempo durch die schmalen Kanäle und unter malerischen Brücken hindurch. Die überdachten Boote sind zugänglich für alle Arten von Rollstühlen und werden im Winter beheizt. An Sommertagen hingegen können die Glasscheiben hochgeklappt werden. Die Kapitäne aller sechs

© Het waterrijk Giethoorn

Grüne Straße: Bei einer Bootsfahrt durch die Kanäle von Giethoorn

't Zwaantje, Dominee T.O. Hylkemaweg 1, CD Giethoorn. ✆ 0031-521/361593. Mo – Mi, Fr – So 10 – 19 Uhr. Lokale Gerichte, Pfannkuchen in altholländischem Ambiente.

Rundfahrtboote sind multilingual, sodass Informationen auch in deutscher Sprache an die Fahrgäste weitergegeben werden können.

❱ *'t Zwaantje, Dominee T.O. Hylkemaweg 1, 8355 CD Giethoorn.* ✆ *0031–521/361593, Handy 00316/44070034. www.zwaantje.nl. info@zwaantje.nl.* **Bahn/Bus:** *Ab Bhf Steenwijk Bus 70 Richtung Giethoorn bis Dominee Hylkemaweg 7.* **Auto:** *Einfahrt Parkplatz von der Durchgangsstraße N334 Beulakerweg, neben Hausnummer 135.* **Zeiten:** *Feb – Okt Mo – Mi, Fr – So 10 – 18 Uhr.* **Preise:** *5,95 €; Kinder 4 – 11 Jahre 4 €, Kinder bis 3 Jahre 1 €.* **Infos:** *Parken kostenlos für Kunden, in der Hochsaison 5 € Parkgebühr, wird bei einem Mindestumsatz von 20 € verrechnet.*

Museum für schmucke Edelsteine

In einem rietgedeckten Haus im Zentrum des Dorfes ist die einzigartige Sammlung von Edel- und Schmucksteinen ausgestellt. Der Abenteurer *René Boissevain* gründete dieses Museum im Jahr 1969, um den Schätzen, die er von seinen Reisen rund um den Erdball mitbrachte, einen würdigen Platz zu geben. Seitdem wuchs und wächst die Kollektion ständig. Auch die heutigen Besitzer, das Ehepaar *Visser,* sind stets auf der Suche nach besonders schönen Steinen. Zu den Besonderheiten der Ausstellung gehören das weltgrößte Fossilienei und ein 50 Millionen Jahre alter versteinerter Baumstamm mit einem Gewicht von 750 kg. Das Museum bietet seinen Besuchern die Möglichkeit, die faszinierende Farbenpracht der Steine unter UV-Licht zu bewundern.

Souvenirshop, Binnenpad 62, BV Giethoorn. ✆ 0031-521/361272. www.koppers-giethoorn.nl. Täglich 10 – 18 Uhr. Souvenirs.

Im Museumsladen finden Sie Mitbringsel in jeder Preisklasse.

Ⓜ *Museum De Oude Aarde, Binnenpad 43, 8355 BR Giethoorn.* ✆ *0031–521/361313. www.deoudeaarde.com. info@deoudeaarde.com.* **Auto:** *N334 Richtung Giethoorn, rechts auf De Deukten, am Ende links auf Kerkweg, geht über in Binnenpad.* **Zeiten:** *März – Okt 10 – 18, Nov – Feb Mi – So 10 – 17 Uhr.* **Preise:** *3,50 €; Kinder 4 – 12 Jahre 2,50 €.*

Museum der Geschichte des Tauchens

In einem ehemaligen Bauernhof befindet sich das Tauchermuseum. Dort ist eine beachtenswerte Sammlung an Gegenständen untergebracht, die Bezug zum Thema haben. Sie sehen Taucherhelme und -anzüge aus den Anfängen dieses (Unter-)Wassersports. Das erste handgefertigte Atemgerät ist ebenso ausgestellt wie eine Dekompressionskammer aus dem Jahr 1952. Ergänzend werden Filme über das Tauchen gezeigt.

M *In den coop'ren Duikhelm,* Binnenpad 62, 8355 BV Giethoorn. © 0031–521/362211, 362564, Handy 00316/57576682. www.koppers-giethoorn.nl/duikersmuseum.html. *Bahn/Bus:* Im Zentrum. *Auto:* Öffentlicher Parkplatz Batus Warnusweg/Hylkemaweg. *Zeiten:* Täglich 10 – 18 Uhr. *Preise:* Eintritt frei.

Muschelgalerie

Die **Galerie Gloria Maris** liegt idyllisch an der Dorfsgracht im Zentrum des malerischen Ortes. Sie zeigt die Schönheit von Muscheln und Korallen, die von der Natur unter Wasser geschaffen wurde. Darunter befindet sich auch die Namensgeberin der Galerie *Gloria Maris.* Diese Conusart wird 10 – 12 cm lang, hat ein porzellanartiges Gehäuse und gehört zu den wertvollsten Muscheln der Welt. Hübsche Dekorationsgegenstände und ausgefallener Schmuck werden zum Kauf angeboten.

© Annette Sievers

Meeresschnecke der Gattung Strombidae

🕐🕑 *Gloria Maris,* Binnenpad 115, 8355 BV Giethoorn. © 0031–521/361582. www.gloria-maris.nl. gloria-maris@hotmail.com. *Bahn/Bus:* Im Zentrum. *Auto:* Ab VVV auf Bartus Warnersweg, dort möglichst parken, von dort kurzer Fußweg Richtung Dorfkern. *Zeiten:* April – Sep täglich 10 – 18, Okt 11 – 17 Uhr, Nov – März nach Absprache. *Preise:* Eintritt frei.

☀ **Muscheln** *filtern das Wasser und sind daher wichtig für das ökologische Gleichgewicht der Gewässer.*

Die Gärten von Mien Ruys

Seit ihren zaghaften Anfängen in der Staudengärtnerei ihrer Eltern im Jahr 1924 wurden im Laufe der

Jahre unter der Federführung der 1999 verstorbenen Gartenarchitektin *Mien Ruys* auf einer Fläche von 2,5 Hektar 28 verschiedene Stilgärten angelegt. Darunter sind ein Stadt-, ein Wald-, ein Wasser- und ein Verwilderungsgarten. Die kreative Gärtnerin experimentierte mit Formen und Pflanzen. Sie wurde bekannt durch den Einsatz ungewöhnlicher Materialien wie Eisenbahnschwellen und Waschbeton bei der Gartengestaltung. Die Arbeit mit den Bahnschwellen brachte ihr den Spitznamen *Bielzenmien* (Bahnschwellen-Mien) ein.

🕐 *Tuinen Mien Ruys, Moerheimstraat 84, 7701 CG Dedemsvaart. ✆ 0031–523/614774. www.mienruys.nl. tuinen@mienruys.nl. **Bahn/Bus:** Bhf Zwolle Bus 83 bis Krikkenstraat. **Auto:** N377 Richtung Coevorden, Beschilderung Dedemsvaart folgen. **Zeiten:** April – Okt Di – Sa 10 – 17 Uhr, So 12 – 17 Uhr, Gruppen nach Voranmeldung. **Preise:** 7,50 €; Kinder 4 – 14 Jahre 3,50 €; Gruppen ab 25 Pers 6,50 €.*

☀ **Tipp:** April – Okt wird jeweils am 1. Sa des Monats eine kostenlose Führung durchgeführt (nicht für Gruppen).

HAVELTE, PERLE VON DRENTHE

Havelte trägt den Beinamen *Perle von Drenthe*. Gemeinsam mit den Dörfern Diever, Dwingeloo und Vledder bildet Havelte die Gemeinde Westerveld. Zu den Sehenswürdigkeiten des Ortes zählen die **Kirche,** welche im Ursprung aus dem Jahr 1310 stammt, die **Havelter Kornmühle** aus dem Jahr 1914 sowie der viel besuchte **Schmetterlingspark.** Havelte liegt an der Fahrradroute **Hünengräberroute,** die auf einer Länge von 28 km durch Drenthe führt. Die **Dolmen** D53 und D54 finden Sie am Havelterberg.

☀ *Dolmen ist der international gebräuchliche Fachausdruck für Hünengräber. Das Wort kommt aus dem Bretonischen und bedeutet Steintisch.*

ℹ️ *Tourist Info Havelte, Boskampsbrugweg 2, 7971 CL Havelte. ✆ 0031–521/314222. www.tipwesterveld.nl. info@toeristischwesterveld.nl. **Bahn/Bus:** Bhf Meppel Bus 20 Richtung Assen bis Brink. **Auto:** A32 Ausfahrt 4 Havelte, rechts auf N371 Richtung Havel-*

te, links auf N353, rechts auf Boskampsbrugweg.
Zeiten: April – Sep Mo – Sa 10 – 16 Uhr, Okt – März
Mo – Sa 10.30 – 12.30 Uhr.

Reiterferienzentrum

In grüner Natur, umgeben von Wäldern und Heide,
liegt das weitläufige Reiterferienzentrum. Für Gäste
stehen drei **Apartments** zur Verfügung. Auf dem Gelände befindet sich auch ein kleiner **Campingplatz**
mit 15 Stellplätzen. Pferde finden in 23 Pferdebo-
xen Platz. Es gibt zwei Außenreitbahnen (20 x 25 m
und 10 x 25 m), einen Longierring und ganz viel Weideland.

🏠 **Ruitervakantiecentrum Havelte,** Van Helomaweg 3a,
7971 PW Havelte. ℂ 0031–521/341777. www.rui-
tervakantiecentrum.nl. info@ruitervakantiecen-
trum.nl. **Bahn/Bus:** Ab Bhf Meppel Bus 20 Richtung
Assen bis Centrum Havelte. **Auto:** An der N353 auf
der Höhe von Havelte. **Preise:** Apartment Mo – Fr ab
145 €, Campingplatz 2 Pers, Wohnwagen und Strom
16,50 €, Pferdebox pro Tag 15 €, pro Woche 95 €.

Das Schmetterlingsparadies

Im **Papiliorama** leben hunderte exotische
Schmetterlinge aus Süd- und Mittelame-
rika, Südost-Asien und Afrika. Täglich flat-
tern sie auf der Suche nach Nahrung
durch den 900 qm großen Glashausgar-
ten mit unzähligen tropischen Pflanzen.
Da sollte die Fotokamera unbedingt mit
eingepackt werden. Darüber hinaus werden die vier Entwicklungsstadien vom Ei
über die Raupe und Puppe bis zum
Schmetterling anschaulich dargestellt. Eine weitere Attraktion ist ein 50 Millionen
Jahre alter versteinerter Schmetterling.

🕐 **Papiliorama,** Van Helomaweg 14, 7971
PX Havelte. ℂ 0031–521/342155.
www.vlinderparadijs.nl. **Bahn/Bus:** Bhf

*Kitzelig? Egal, Haupt-
sache, der Falter fühlt
sich wohl*

© Vlindertuin

Im Imbiss Jungle Café gibt es Salate, Sandwiches und Getränke. In ausgewiesenen Bereichen ist Picknicken erlaubt.

*Meppel Bus 20 Richtung Assen bis Havelte. **Auto:** An der N353 zwischen Havelte und Frederiksoord. **Zeiten:** Täglich 9 – 17 Uhr. **Preise:** 6 €; Kinder 3 – 12 Jahre 4,50 €; Gruppen ab 15 Pers 5 €.*

Mit Hoffmanns Erzählungen zu Bett

Das gemütliche Drei-Sterne-Hotel liegt in dem charakteristischen Drenther Dorf. Es bietet elf geräumige und komfortable Zimmer mit Dusche und WC, TV, Radiowecker, Internetanschluss und Sitzecke. Drei Zimmer sind für behinderte Gäste geeignet. Sie sind mit höhenverstellbaren Betten und angepassten Toiletten ausgestattet. Zum Haus gehören Lift, Lounge, Bar und Restaurant.

Hoffmann's Vertellingen, Dorpsstraat 16, CR Havelte. ✆ 0031-521/342306. www.hoffmannsvertellingen.nl. 12 – 20 Uhr. Fisch- und Wildgerichte.

🔺 *Hotel Hoffmann's Vertellingen ✳ ✳ ✳, Dorpsstraat 16, 7971 CR Havelte. ✆ 0031–521/342306. www.hoffmannsvertellingen.nl. info@hoffmannsvertellingen.nl. **Bahn/Bus:** Bhf Meppel Bus 20 Richtung Meppel bis Havelterbrug. **Auto:** N371 bei Havelte auf Dorpsstraat. **Preise:** ÜF 44 € pro Person im DZ.*

DIEVER, DAS KULTURDORF

Das Dorf mit etwa 2200 Einwohnern liegt im Südwesten der Provinz, unmittelbar im Nationalpark **Drents-Friese Wold.** Sehenswert ist die Kirche **St. Pancratius,** die in ihrem Ursprung aus dem 12. Jahrhundert stammt. Dort werden regelmäßig Ausstellungen lokaler Künstler organisiert.

Der **Drents-Friese Wold** bietet 130 km Wanderwege mit 30 markierten Routen. Eine Wanderkarte ist bei den VVV-Büros erhältlich.

ℹ️ *VVV Diever, Bosweg 2a, 7981 LE Diever. ✆ 0031–521/591748. www.drents-friesewold.nl. vvv.diever@worldonline.nl. **Bahn/Bus:** Bhf Assen Bus 20 Richtung Meppel bis Kasteel. **Auto:** Am Ende der N855 in Diever. **Zeiten:** Mo – Fr 9 – 17 Uhr.*

Sein oder Nichtsein

Das überregional bekannte **Theater** zeigt seit 1946 Stücke von **William Shakespeare.** Rund ums Jahr werden auf der Freilichtbühne Klassiker wie »Ham-

let«, »Viel Lärm um nichts« oder »Ein Sommer-
nachtstraum« vor rund 1000 Zuschauern aufge-
führt. Regenschirme sind wegen der Sichtbehinde-
rung nicht erlaubt; ein Regencape ist eine gute Alternative. Sie können Getränke und kleine Speisen
vor Ort kaufen oder selbst etwas mitbringen. Genießen Sie einen unvergesslichen Abend voller Kultur
inmitten der herrlichen Natur.

🅣 *Shakespeare-Theater, Hezenes 3, NL-7981 LD Die-*
ver. © 0031521/591223, www.shakespearetheater-
diever.nl. Auto: Von der A855 Richtung Dieverbrug
links auf Bosweg, dann rechts auf Hezenes. Zeiten:
Termine unter Speeldata. Preise: 14 €, 10,50 € für
Voraufführungen (Tryouts). Infos: Im Winter ist das
Theater nicht für Rollstuhlfahrer geeignet.

🔒 Kartenverkauf on-
line, telefonisch
0031521/594999 (Di
13.30 – 15.30 Uhr) oder
im Supermarkt COOP in
der Hoofdstraat 82 in
Diever.

Die Kathedrale der Kreativität

Die **Ecokathedraal** in Mildam ist keine Touristenattraktion, sondern eine Baustelle. *Louis Le Roy* begann im Jahr 1982 aus Restmaterial von Pflaste-
rern wie Bürgersteigplatten oder Klinkersteinen eine Ecokathedrale aufzustapeln. Er mauert nicht, er
stapelt wirklich nur. Ab und an bekommt er eine
neue Materiallieferung und arbeitet weiter an seinem Endlos-Projekt. Interessenten können jederzeit
vorbeischauen.

🕐 *Ecokathedraal, Yntzelaan, 8454 KG Mildam.*
www.ecokathedraal.nl. Bahn/Bus: Bhf Heerenveen
Bus 15 Richtung Assen bis Mildam. Auto: Parken
beim Kaffee und Teehaus Liefhebberij De Hooiberg
oder Restaurant het Hof van Schoterland, von dort et-
wa 5 Min Fußweg. Preise: frei zugänglich.

☀ **Tipp:** Es gibt keine
Toiletten und keine
Parkmöglichkeiten in
unmittelbarer Nähe
des Bauwerks.

GROU, DAS DORF AM WASSER

Das Dorf liegt am See *Pikmeer* sowie am *Prinses-*
Margriet-Kanal. Es verfügt über mehrere **Jachthä-**
fen. Sehenswert ist die im 13. Jahrhundert erbaute
Sint Piterkirche auf einer **Warf.** Jedes Jahr im Juli

*☀ Eine **Warf** ist ein künstlich aufgeschütteter Hügel, der Mensch und Tier bei Sturmfluten Schutz bietet.*

findet in Grou das **Skûtsjesilen** statt. Dies ist eine bedeutende Regatta mit alten Segelschiffen aus verschiedenen friesischen Orten.

*ⓘ **VVV Grou,** Parkstraat 3, 9001 AS Grou. ℰ 0031– 566/621333. www.vvvgrou.nl. info@touristinfo-grou.nl. **Bahn/Bus:** Bhf Grou-Jirnsum Bus 28 Richtung Heerenveen bis Sporthal, Grou. **Auto:** A32 Ausfahrt 14 Grou, Richtung Idaerd/Jirnsum, rechts Stationsweg, wird zur Parkstraat. **Zeiten:** Mo, Fr 13 – 17.30, Di – Do 9.30 – 12, 13 – 17.30, Sa 10 – 15 Uhr. **Infos:** Möglicherweise muss das VVV Grou seine Pforten schließen. Bitte vorab kontaktieren.*

Der Rad-Achter von Grou

Die Fahrradtour **De 8 van Grou** gleicht in seiner Form auf der Landkarte der Zahl 8. Die Ausgangsposition ist Grou, unterwegs müssen neun Radfahrer- und Fußgängerfähren, sogenannte **pontjes,** zum Überqueren von Kanälen benutzt werden. Gerade das macht aus dieser Fahrradroute ein besonderes Erlebnis. Sie gilt daher auch als die Fährenstrecke der Niederlande. Auf Ihrer Tour radeln Sie durch das wasserreiche Gebiet des **Nationalparks De Alde Feanen,** an friesischen Dörfern entlang und durch offene Weidelandschaft.

*➲ **Grou – Akkrum – Veenhoop – Hurdegaryp – Leeuwarden,** Grou. www.de8vangrou.nl. **Länge:** 65 km (Abkürzungen sind möglich). **Zeiten:** April – Sep. **Preise:** Fähren 0,30 – 0,80 €.*

Shopping-Eldorado für Wassersportler

Aquaverium ist die größte permanente Wassersport-Ausstellung des Landes. In dem futuristisch anmutenden Gebäude aus Stahl und Glas ist auf einer Gesamtfläche von 11.000 qm ein Geschäft mit Wassersportartikeln wie Kleidung, Anglerbedarf und Büchern untergebracht. Auch Schiffsmakler und eine große, stets wechselnde Anzahl an Booten, vom Kanu bis zur Motorjacht, finden Sie hier.

@ Download Radroute: gpstracks.nl – Fietsroutes – Friesland. Fähr-Abfahrtzeiten: www.visitgrou.nl – Pontinformatie.

*➲ Eine Weiterreise ab Bhf Sneek ist per Mietfahrrad möglich. In Sneek gibt es zwei **Fahrradvermietungen**. Die Adressen finden Sie beim VVV Sneek.*

*ⓘ **VVV Sneek,** Marktstraat 20, CV Sneek. ℰ 0031-515/ 750676. www.vvv-sneek.nl. Mo – Fr 10 – 16, Sa 11 – 14 Uhr. Infos, Vermittlungen und Vermietungen.*

Aquaverium, *De Finnen 1, 9001 XW Grou. ✆ 0031–566/820201. www.aquaverium.nl. info@aquaverium.nl.* **Bahn/Bus:** *Bhf Leuwwarden Bus 28 bis Sporthal Grou.* **Auto:** *An der A32.* **Zeiten:** *Di – Sa 10 – 17, Sa 12 – 17 Uhr.* **Preise:** *Eintritt frei (außer bei Veranstaltungen).*

 **Eetcafé Deksels Eten & Drinken,** Wijdesteeg 8c, AK Grou. ✆ 0031-566/621363. 17 – 21 Uhr. Menüs und kleine Gerichte.

DIE KIRCHE VON EASTERREIN

Easterrein gehört zu *Littenseradiel* und ist nicht zu verwechseln mit Oosterend auf der nordholländischen Insel Texel. Zu den Sehenswürdigkeiten gehört die **Martinikirche,** welche in großen Teilen aus dem Mittelalter stammt. Sie wird auch die Kathe-

DER BESONDERE TIPP Het kleine Paradijs

Zwei geräumige, rustikal eingerichtete **Baumhäuser** in 7 m Höhe bieten jeglichen Komfort und Platz für zwei bis vier schwindelfreie Übernachtungsgäste. Eine hölzerne Laufbrücke verbindet die Unterkunft mit einer gemütlichen Terrasse. Von dort genießen Sie einen wunderschönen Blick über die umliegende Naturlandschaft. Das mongolische Ger, auch bekannt unter dem türkischen Namen Jurte, wird von Nomaden seit tausenden von Jahren als Wohnstätte genutzt. Ein solches Ger können Sie hier ebenfalls mieten. Das geräumige Zelt ist zu allen Jahreszeiten bewohnbar. Denn zur sehr gemütlichen Einrichtung gehört auch eine Ausstattung mit Kochgelegenheit und Holzofen. Moderne sanitäre Einrichtungen befinden sich ganz in der Nähe.

Het kleine Paradijs, Meilahuzen 9, 8734 GA Easterein. ✆ 0031-515/331136, www.hetkleineparadijs.nl. **Bahn/Bus:** Ab Bhf Sneek Anrufbus 235 ✆ 0900/8272006 bis Stittenserleane Easterein. **Auto:** A7, Ausfahrt 19, Richtung Nijland und Bolsward, bei Skieppeleane rechts, 1. links, 1. rechts, 2. links. **Zeiten:** ganzjährig. **Preise:** Baumhaus Kurzwoche ab 325 €, Mongolenzelt 5 Pers ab 240 € für Fr – So. **Infos:** Frühstück für 9,75 € pro Person.

© Het kleine Paradijs

@ Fähren der **Reede-rei Doeksen** verbin-den Harlingen mit den Inseln Vlieland und Terschelling. Deutsch-sprachige Infos unter www.rederij-doeksen.nl.

drale unter den friesischen Dorfkirchen genannt. Zuständiges Fremdenverkehrsbüro ist derzeit Terpelân.

ℹ️ *VVV Terpelân, Postbus 2, 8730 AA Wommels. www.vvv-terpelan.nl. info@vvv-terpelan.nl. **Infos:** Kein Publikumsverkehr, nur schriftliche Anfragen möglich.*

HAFENSTADT HARLINGEN

Von der Hafenstadt aus gibt es **Fährverbindungen** zu den Inseln Terschelling und Vlieland. Im Fischereihafen werden hauptsächlich Muscheln verkauft. Im **Noorderhafen** stehen einige hübsch restaurierte Packhäuser. Die Innenstadt ist wegen der malerischen alten Wohngebäude mit Treppengiebeln aus der Zeit zwischen 1600 bis 1800 interessant. **Kirche** und Rathaus stammen aus dem 18. Jahrhundert.

ℹ️ *VVV-TIP Harlingen, Grote Bredeplaats 17b, 8861 CA Harlingen. ✆ 0031–517/430207. www.harlingen-friesland.nl. toerismeharlingen@hetnet.nl. **Bahn/Bus:** Bhf Harlingen Haven über Havenplein 100 m Fußweg. **Auto:** Beschilderung Station Harlingen Haven folgen. **Zeiten:** Mo – Sa 10 – 17 Uhr.*

Friesische Keramik

Seit 1598 werden in Harlingen Fliesen und Majolika hergestellt. Die **Keramik- und Fliesenmanufaktur** entstand zwar im Jahr 1972, hat ihre Wurzeln jedoch im alten Töpferhandwerk, für das Harlingen bis 1933 weit über die Landesgrenzen hinaus berühmt war. Noch heute werden Tonwaren nach traditioneller Methode mit viel Liebe und ebenso viel Aufwand in Handarbeit hergestellt. Das Design der Kreationen variiert von klassisch bis modern.

✹ *Schon im Mittelalter wurden in Friesland einfach verzierte Fliesen und Gebrauchsgegenstände aus Steingut hergestellt.*

🕐 *Harlinger Aardewerk & Tegelfabriek, Voorstraat 84, 8861 BP Harlingen. ✆ 0031–517/415362. www.harlinger.nl. oswald@harlinger.nl. **Bahn/Bus:** Vor Bhf Harlingen Spoorweg über Spoorstraat, Steenhouwersstraat, Spekmarkt nach Voorstraat. **Auto:** Schilder Harlingen, Harlingen-West. **Rad:** LF10 Wad-*

denzeeroute. **Zeiten:** *Mo – Fr 8 – 18, Sa 9 – 17 Uhr.*
Preise: *Eintritt frei.* **Infos:** *Führungen nur nach Absprache und für Gruppen ab 15 Pers.*

Gemeindemuseum im Hannemahuis

Das prachtvolle Patrizierhaus, in welchem die Harlinger Familie *Hannema* über 200 Jahre lang lebte,

DER BESONDERE TIPP Dromen aan Zee

Gleich drei ungewöhnliche Übernachtungsmöglichkeiten für je zwei Personen warten in Harlingen auf Gäste: ein **Leuchtturm,** ein **Hafenkran** und ein
Rettungsboot. Im Leuchtturm stehen dem Gast drei Etagen zur Verfügung. Es gibt
eine Badezimmeretage, darauf folgt die Etage mit Wohn- und Schlafbereich und
darüber gibt es einen Tisch mit zwei Stühlen und den Zugang zum Umlauf. Ein
reichhaltiges Frühstück wird geliefert. Das Rettungsboot ist unterteilt in Achterka-
bine mit Wohn- und Schlafbereich sowie Vorschiff mit Bett und Badewanne. An
Deck gibt es Sitzgelegenheiten. Mit dem Aufzug erreichen Sie die Unterkunft im
Hafenkran. Im ehemaligen Maschinenraum befindet sich der Wohnbereich, eine
Treppe führt zur höher gelegenen Kabine. Dort, 17 m über dem Kai, genießen Sie
einen herrlichen Rundumblick. Den Kran können Sie sogar drehen! Alle drei Unterkünfte sind weit im Voraus ausgebucht, deshalb frühzeitig reservieren!

© Dromen aan zee

Dromen aan Zee, Post-
bus 89, 8860 AB Har-
lingen. ✆ 0031-517/
414410, www.drome-
naanzee.nl. info@dro-
menaanzee.nl. **Bahn/
Bus:** Bhf Harlingen
Haven. **Auto:** Beschil-
derung Haven. **Preise:**
Leuchtturm oder
Hafenkran Ü 2 Pers
319 €, Rettungsboot
229 €. **Infos:** Leucht-
turm Havenweg 1,
Hafenkran Dokkade 5,
Rettungsboot gegen-
über Noordhervan 86.

beherbergt das Gemeindemuseum. In verschiedenen Stilzimmern ist eine umfangreiche Silber- und Porzellankollektion zu bewundern. Eine Audiotour in deutscher Sprache führt Sie durch das Haus und damit durch die Geschichte der Stadt Harlingen. Übrigens wurde im Zuge von Fußbodenarbeiten im Jahr 2000 das Fundament einer Jeneverbrennerei freigelegt. Dabei handelt es sich um die Reste einer Firma, die sich ab Mitte des 18. Jahrhunderts bis etwa 1856 im Besitz der Familie Hannema befand.

Ⓜ *Hannemahuis, Voorstraat 56, 8861 BM Harlingen. ℰ 0031–517/413658. www.hannemahuis.nl. info@hannemahuis.nl. Bahn/Bus: Bhf Harlingen Haven, 7 Min Fußweg über Havenplein. Auto: Zwischen Zuiderhaven und Noorderhaven. Zeiten: Di – Fr 11 – 17, Sa, So 13.30 – 17 Uhr. Preise: 3,50 €; Kinder bis 16 Jahre 1,50 €.*

FRIESLANDS HAUPTSTADT LEEUWARDEN

Ⓜ **Fries Museum,** Wilhelminaplein 92, Leeuwarden. ℰ 0031-58/2555500. www.friesmuseum.nl. Wegen Umbau geschlossen, Neueröffnung Sep 2013.

Ein bekanntes Gebäude der 92.000-Einwohner-Stadt ist die **Kanselarij** (ehemalige Kanzlei), die im 16. Jahrhundert als Sitz des »Hofs von Friesland« erbaut wurde. Sehenswert sind auch die Stadtwaage **Waag,** die Kirche **St. Bonifatius,** erbaut 1882 bis 1884 von dem namhaften Architekten *P.J.H. Cuypers,* sowie der schiefe Turm **Oldehove.** Ein weiterer Blickfang ist der Turm der *Achmea Versicherung,* mit 114,6 m das höchste Bauwerk Leeuwardens. In der Altstadt gibt es viele gut erhaltene Bürgerhäuser aus dem 17. und 18. Jahrhundert.

❶ *VVV Leeuwarden, Sophialaan 4, 8911 AE Leeuwarden. ℰ 0031–58/2347550. www.vvvleeuwarden.nl. vvvleeuwarden@vvvleeuwarden.nl. Bahn/Bus: Ab Bhf Leeuwarden, Stationsweg bis Kreisverkehr, 2. Straße Sophialaan. Auto: A32 wird N32, Beschilderung Centrum/Station, 300 m Richtung Norden, Parkleitsystem. Rad: LF3 Rietlandroute. Zeiten: Mo 12 – 17.30, Di – Fr 9.30 – 17.30, Sa 10 – 16 Uhr.*

Wo Tante Emma wohnte

Im Zentrum der Stadt steht dieser gemütliche **Tante-Emma-Laden,** der Sie ins Jahr 1973 zurückversetzt. Und das Schönste ist, das hier noch immer Produkte verkauft werden. In den Räumen hinter dem Geschäft ist zu sehen, wie die Familie von Tante Emma so lebte. Im Wohnzimmer werden frisch aufgebrühter Kaffee und typisch friesisches Gebäck angeboten. Unter diesem Café befindet sich ein 400 Jahre alter Weinkeller. Regelmäßige Wechselausstellungen stehen meist in Bezug zum Warenangebot des Ladens.

🅼 *De Grutterswinkel, Nieuwesteeg 5, 8911 AE Leeuwarden. ℂ 0031–58/2153427. www.museum-de-grutterswinkel.nl. info@museum-de-grutterswinkel.nl. Bahn/Bus: Ab Bhf Leeuwarden Bus 31 bis Oude Doelesteeg. Auto: Ab VVV links, nach der Brücke rechts Westersingel, Kreisverkehr 1. Ausfahrt, 1. links Nieuwestad, links auf Nieuwesteeg. Zeiten: Di – Sa 10 – 17 Uhr, Juli und Aug auch Mo 13 – 17 Uhr. Preise: Eintritt frei, bei Ausstellungen 1,50 €, Führungen für Gruppen 2,50 € pro Person.*

🍴 **Fosk,** Heliconweg 52, AT Leeuwarden. ℂ 0031-58/2941566. www.restaurantfosk.nl. 17 – 22 Uhr. Restaurant im 11. Stock des WTC Hotels, Gerichte ab 18 €.

Na dann Prost!

Das schmucke Häuschen mit seinem gelben Anstrich ist im Stil der dreißiger Jahre des letzten Jahrhunderts eingerichtet. Hier erwartet Sie eine Reise in die Vergangenheit. Ein interaktiver Film erzählt vom Ursprung und der Herstellung des *Boomsma Beerenburger*. Darüber hinaus sind ein alter Destillierkessel, eine Füllmaschine aus vergangenen Tagen sowie viele weitere Gerätschaften ausgestellt. Natürlich wird Ihnen zum krönenden Abschluss des Besuchs in der urgemütlichen **Probierstube** ein Beerenburger kredenzt.

🅼 🕐 **Boomsma Beerenburg Museum,** *Bagijnestraat 42, 8911 DR Leeuwarden. ℂ 0031–58/2990343. www.boomsma.net. museum@boomsma.eu. Bahn/Bus: Ab Bhf Leeuwarden 650 m über Sophia-*

Bürgerliche Fassade, hochprozentiger Inhalt: Boomsma Beerenburg Museum

© Boomsma Distilleerderij/Wijnkoperij B.V.

Bullig und trotzdem schief: »De Oldehove« von Leeuwarden

@ Webcam http://oldehovecam.tresoar.nl.

*laan, weiter immer geradeaus bei wechselnden Straßennamen. **Auto:** Ab VVV etwa 600 m Fußweg, ⚲ Anfahrt Bahn/Bus. **Zeiten:** Jan – März Di – Do 12 – 17, Fr, Sa 10 – 17, April – Dez Di – Sa 10 – 17 Uhr. **Preise:** 1,50 – 4,50 € je nach Verkostung.*

Nicht nur in Pisa: Der Schiefe Turm von Leeuwarden

Der Backsteinturm **De Oldehove,** friesisch Aldehou, sollte einst mit der St. Vituskerk eine Basilika bilden. Das hohe Bauwerk sank kurz nach Baubeginn 1529 im sumpfigen Untergrund ein. Als die baufällige Kirche 1595 bis 1596 abgerissen wurde, ließ man den schiefen Kirchturm einfach stehen. Dieser ist heute das Wahrzeichen von Leeuwarden und steht zur Besichtigung offen. Nach 183 Treppenstufen ist die Turmspitze erreicht. Von dort, in 40 m Höhe, bietet sich ein grandioser Blick über die Stadt.

🕐 ***Oldehove,*** *Oldehoofsterkerkhof 1, 8911 DH Leeuwarden. ✆ 0031–58/2347550. www.historischcentrum-leeuwarden.nl. **Bahn/Bus:** Bhf Leeuwarden Bus 60 Richtung Hallum oder Bus 73 Richtung Minnertsga bis Harlingersingel. **Auto:** Parkhaus Oldehove. **Zeiten:** Mitte April – Okt Di – So 13 – 17 Uhr, Juli – Aug auch Do 20 – 22 Uhr. **Preise:** 3,50 €; Kinder 1,50 €; Gruppen ab 16 Pers 2 €. **Infos:** Gegen Vorlage der Eintrittskarte können Sie das Pander Museum im Prinsentuin kostenlos besuchen: www.pierpander.nl.*

Das etwas andere Hotel

Dieses ganz besondere Vier-Sterne-Hotel wird von Studenten der höheren Hotelfachschule geführt. Es liegt unweit des Zentrums, direkt neben dem wunderschönen Rengerspark. Die 28 Zimmer sind in die

Kategorien Deluxe, Care, Thema, Executive und Trimtab eingeteilt. *Care Zimmer* wurden speziell für Allergiker und Menschen mit Behinderung konzipiert.

⌂ ☒ **Stenden University Hotel** ✳ ✳ ✳ ✳, *Rengerslaan 8, 8917 DD Leeuwarden. ✆ 0031–58/2441188. www.stendenhotel.nl. hotel@stendenhotel.com.* **Bahn/Bus:** *Ab Bhf Leeuwarden Bus 12 bis Stenden Hogeschool.* **Auto:** *N355 bis Luchtenrek.* **Zeiten:** *So und in den Semesterferien geschlossen.* **Preise:** *DZ ab 50 € pro Pers, Frühstücksbuffet 12,50 €; bei Buchung ab 5 Zi gelten günstige Gruppentarife.*

HANTUM

Hantum ist ein **Wurtendorf** mit etwa 400 Einwohnern und liegt nordwestlich von Dokkum. Sehenswert ist die Kanzel der **St. Nicolaas Kirche** aus dem 12. Jahrhundert. Sie stammt aus dem Jahr 1715. Das Landhaus **Kinnema Zathe** ist eine typisch friesische Villa aus dem 19. Jahrhundert. Ein wenig exotisch mutet in dieser Umgebung der **Buddhistischer Tempel** an. Zuständiges Fremdenverkehrsbüro ist der VVV Lauwersland in Dokkum.

🔆 *Wurtendörfer sind zum Schutz vor Überflutung auf künstlichen Erdhügeln gelegene Ortschaften.*

❶ **VVV Lauwersland,** *Op de Fetze 13, 9101 LE Dokkum. ✆ 0031–519/293800. www.vvvdokkum.nl. dokkum@vvvlauwersland.nl.* **Bahn/Bus:** *Bhf Leeuwarden Bus 51 Richtung Dokkum bis Woudpoort, Dokkum.* **Auto:** *N356 bis Zentrum.* **Zeiten:** *Mo 11 – 17.30, Di – Fr 9 – 17.30, Sa 9 – 17 Uhr.*

Buddhistischer Tempel

Seit 1991 gibt es auf dem Gelände eines ehemaligen Bauernhofs unweit des friesischen Weilers Hantum ein buddhistisches Zentrum. Zu sehen sind ein großer Tempel, eine Stupa als Symbol des Friedens und der Erleuchtung, 108 Gebetsmühlen sowie unzählige Buddhastatuen in Nischen. Es werden Führungen sowie Kurse zu den Themen Medi-

✹ Oberstes Ziel der Buddhisten ist es, den Kreislauf der Wiedergeburt durch Vermeidung von Leid (durch ethisches Verhalten) zu durchbrechen, um nicht mehr leiden zu müssen und so zu größerer Vollkommenheit zu gelangen.

tation und Buddhismus angeboten. Derzeitiger spiritueller Lehrer des Tempels ist der Lama *Chödje Gawang Rinpoche*. Er wurde vom Dalai Lama höchstpersönlich in die Niederlande gesandt.

🕒 *Karma Deleg Chö Phel Ling, Stoepawei 4, 9147 BG Hantum. ✆ 0031–519/297714. www.karma-kagyu.nl. office@karmakagyu.nl. Bahn/Bus: Bhf Leeuwarden, Bus 54 Richtung Dokkum bis Hantum, dort Beschilderung folgen. Auto: Zwischen Dokkum und Ternaard. Zeiten: So für Besucher. Preise: Kurs ab 15 €, Ü ohne Mahlzeiten 12,50 € pro Person.*

Zum Tee in den Wassergarten

Dieser sehenswerte Garten liegt an der Grenze der Provinzen Groningen, Friesland und Drenthe. Auf einer Fläche von 10.000 qm gibt es einen japanischen Garten, einen Rosengarten, einen Felsengarten, eine Terrasse auf einem Hügel sowie eine Insel. Weitläufige Wasserflächen geben der Anlage ihren Namen. Eine Besichtigung ist nach einem Eigentümerwechsel nur noch für Gruppen bei gleichzeitiger Buchung eines der angebotenen **Verpflegungsarrangements** möglich. Das Paket beinhaltet z.B. zwei Tassen Kaffee oder Tee mit Gebäck, einen Spaziergang durch den Garten, im Anschluss noch einmal zwei Getränke und Häppchen. Die Preise richten sich nach der jeweiligen Gruppengröße.

🏡 *Watertuin, Jonkersvaart 30, 9366 TC Jonkersvaart. ✆ 0031–594/632230. www.watertuinjonkers-vaart.nl. watertuin.jonkersvaart@planet.nl. Auto: ANWB-Beschilderung Jonkersvaart folgen. Zeiten: Ganzjährig für Gruppen ab 20 Pers. Preis: Angebot »Watertuin« 25 €, »Jonkersvaart« mit Buffet 32,50 €.*

M GR-ID, Rabenhauptstraat 65, CC Groningen. ✆ 0031-50/5256497. www.gr-id.nl. Di – So 13 – 17 Uhr. Grafisches Museum. 4 € pro Person, min. 10 Pers.

SWINGING GRONINGEN

Groningen ist die Hauptstadt der gleichnamigen Provinz und hat etwa 180.000 Einwohner. In der lebendigen Universitätsstadt gibt es ein breit gefächertes Angebot an Freizeitmöglichkeiten und ein

vielseitiges Nachtleben. Die verkehrs-
beruhigte Innenstadt lockt mit historischen Gebäuden, interessanten Museen und zahlreichen Geschäften.

🛈 *VVV Groningen, Grote Markt 29, 9712
HS Groningen. ✆ 0031–50/3139741.
www.vvvgroningen.nl. info@vvvgronin-
gen.nl. Bahn/Bus: Ab Hbf und Bus-stati-
on über die Brücke Werkmanbrug in wenigen Min zu Fuß ins Zentrum. Auto: Direkt an der A7, Beschilderung Centrum
oder gratis P+R-Plätze, z.B. Transferium
Kardinge, P+R-Citybus, Hin- und Rückfahrt bis 5 Pers 2 €. Rad: LF9 NAP-
Route, LF14 Saksenroute, LF20 Flevoroute. Zeiten: Mo – Fr 9 – 18, Sa 10 – 17
Uhr, Juli, Aug So 11 – 15 Uhr.*

© Hans Zaglitsch

Design und Kunst

Das **Groninger Museum** gegenüber vom Hauptbahnhof fällt allein durch Farbe und Architektur auf.
Beteiligt daran waren mehrere berühmte Architekten und Designer wie Alessandro Mendini, Philippe
Starck, Michele de Lucchi, Coop Himmelb(l)au. Ihre
Pavillons dienen als Hülle für eine vielseitige Kunst-
und Antikensammlung sowie innovativer Ausstellungen von internationalem Format.

Ⓜ *Groninger Museum, Museumeiland 1, 9711 ME Groningen, ✆ 0031-50/3666555. www.mendinirestau-*

*Das Leben auf dem
Boulevard: Savoire
vivre in Groningen*

✖ **MendiniRestaurant,**
im Groninger
Museum und ebenso
durchgestylt wie die Aus-
stellungen, hier von
Maarten Baas mit leicht
amorphem Touch.
✆ 0031-50/5253326,
Di – So 10 – 18 Uhr.

© Hans Zaglitsch

*Bonbonbunt: Das Gro-
ninger Museum ist ein
Hingucker und Magnet*

rant.nl, info@groningermuseum.nl.
Bahn/Bus: *gegenüber Hbf.* **Zeiten:** *Di –
So, Fei 10 – 17 Uhr.* **Preise:** *13 €, Kinder
6 – 16 Jahre 3 €, bis 18 Jahre 10 €.*

Hoch hinaus in Groningen

Der Turm der **Martinikirche** ist 97 m
hoch. Eine Wendeltreppe führt auf
die Aussichtsplattform. Von dort
oben bietet sich dem Besucher eine
beeindruckende Aussicht über den
Süden der Stadt. Etwas weiter oben,
gleich hinter den imposanten Glocken, bietet sich ein Rundumblick
über die ganze Stadt und das Um-
land.

© Hans Zaglitsch

*Groninger nennen ihn
liebevoll »d' Olle Grieze«
(der alte Graue): Der
Martinikirchturm*

🕐 **Turm Martinitoren,** *Grote Markt,
9712 HN Groningen. ✆ 0031–50/
3133572. www.martinistad.net/gronin-
gen/martinitoren.* **Bahn/Bus:** *Ab Bhf Groningen City-
bus 6, 42, 161, 165 bis Grote Markt.* **Auto:** *Im Zentrum.* **Zeiten:** *April – Okt Mo – Sa 11 – 17 Uhr, Juli –
Aug auch So 11 – 16 Uhr, Nov – März Mo – Fr 12 –
16, Sa 11 – 17 Uhr.* **Preise:** *3 €; Kinder 4 – 11 Jahre
2 €; Gruppen ab 10 Pers 2,50 €.* **Infos:** *Karten erhältlich beim VVV gegenüber.*

➡ Jeden Do 14 Uhr
kostenloser Stadt-
rundgang ab Martiniturm:
www.gilde-nederland.nl.

Wohnen mit Stil

Ein rotes Backsteingebäude aus den 30er Jahren
des letzten Jahrhunderts beherbergt seit Juli 2007
das Boutique-Hotel. Im Zuge der Renovierung kamen natürliche Materialien zum Einsatz. Es entstand ein luxuriöses Hotel im modernen Design. Die
Hotelbar schenkt ökologisches Bier aus, dazu werden biologische Käsehäppchen gereicht. Alle 14 geräumigen Zimmer sind mit klassischen Design-
möbeln geschmackvoll eingerichtet und verfügen
über eine schnelle Internetverbindung, einen Plas-
mafernseher und ein luxuriöses Bad.

🔒 **Kaashandel van der
Ley,** *Oosterstraat
61 – 63, NS Groningen.
✆ 0031-50/3129331.
www.kaasvanderley.nl.
Di – Fr 9 – 18, Sa 9 – 17
Uhr. 400 Kuh-, Schafs-
und Ziegenkäsesorten.*

Asgard Hotel, Ganzevoortsingel 2 – 1, 9711 AL Groningen. ℰ 0031–50/3684810. www.asgardhotel.nl. info@asgardhotel.nl. **Bahn/Bus:** Bhf Groningen ab Stationsplein links auf Stationsweg, rechts Emmabrug überqueren, geradeaus Stationsstraat, im Kreisverkehr. **Auto:** Das Hotel liegt im Museumsviertel, Beschilderung Museum Groningen folgen. Parkplatz 15 € pro Nacht. **Zeiten:** Rezeption Mo – Fr 6.30 – 22, Sa, So 8 – 22 Uhr. **Preise:** DZ ab 120 €, Frühstück 15 €/Pers.

Das Restaurant **De Plantage** hat kleine Gerichte, Gebäck und Getränke im Angebot. Die angrenzende Terrasse liegt an einem Weiher und bietet einen herrlichen Blick über die Gärten.

Meisterwerk der Architektur

Das **Wall House** am Ufer des Sees *Hoornse Meer* ist das ungewöhnlichste Wohnhaus der Stadt. Es besteht aus gradlinigem grauen Beton, kombiniert mit geschwungenen Erkern in Bonbonfarben. Gebaut wurde das Haus 2001 nach einem Entwurf des amerikanischen Architekten *John Hejduk*. Seitdem reisen Architekturliebhaber aus vielen Ländern an, um dieses Gebäude zu sehen. Im Wall House finden Aus- und Vorstellungen statt. Jeweils sechs Monate im Jahr wird es von einem Künstler oder Architekten bewohnt. Der spanische Konzeptkünstler *Javier Marchán* lebte als erster Gast rund drei Monate lang in dem Bauwerk.

Hanze Huis, A-Kerkhof 2, JB Groningen. ℰ 0031-50/ 3188280. www.hethanze-huis.nl. Mo 12 – 18, Di, Mi, Fr 9 – 18, Do 9 – 21, Sa 9 – 17 Uhr. Hanse-Produkte wic Lübecker Marzipan.

Nostalgischer Laden: Hanze Huis offeriert Produkte aus internationalen Hansestädten

Wall House, A.J.Lutulistraat 17, 9728 WT Groningen-Hoornse Meerwijk. ℰ 0031–50/5250980, Handy 00316/52065213. www.wallhouse.nl. info@wallhouse.nl. **Bahn/Bus:** Bhf Groningen Bus 2 Richtung De Punt bis Hoornse Plas. **Auto:** A28 Ausfahrt Groningen Zuid, Van Ketwich Verschuurlaan, Beschilderung Corpus den Hoorn/Hoornse Meer. **Zeiten:** Ausstellungen Sa – So 13 – 17 Uhr und nach Absprache. **Preise:** 4,50, ab 60 Jahre 2 €.

© Het Hanze Huis Groningen/Fotograf Tom Smid

PFLANZENMETROPOLE HAREN

Haren liegt im Norden der Provinz Groningen, nur etwa 3,5 km südlich der Provinzhauptstadt, am Rande der teils bewaldeten Anhöhe »Hondsrug«. In Haren befindet sich ein Campus der Universität Groningen, in dem die biologische Fakultät und der bekannte **Botanische Garten** untergebracht sind.

ℹ️ ***VVV Haren,*** *Rijksstraatweg 205, 9752 BH Haren bei Groningen.* ℡ *0031–500/5339808. www.vvvharen.nl. info@vvvharen.nl.* ***Bahn/Bus:*** *Bhf Groningen Bus 50, 51 oder 58 Richtung Assen bis Julianalaan, Haren.* ***Auto:*** *A28 Ausfahrt 38, Richtung Haren über Vondellaan, rechts aus Rijksstraatweg.* ***Zeiten:*** *Mo 13 – 18, Di – Do 9 – 18, Fr 9 – 21, Sa 9 – 17 Uhr.* ***Infos:*** *Tourist-Information in einer Buchhandlung.*

Durch die grüne Welt der Jahreszeiten und Klimazonen

Hortus Haren ist mit einer Fläche von 20 Hektar der größte botanische Garten der Niederlande. Der sehenswerte *Chinesische Garten* ist die originalgetreue Kopie eines Fengshui-Gartens aus der Ming Zeit. In den Glashäusern werden verschiedene Klimazonen, darunter tropisches Bergland mit Teesträuchern und Zimt, Monsungebiete mit Gummibäumen und Tamarinden sowie Wüsten nachgestellt. In einem Gebäude wachsen tropische Riesenseelilien, es gibt eine Orangerie und ein Treibhaus für Nutzpflanzen wie Baumwolle und Erdnüsse. Ein *Keltischer* und ein *Englischer Garten* wurden ebenfalls angelegt. Die Steine des Steingartens stammen aus verschiedenen Ländern: Buntsandstein aus Hannover, dunkler Kalkstein aus den Ardennen, Sedimentgestein von der schwedischen Insel Öland, Schiefer aus der Eifel und weicher Kalkstein aus dem Münsterland.

Ein Park für alle Sinne: Hortus Haren

© Annette Sievers

🕐 ***Hortus Haren,*** *Kerklaan 34, 9751 NN Haren bei Groningen.* ℡ *0031–50/5370053. www.hortusharen.nl. info@hortusharen.nl.* ***Bahn/Bus:*** *Ab Bhf Haren Be-*

*schilderung Hortus Haren folgen. **Auto:** Beschildert, kostenloser Parkplatz gegenüber des Haupteingangs. **Zeiten:** April – Sep 9.30 – 17 Uhr. **Preise:** 5 €; Kinder 4 – 12 Jahre 3 €; Gruppen ab 20 Erw 4 €, Führungen bis 15 Pers zusätzlich 17,50 €. **Infos:** Lediglich der Steingarten ist nicht zugänglich für Rollstühle.*

Im chinesischen **Teehaus** gibt es nicht nur Tee, größere Speisen gibt es im Restaurant **De Plantage.** Kontakt wie Hortus Haren.

EELDE-PATERSWOLDE

Das Doppeldorf mit 10.000 Einwohnern liegt im Norden der Provinz, unweit des Flughafens **Groningen Airport Eelde.** Es gehört zu Tynaarlo. Alljährlich im Spätsommer findet ein viel beachteter **Blumenkorso** statt.

ⓘ *TIP Toeristeninformatiepunt Eelde-Paterswolde, Hoofdweg 179, 9765 CC Eelde. ✆ 0031–50/ 3094640. www.tip-eelde.nl. info@tip-eelde.nl. **Bahn/ Bus:** Bhf Groningen Centraal Bus 2 Richtung De Punt bis Raadhuislaan in Paterswolde. **Auto:** An der N861 Hoofdweg. **Zeiten:** Di – Fr 10 – 18, Sa 10 – 17 Uhr. **Infos:** Das ehemals blau-weiße VVV-Schild wurde durch ein rot-weißes TIP-Schild ersetzt.*

Nationales Holzschuhmuseum

Das Museum zeigt über 1400 Paar Holzschuhe und Holzsohlenschuhe aus 42 Ländern. Damit handelt es sich um die weltweit größte Sammlung dieser Art. Zudem sind historische Geräte und Maschinen zur Herstellung der derben Fußbekleidung sowie Informationsmaterial, Zeitschriften und Fotos zum selben Thema ausgestellt.

© Annette Sievers

Jeder Clog ein Unikat: Holzschuhe in der Rohfassung

M *Klompenmuseum, Wolfhorn 1a, 9761 BA Eelde. ✆ 0031–50/3091181. www.klompenmuseum.nl. info@klompenmuseum.nl. **Bahn/Bus:** Bhf Groningen Centraal Bus 2 Richtung De Punt bis Raadhuislaan in Paterswolde. **Auto:** An der N861 Hoofdweg. **Zeiten:** April – Sep Di – So 14 – 17 Uhr. **Preise:** 4 €; Kinder 6 – 12 Jahre 1,70 €.*

☀ *Weichhölzer wie Pappel, Weide oder Erle eignen sich zur Herstellung der traditionellen Holzschuhe, die aus einem Stück gefertigt werden.*

Blockhütten-Unterkunft à la Finnland

Elanderhûs, Oude Badweg 1, TJ Eelderwolde. ✆ 0031-50/5256867. www.scandinavischdorp.nl. Mi – Mo 10 – 22 Uhr. Skandinavisches Buffet Smörgåsbord.

Das **Skandinavische Dorf** liegt idyllisch am *Paterswolder Meer*. Das Zentrum des Dorfes bildet ein hübsch angelegter Grillplatz. Darum gruppieren sich finnische Blockhütten, die in zwei Kategorien für je 4 Personen komplett ausgestattet sind. Von der eigenen Veranda können Gäste die Natur genießen und die Segelboote auf dem See beobachten.

⌂✉ *Scandinavisch Dorp, Oude Badweg 1, 9766 TJ Eelderwolde/Eelde. ✆ 0031–50/5256867. www.scandinavischdorp.nl. scandinavischdorp@home.nl. **Bahn/Bus:** Ab Bhf Groningen Bus 2 bis Groningerweg 33. **Auto:** A28 auf N861, dann rechts auf Groningerweg. **Preise:** 2 Pers Ü in der Luxushütte 32,50 € pro Person.*

Übernachten im Museum

Das Museum und die Galerie zeigen das Leben und die Werke des Groninger Künstlers **Lammert Boerma.** Nach erfolgreichen Ausstellungen im In- und Ausland sind die Arbeiten Boermas nur noch hier zu sehen. Ins Museum integriert ist ein Bed & Breakfast, sodass der Gast inmitten von Kunstwerken wohnt. Folgende Zimmer stehen zur Auswahl: Großes oder Art-Déco-Zimmer, Antikes Zimmer, Standardzimmer, Hochzeitssuite. Morgens können Sie im blauen Zimmer, welches reich mit Gemälden und Kunstwerken dekoriert ist, das Frühstück einnehmen.

*Der 1948 geborene Künstler **Lammert Boerma** malt vorwiegend realistische und surrealistische Bilder.*

⌂Ⓜ *Museum Lammert Boerma, Borgercompagniesterweg 44 – 46, 9632 TD Borgercompagnie. ✆ 0031–598/393381. www.museum-boerma.com. info@museum-boerma.com. **Bahn/Bus:** Bhf Sappemeer-Oost, rechts auf Borgercompagniesterweg. **Auto:** A7 Ausfahrt 42 Sappemeer, rechts Noordbroekerstraat, links Noorderstraat, wird im Verlauf De Vosholen, links Borgercompagnie. **Zeiten:** Museum März – Dez Do, Fr, So 12 – 18 Uhr, B&B ganzjährig. **Preise:** Museum 3 €, B&B 2 Pers ÜF 50 – 65 €; Museum für Gruppen ab 15 Pers 2,50 €.*

In den Wipfeln der Bäume wandeln

Auf dem **Baumkronenweg** in Drouwen sieht und erlebt der staunende Besucher den Wald auf eine völlig andere Weise. Bei dem Spaziergang in luftiger Höhe, über stabile Stege und Brücken bis zum Aussichtsturm, wird die Natur aus der ungewohnten Vogelperspektive betrachtet. Das ist zu jeder Jahreszeit ein besonderes Erlebnis, nur schwindelfrei sollte man sein. Am Boden gibt es ein faszinierendes Insektenhotel zu bestaunen. Kinder erobern mit Vorliebe den Wurzeltunnel, wo sie den Lebensraum von Regenwürmern, Dachsen und Maulwürfen kennen lernen. Regelmäßig werden interessante Aktivitäten organisiert. So findet jeden dritten Sonntag des Monats eine spannende Raubvogelvorführung statt.

Het Boomkroonpad, Steenhopenweg 4, 9533 PN Drouwen. ☎ 0031–592/377305. www.staatsbosbeheer.nl/boomkroonpad. boomkroonpad@staatsbosbeheer.nl. Auto: Ab Zentrum Drouwen auf den Steenhopenweg, Beschilderung Boomkroonpad. Zeiten: April – Okt täglich 10 – 17 Uhr, Nov – März So 10 – 16 Uhr. Preise: 4 €; Kinder 4 – 12 Jahre 2 €; Ermäßigung für Gruppen ab 20 Pers auf Nachfrage. Infos: Der Baumkronenweg ist nicht geeignet für Rollstühle, Kinderwagen und Buggys. Hunde sind dort oben nicht erlaubt.

Schmuck aus versteinertem Leben

Auf dem Bauernhof sind in zahlreichen Vitrinen und Regalen Minerale und Fossilien aus allen Teilen der Welt ausgestellt. Be-

Robin Hood Ribhouse, Gasselterstraat 7, PC Drouwen. ☎ 0031-599/564825. www.robinhoodribhouse.nl. Mi – Sa 17 – 22, So 14 – 22 Uhr. Restaurant im Mittelalter-Stil, Hauptgericht ab 9,90 €, Grillteller 4,90 €.

Im Informationszentrum ist Infomaterial zu Naturwanderungen 3 – 16,5 km Länge erhältlich.

Erlebnis für die ganze Familie: Hoch oben zwischen den Baumwipfeln

© Staatsbosbeheer Buitencentrum Boomkroonpad/Fotograf Bert Koning

Handgefertigter Schmuck aus Muscheln, Tierfiguren aus Edelsteinen und Windlichter stehen zum Verkauf.

sonders spektakulär sind die versteinerten Dinosauriereier und Haifischzähne. Daneben ist eine große Muschelsammlung zu sehen.

Ⓜ ✪ **Versteend Leven,** *Alinghoek 7, 9533 PD Drouwen. ℂ 0031–599/564650. www.versteendleven.nl. versteendleven@xs4all.nl.* **Auto:** *Ab Drouwen der braunen ANWB-Beschilderung Versteend Leven folgen.* **Zeiten:** *April – Okt 10 – 17 Uhr, übrige Zeit nach Absprache.* **Preise:** *Eintritt frei.*

Wassersport am Ermerstrand

Ermerstrand zählt mit seinen weißen Sandstränden zu den schönsten Naherholungsgebieten der Provinz Drenthe. Neben dem geselligen Strand mit 70 m langer Rutschbahn und Beachclub gibt es für Wassersportbegeisterte eine Seilwasserskianlage. An einer Art Schlepplift können acht Personen gleichzeitig Wasserski laufen. Anfänger erhalten eine gründliche Einweisung. Fortgeschrittene können Sportgeräte wie Wakeboards und Kneeboards oder

So lässt's sich aushalten: Sommerliches Vergnügen am Ermerstrand

© Ermerstrand/Fotograf Guido Hansman

das Wasserskilaufen auf bloßen Füßen ausprobieren. Auf dem weitläufigen Gelände gibt es einen Campingplatz und einen Park mit hübschen Ferienhäusern.

🌊 *Waterskicentrum Ermerstrand, Steenbakkersweg 3, 7843 RM Erm. ✆ 0031–591/564014. www.ermerstrand.nl. info@ermerstrand.nl. Bahn/Bus: Ab Bhf Emmen Bus 21 Richtung Assen bis Esweg, dann 22 Min Fußweg. Auto: An der N34. Zeiten: April – Okt, ↗ www.ermerstrand.nl/activiteiten/outdoor/waterski. Preise: 1 Std 16 €, 2 Std 22 €, Tageskarte 44 €; Kinder 6 – 17 Jahre 13,50 €. Infos: Kinder müssen min. 6 Jahre alt sein und schwimmen können.*

🔼 **Recreatiepark Ermerstrand,** Steenbakkersweg 3, RM Erm. ✆ 0031-591/564014. www.ermerstrand.nl/overnachten. Ganzjährig, Woche 165 – 495 €. Luxuriöse Holzhäuser im skandinavischen Stil.

NATUR ENTDECKEN IN EMMEN

Knapp 60.000 Einwohner leben in Emmen. Im Zentrum der Stadt befindet sich das größte überdachte **Einkaufszentrum** der nördlichen Niederlande. Im Jahr 2008 wurde Emmen vom niederländischen Automobilclub ANWB zum besten Freizeitort des Landes gekürt. Dazu hat sicherlich auch der dort ansässige **Zoo** beigetragen.

ℹ️ *VVV Emmen, Hoofdstraat 22, 7801 Emmen. ✆ 0031–591/649712. www.energiekemmen.nl. info@touristemmen.nl. Zeiten: Mo 13 – 16, Di – Sa 10 – 16 Uhr, April – Okt je bis 17 Uhr.*

🏛 Das moderne Einkaufszentrum **De Weiert** liegt im Zentrum Emmens. Dort finden Sie Geschäfte aller Art.

Wunderwelt

In diesem **Naturentdeckungszentrum** sind allerlei ungewöhnliche Dinge aus der Natur wie ein Stück Elefantenhaut und Tierschädel ausgestellt. Im »Insectarium« leben Skorpione, Kakerlaken und riesige Spinnen. Nach der Drachenhöhle und dem Rattenkeller erreicht der Besucher den Wald des Schlafvolks. Der legendäre Zauberer Merlin wohnt standesgemäß im Schloss. In 7 m Höhe führt der Abenteuerbaumweg zur Eulenburg, wo in geheimnisvollen Gängen zahlreiche dieser Nachtvögel zu sehen sind. Das tropische Glashaus und ein mysteriöser Schlangentempel runden den Besuch ab. Regelmäßig werden spektakuläre Flugdemonstrationen mit Eulen und Raubvögeln gezeigt.

Nach so vielen Eindrücken ist das »Jungle Café« zwischen Urwaldbäumen und Lianen ein willkommener Rastplatz.

Ⓜ *Wonderwereld, Ruiten-A-Kanaal Noord 1, 9561 TE Ter Apel. ℰ 0031–599/587990. www.wonderwereld.nl. info@wonderwereld.nl. **Bahn/Bus:** Bhf Emmen Bus 42 bis Ruiten-A-Kanaal. **Auto:** Ab Ter Apel Beschilderung Wonderwereld folgen, Parken kostenlos. **Zeiten:** Mai – Okt Di – So 10 – 17, Juli – Aug täglich 10 – 18, Nov – April Mi, Fr – So 10 – 17 Uhr. **Preise:** 7,50 €; Kinder unter 2 Jahren frei; Senioren ab 65 Jahre und Gruppen ab 15 Pers 7 € pro Person, Rollstuhlfahrer und Begleiter 6,50 pro Person.*

Museum im Kloster Ter Apel

Das ehemalige Kreuzherrenkloster aus dem Jahr 1465 liegt inmitten eines von hohen Buchen bestandenen Parks mit netten Spazierwegen. In den Konventgebäuden sind ein **Museum** für religiöse Kunst, Kloster- und Kirchengeschichte und zwei Galerien für zeitgenössische Kunst untergebracht. Im Klosterhof befindet sich ein hübsch angelegter Kräutergarten. Zu sehen sind außerdem der Kreuzgang, das Refektorium und ein Keller, in dem Sarkophage aufgestellt sind. Die **Klosterkirche** hat einige Besonderheiten zu bieten. Einzigartig in den Niederlanden ist die Doxale, ein Bauwerk aus Kalkstein, welches die Altarräume der Mönche vom einfachen Volk der Gläubigen trennt. Auch die mit geschnitzten Gesichtern verzierten Gebetsbänke sind neben der Kuppel mit Sterngewölbe und der Empore aus dem Jahr 1501 sehenswert.

Klostercafé De Refter, Boslaan 3 – 5, LH Ter Apel. ℰ 0031-599/581370. www.kloosterterapel.nl/nl/kloostercafe. ⤢ Kloster. Klosterbier, Kaffee, Kräutertee, Gebäck.

Ⓜ *Klooster Ter Apel, Boslaan 3 – 5, 9561 LH Ter Apel. ℰ 0031–599/581370. www.kloosterterapel.nl. info@kloosterterapel.nl. **Auto:** N366, Beschilderung Klooster folgen. **Zeiten:** Di – Sa 10 – 17, So 13 – 17 Uhr. **Preise:** 7,50 €; Kinder 4 – 12 Jahre 4 €; Familie 2 Erw, bis zu 4 Kinder bis 18 Jahre 20 €, Gruppen ab 15 Pers 7 € pro Person.*

Zoo Emmen

Der Tierpark vermittelt eine Vielzahl exotischer Eindrücke. Neben den üblichen Wildtieren wie Tigern, Löwen, Elefanten, Giraffen und Nashörnern leben hier auch putzige Brillenbären und viele bunte Schmetterlinge. Besucher erfahren Neues über fremde Lebensräume und können sich über den erfolgreichen Austausch von Tieren mit Zoos in anderen Ländern informieren. Auf dem Gelände werden interessante, preisgekrönte Ausstellungen organisiert. Alle Infos gibt es auch in deutscher Sprache. In der überdachten Spielwelt Yucatan erobern Kinder auf 4700 qm die Welt des legendären Volkes der Maya. Dabei entdecken sie Tempel, Baumhäuser, Dörfer und ein Schiffswrack.

Afrika in Emmen: Giraffen, Nashörner & Co bewegen sich frei im Zoo Emmen

🕐 **Noorder Dierenpark,** Hoofdstraat 18, 7801 BA Emmen. © 0031–591/850850. www.zoo-emmen.de. info@zoo-emmen.nl. **Bahn/Bus:** Ab Bhf Emmen 10 Min Fußweg über Stationstraat, links auf Hoofdstraat. **Auto:** A31 Ausfahrt Meppen, B402 nach Emmen, Beschilderung Noorder Dierenpark. **Zeiten:** Nov – März 10 – 16.30 Uhr, April – Juni, Sep – Okt 10 – 17 Uhr, Juli – Aug 10 – 18 Uhr. Im Winter oft nur am Wochenende, ✎ Internetseite. **Preise:** 20,50 €; Kinder 3 – 9 Jahre 18 €; Senioren ab 65 Jahre und Behinderte 18,50 €, Gruppen ab 20 Pers 19,50 €. **Infos:** Ende 2015 wird der Zoo umziehen und liegt dann in unmittelbarer Nähe des Zentrums von Emmen.

☀ Der Zoo Emmen bemüht sich kontinuierlich um Nachhaltigkeit und Reduzierung der Umweltbelastung. Dabei wird besonderes Augenmerk auf die Trennung des Abfalls sowie eine konsequente Nutzung energiesparender Geräte und biologisch abbaubarer Produkte gelegt.

Hotel im Zentrum

Das in einem historischen Gebäude untergebrachte Hotel liegt gegenüber dem Zoo. Die 14 Hotelzimmer sind komfortabel mit Bad, Fernseher, Radio, Minibar, Telefon und Klimaanlage ausgestattet.

Stadshotel Boerland✳✳✳, *Hoofdstraat 57, 7811 ED Emmen. ✆ 0031–591/613746. www.stads-hotelboerland.nl. info@stads-hotelboerland.nl.* **Bahn/Bus:** *Bhf Emmen 10 Min Fußweg über Stationstraat, links auf Hoofdstraat.* **Auto:** *A31 Ausfahrt Meppen B402 nach Emmen, Beschilderung Noorder Dieren-park.* **Preise:** *Ü DZ 87,50 €.*

Übernachten in der Festung

Nur 2 km von der deutsch-niederländischen Grenze entfernt liegt das **Museumsdorf Bourtange** inner-halb des Festungsfünfecks, umgeben von dicken Mauern und tiefen Wassergräben. Die alten Wohn-häuser im Dorf beherbergen heute verschiedene kleine Museen, die einen Einblick in das Leben im 18. Jahrhundert geben. Durch die Festung fährt ein Elektrobus für 14 Passagiere. Innerhalb der Fes-tungsmauern werden hübsche **Unterkünfte** in ehe-maligen Soldatenhäusern vermietet.

ⓘ Ⓜ ⌂ **VVV-Agentschap Bourtange,** *Willem Lodewijk-straat 33, 9545 PA Bourtagne. ✆ 0031–599/354600. www.bourtagne.nl.* **Bahn/Bus:** *Bhf Winscho-ten Bus 11 Richtung Bourtagne bis De Vesting.* **Auto:** *Ab N365 rechts auf Willem Lodewijkstraat.* **Zeiten:** *Festung ganzjährig geöffnet und frei zugänglich.* **Preise:** *ÜF DZ ab 85 €.* **Infos:** *Auf der Webseite wer-den stets verschiedene Arrangements angeboten.*

Hotel mit Stil

Das Hotel in waldreicher Umgebung war einst das Brauhaus des gegenüberliegenden **Klosters Ter Apel.** Es bietet 8 komfortable Doppelzimmer. Zu den Annehmlichkeiten des Hauses gehören eine stilvolle Gelagekammer mit offenem Kamin sowie ein gemütlich-elegantes à-la-Carte-Restaurant.

⌂ ✕ **Hotel Boschhuis,** *Boslaan 6, 9561 LH Ter Apel. ✆ 0031–599/581208. www.hotelboschhuis.nl. info@hotelboschhuis.nl.* **Bahn/Bus:** *Bhf Emmen Bus 42 bis Schotslaan.* **Auto:** *N366, Beschilderung Kloos-ter folgen.* **Preise:** *ÜF 2 Pers DZ 82,50 €.*

→ Auf der 30 km lan-gen G7-Radroute Bourtange entdecken Sie die Festungsstadt und das Naturgebiet Wester-wolde. Sie ist für 1,50 € beim VVV erhältlich.

✕ **Boschhuis,** Boslaan 6, LH Ter Apel. ✆ 0031-599/581208. www.hotel-boschhuis.nl. 8 – 21 Uhr. Wildgerichte ab 20 €.

WATT-DIAMANTEN: DIE INSELN

Wo die Zeit noch Zeit hat:
Inselidyll auf Vlieland
© VVV Vlieland

FÜNF INSELN IM MEER

Die Watteninseln Texel, Vlieland, Terschelling, Ameland und Schiermonnikoog liegen vor der Küste im Norden der Niederlande wie – tja, das Klischee passt wirklich – Perlen an einer Schnur aufgereiht.

Die größte Insel **Texel** gehört verwaltungstechnisch als einziges Eiland zur Provinz Nordholland. Alle übrigen Watt-Diamanten sind friesisch. Texels Nachbarinsel **Vlieland** mit dem einzigen Ort Oost-Vlieland besticht durch Ruhe und Beschaulichkeit. **Terschelling** hat etwa viermal so viele Einwohner wie Vlieland und ist stark landwirtschaftlich geprägt. Bauernhofferien stehen dort hoch im Kurs. **Ameland** ist gleichermaßen beliebt bei Paaren, Familien und Jugendgruppen. Hier werden dann auch zahlreiche Möglichkeiten für einen aktiven und sportlichen Urlaub angeboten. Die östlichste der Inseln ist **Schiermonnikoog.** Urlauber, die Ruhe, leere Strände und viel Natur suchen, werden dort fündig. Ebenso wie Vlieland ist Schiermonnikoog autofrei. Jede der fünf Inseln unterscheidet sich von ihren Nachbarn. Gemein sind ihnen der große Erholungswert, die gesunde Luft und die Weite der Landschaft.

FESTKALENDER

Juni:	Terschelling: **Oerol-Festival,** Kulturfestival mit Theatervorführungen, Musikdarbietungen und Straßentheater an Orten auf der gesamten Insel, 10 Tage, www.oerol.nl.
September:	De Koog: 2. Wochenende **Texel Culinair,** Genießerfestival in der Dorpsstraat, Kostproben der Restaurants, Rahmenprogramm, www.texelculinair.nl.
November:	Ameland: **Kunstmonat** mit Ausstellungen internationaler Künstler, www.kunstmaandameland.com/de.

TEXEL, INSEL DER SCHAFE

Auf der größten niederländischen Watteninsel, die verwaltungstechnisch zur Provinz Nordholland gehört, leben rund 15.000 Einwohner im Hauptort **Den Burg** sowie in den Dörfern **De Cocksdorp, De Koog, Den Hoorn, Oosterend, Oudeschild** und **De Waal.** Dazu gesellen sich fast ebenso viele Schafe. Die abwechslungsreiche Landschaft bietet breite Sandstrände, Polder, Dünen, Grasflächen, Heiden und Wälder. Es besteht eine regelmäßige **Fährverbindung** von und nach *Den Helder.*

Halten das Deichgras kurz: Texelschafe

ℹ️ *VVV Texel, Emmalaan 66, 1791 AV Den Burg Texel.* ☎ *0031–222/314741. www.texel.net. info@texel.net. **Bahn/Bus:** Ab Fährhafen Bus 28 bis Emmalaan. **Auto:** N501 Pontweg, am Kreisverkehr 1. Ausfahrt Emmalaan. **Zeiten:** Mo – Fr 9 – 17.30, Sa 9 – 17 Uhr.*

☀️ **Tipp:** Ab *Den Helder* verkehren Fähren der Reederei Teso nach Texel. Die Überfahrt dauert 20 Minuten. Informationen in deutscher Sprache finden Sie auf www.teso.nl.

Texel in früheren Zeiten: Oudheidkamer

Das kleine, gemütliche Museum im Zentrum des Hauptortes ist in einem Gebäude aus dem Jahr 1599 untergebracht, das einst als Gasthaus erbaut wurde. Zu jener Zeit konnten Menschen, die kurzzeitig ohne Obdach waren ebenso wie Fremde auf Durchreise drei kostenlose Nächte in dem gastlichen Haus verbringen. Heute sind dort Möbel sowie Kunst- und Gebrauchsgegenstände aus Urgroßmutters Zeiten zu sehen. In der Küche gibt es eine funktionierende Wasserpumpe und im Keller ist der Vorrat für den Winter eingelagert. Auf diese Weise erhalten Sie einen lebendigen Eindruck vom alltäglichen Leben auf der Insel. Werfen Sie auch einen Blick in den hübsch angelegten Kräutergarten hinter dem Museum.

M *Oudheidkamer, Kogerstraat 1, 1791 AV Den Burg Texel. © 0031–222/313135. www.oudheidkamer-texel.nl. info@oudheidkamertexel.nl. Bahn/Bus: Ab Fährhafen Bus 26 oder 28 bis Elemert. Auto: Ab Fährhafen N501, Kreisverkehr Beschilderung Den Burg. Zeiten: April – Okt Mo – Fr 11 – 17, Sa, So 14 – 16 Uhr. Preise: 3,25 €; Kinder 4 – 13 Jahre 1,50 €.*

Texeler Bier

Auf Texel wird **Bier** gebraut, das so lustig klingende Namen wie »Skuumkoppe« oder »Goudkoppe« trägt. Nach Aussage des Brauers ergibt das Zusammenspiel des Texeler Getreides mit dem sauberen Dünenwasser und dem Hefestamm den einzigartigen cremig-fruchtigen Geschmack. Wie der Gerstensaft genau hergestellt wird und ob er tatsächlich so gut schmeckt, stellen Sie am besten persönlich in der **Texeler Bierbrauerei** fest. Die Besichtigung beginnt mit einem kurzen Einführungsfilm. Diesem folgt eine Führung durch die Brauerei. Zum krönenden Abschluss wird Ihnen in der **Probierstube** ein Glas Texels Skuumkoppe serviert. Zum Wohlsein!

☀ *Das erste **Bier** brauten nachweislich die Sumerer. Sie entdeckten im 4. Jahrtausend v.Chr. zufällig den Gärungsprozess und machten sich dieses Wissen zu Nutze.*

⊙ *De Texelse Bierbrouwerij, Maurice Diks, Schildersweg 214b, 1792 CK Oudeschild Texel. © 0031– 222/313229, 320325. www.speciaalbier.com. info@speciaalbier.com. Bahn/Bus: Ab Fährhafen in Den Hoorn Bus 29 bis Brouwerij Oudeschild. Auto: Auf halbem Weg zwischen Den Burg und Oudeschild. Zeiten: Deutschsprachige Führungen Mi und Sa 14.30 Uhr. Preise: 7,50 € inkl. Verkostung; Kinder 6 – 15 Jahre 4 € inkl. Erfrischungsgetränk. Infos: Gruppenarrangements ab 10 Pers (Mindestalter 16 Jahre).*

Strandräuber-museum

Das Museumsgebäude **Kaap Skil** wurde nach einem Entwurf des Architektenteams *Mecanoo* aus Delft gebaut und 2012 fertiggestellt. Damit öffnete das Strandräubermuseum von Texel seine Pforten in neuem Gewand.

© NBT

Kaap Skil behandelt in einer eindrucksvollen Ausstellung die Themen Strandgutsammlerei, Schifffahrt und Fischerei. Sie betreten Fischerhäuschen aus früheren Zeiten und bestaunen im Untergeschoss das 18 x 4 m große Modell der Reede von Texel im 17. Jahrhundert, komplett mit zahlreichen Segelschiffen. Auch Fundstücke von Tauchern werden präsentiert. Einige dieser Objekte liegen unter Wasser, damit sie erhalten bleiben. Im Außenbereich stehen zwei Kornpackhäuser aus dem 19. Jahrhundert, eine Scheune, eine Mühle sowie Wohnhäuschen.

Strandpiraten suchen nicht, sondern nehmen sich: Geraubtes und Gefundenes landet im Museum

M **Kaap Skil,** *Heemskerckstraat 9, 1792 AA Oudeschild Texel. ✆ 0031–222/314956. www.kaapskil.nl. info@kaapskil.nl.* **Bahn/Bus:** *Fährhafen Bus 29 Richtung De Cocksdorp bis Heemskerckstraat 9, Oudeschild.* **Auto:** *Fährhafen Pontweg rechts auf N501, rechts Redoute, wird im Verlauf Dolwerk und Barentszstraat, links Heemskerckstraat.* **Zeiten:** *Di – Sa 10 – 17, So, Fei 12 – 17, Juli – Aug auch Mo 10 – 17 Uhr.* **Preise:** *8,50 €; Kinder 4 – 13 Jahre 6,50 €; Familienkarte (2 Erw, 2 Kinder) 25 €, Kombikarte für Ecomare, Leuchtturm und Museum Kaap Skil 15 €.*

☀ *Das Eingangsgebäude des Museums erreichte im Wiedereröffnungsjahr 2012 den zweiten Platz des Holzarchitekturpreises*

Design Hotel

Das Vier-Sterne-Designhotel **Texel Suites** verbindet Luxus mit Gemütlichkeit. Es steht je eine Suite für

**Restaurant
't Pakhuus,** Haven
8, AE Oudeschild Texel.
✆ 0031-222/313581.
www.pakhuus.nl/design/
restaurant-texel. Di ab
17, Mi – So ab 12 Uhr.
Meeresfrüchte, Haupt-
speise ab 21,50 €.

2, 3 und 4 Personen zur Verfügung. Täglich wird dort der Kühlschrank mit den Zutaten für ein reichhaltiges Texeler Frühstück gefüllt. Auch frisches Obst gibt es jeden Tag. Weitere Annehmlichkeiten sind Bademäntel und Slipper, Infrarotsauna, Fitnessraum und Internetzugang. Falls Babys mitreisen, werden Wiege, Kinderbett und Babyfon zur Verfügung gestellt.

🔺 ⊠ *Texel Suites* ✷ ✷ ✷ ✷*, Haven 8, 1792 AE Oudeschild Texel. Handy 00316/50615558. www.pakhuus.nl/ design/hotel-texel. texelsuites@pakhuus.nl. **Bahn/Bus:** Ab Fährhafen Bus 29 Richtung De Cocksdorp bis Haven, Oudeschild. **Auto:** Ab Fährhafen rechts auf N501 Pontweg, rechts auf Redoute, wird im Verlauf Bolwerk, links auf Barentszstraat, rechts zum Hafen. **Preise:** Suite 3 bei Belegung mit 2 Pers ab 105 € pro Person. **Infos:** Es werden regelmäßig attraktive Arrangements angeboten.*

Kultur und Geschichte Texels

Dieses von ehrenamtlichen Mitarbeitern geführte **Kulturhistorische Museum** ist in einem früheren Bauernhaus untergebracht. Es zeigt auf eindrucksvolle Weise die Geschichte des einfachen Lebens auf der Insel. Dabei wird die Arbeit eines Schmieds ebenso vorgestellt wie die Käseherstellung. Eine Sammlung von Heu- und Kornwagen, Kutschen und Pferdeschlitten stellt die Transportmöglichkeiten in vergangenen Zeiten vor. Regelmäßig finden Vorführungen historischer Berufe und Kunsthandwerke statt. Ein Teil des Bauernhofs ist Wechselausstellungen vorbehalten.

Im Museumsladen
werden Texeler
Produkte zum Kauf angeboten.

🅜 *Cultuurhistorisch Museum, Hogereind 6, 1793 AG De Waal Texel. ✆ 0031-222/312951. www.cultuurmuseumtexel.nl. info@cultuurmuseumtexel.nl. **Bahn/Bus:** Ab Fährhafen Bus 29 Richtung De Cocksdorp bis Dorp, De Waal. **Auto:** Ab Fährhafen auf N501 Pontweg, hinter Den Burg rechts auf Akenbuurtsweg, nach Linkskurve rechts auf Georgieweg, wird im Verlauf Waalderweg, links abbiegen auf Langwaal, am*

*Ende rechts Hogereind. **Rad:** Großer Fahrradpark-*
*platz. **Zeiten:** Mitte März – Herbstferien Di – Sa 10 –*
*17, So, Fei 13.30 – 17 Uhr. **Preise:** 4,50 €; Kinder bis*
12 Jahre 2,50 €; Gruppen ab 10 Pers 4 € pro Person,
Kinder 2,25 €.

Wein von der Insel

Eines der nördlichsten Weingüter der Niederlande liegt am Rand des Inselhauptortes *Den Burg*. Beim **Weingut de Kroon** stehen seit 2005 auf einer Fläche von 3 Hektar 8500 Weinstöcke mit sechs frühreifen und pilzresistenten Traubensor-

© Annette Sievers

ten. Diese liefern etwa 6000 Liter Texeler Wein. De Kroon stellt einen trockenen Weißwein aus den Traubensorten Johanniter und Solaris sowie einen halbtrockenen Weißwein aus Rieseltrauben her. Der volle Rotwein, eine Cuvée aus Regent und einem Klon des Cabernet Sauvignon, wird ein Jahr im Barrique-Fass ausgebaut. Ein halbtrockener Rosé aus der Regenttraube rundet das Angebot ab. Wer mehr über die Besonderheiten des Weinanbaus auf einer Watteninsel wissen möchte, sollte sich einer Führung anschließen.

Franken und Moselaner staunen: Auch in Holland und sogar auf Texel gedeiht Wein

⏱ 🏛 ***Wijngaard de Kroon van Texel,*** *Jan-Jaap Kroon,*
Rozendijk 32, 1791 PE Den Burg Texel. ✆ 0031-
222/315546, Handy 00316/51808386.
www.wijngaarddekroonvantexel.nl. wijngaardde-
*kroonvantexel@hotmail.com. **Bahn/Bus:** Ab Fährha-*
fen Bus 28 bis Zijweg, zurück zum Kreisverkehr und
*rechts in Zijweg. **Auto:** N503 Pontweg, hinter Den*
*Burg links auf Rozendijk. **Zeiten:** Mai – Sep Di 11, Fr*
*14, Sa 11 Uhr. **Preise:** 9 € inkl. Verkostung von 3*
Weinen; Kinder bis 16 Jahre 2,50 €; Gruppen ab 10
Pers nach Absprache.

WATT-DIAMANTEN: DIE INSELN

Die Rettung der Seehunde: Ecomare

Ecomare bringt den Besuchern die Flora und Fauna des Meeres näher. Hier leben Fische, Krabben, Seesterne und Seehunde. Verletzte oder verirrte Robben werden in der Auffangstation aufgepäppelt, bevor sie wieder in die Nordsee entlassen werden. Manche Tiere können aus verschiedenen Gründen nicht mehr in Freiheit leben. Deshalb bleiben sie in Ecomare und fühlen sich dort sichtlich wohl. Die neuesten Bewohner des Zentrums sind niedliche Schweinswale. Dabei handelt es sich um mit Delfinen verwandte Miniwale, die auch kleine Tümmler genannt werden. Sie sind recht neugierig und nehmen gern über die ins Bassin eingearbeiteten Fensterscheiben Kontakt mit den Besuchern auf. Jeweils um 11.30 und 15.30 Uhr findet die allseits beliebte Fütterung der Seehunde statt.

🕐 *Ecomare, Ruijslaan 92, 1796 NM De Koog Texel.*
*✆ 0031-222/317741. www.ecomare.nl. infobalie@ ecomare.nl. **Bahn/Bus:** Ab Fährhafen Bus 26 oder 28 bis Ecomare. **Auto:** Ab Fährhafen N501 Pontweg, links auf Californiëweg, Beschilderung. Großer, kostenloser Parkplatz. **Rad:** N501, Abzweigung 11 auf Rozendijk, dann 2. rechts auf Poegelanderweg, ab De Koog Ruijslaan. **Zeiten:** täglich 10 – 17 Uhr. **Preise:** 12 €; Kinder 4 – 13 Jahre 8 €; Familie (2 Erw, 2 Kinder) 34 €, Schulklassen 5 € pro Person, 15 % Ermäßigung für Gruppen ab 15 Pers.*

☀️ **Tipp:** Bei Strandpaal 9, 20, 28 und 33 sind Strandrollstühle ganzjährig und in der Regel kostenlos verfügbar.

✖️ **Paal 17 Aan Zee,** Ruyslaan 94 – 98, AZ De Koog Texel.
✆ 0031-222/317614. www.paal17.com. April – Sep ab 11, Okt – März 10 – 17 Uhr. Strandrestaurant. Snacks, Tapas, Hauptgericht ab 14,50 €.

© NBT

Markenzeichen Knopfaugen: Seehundfamilie

Ab auf den Golfplatz

Der Golfplatz zeichnet sich durch die Kombination von Dünen, Wasserpartien und weitflächigen Greens aus. Die gesamte Anlage besteht aus einer Golfschule, einem Golfshop, einer teils überdachten Driving Range, einem Putting Green, einer 9 Holes Par 72-Linksbahn, einem 9 Holes Par 3-Platz für Anfänger und dem Clubhaus **'t Hanenhuus** mit Gastronomie und Umkleideräumen. Die Par 72-Bahn ist eine der fünf Linksbahnen in den Niederlanden. Der größte Teil dieser Bahn besteht aus natürlichen Sanddünen mit grasbewachsenen Niederungen. Der Wind ist von großer Bedeutung, da die Löcher in verschiedenen Windrichtungen platziert sind. Anfänger können in Einzel- oder Gruppenstunden das Golfen erlernen.

🕐 *De Texelse Golfclub,* Roggeslootweg 3, 1795 JV De Cocksdorp Texel. ✆ 0031-20/316539. www.texelse.nl. info@texelse.nl. Bahnlänge 5793 m. **Bahn/Bus:** Ab Fährhafen Bus 29 Richtung De Cocksdorp bis Molendorp. **Auto:** N503 Pontweg, hinter Den Burg rechts auf Akenbuurtsweg, links Koogerweg, Nieuwlanderweg, Postweg. **Zeiten:** ganzjährig. **Preise:** Probestunde 12,50 €, Material kann gemietet werden; Probestunde Kinder bis 12 Jahre 6,25 €.

Inselhüpfen leicht gemacht

Zwischen den Inseln verkehren im Frühling und Sommer Schiffe, die Ihnen das Inselhüpfen ermöglichen:

mps De Vriendschap: Sie verbindet **Texel** und **Vlieland.** Infos unter ✆ 0031-222/316451 oder auf www.waddenveer.nl.

mps De Koegelwieck und *Tiger* der Reederei Doeksen verkehren ganzjährig zwischen **Vlieland** und **Terschelling.** Infos gibt es auf der Webseite www.rederij-doeksen.nl.

zs Willem Jacob: Das Segelboot verbindet **Terschelling** mit **Texel, Vlieland** und **Ameland,** Informa-

☀ **Tipp:** Das Telekomtaxi bringt Sie von der Fähre zu jedem beliebigen Ziel. Wenn Sie den Fahrschein vor Ablegen der Fähre am Schalter in Den Helder kaufen, steht das Taxi am Fährhafen der Insel für Sie bereit. Einfache Fahrt 5 €.

☀ **Tipp:** Die Preise für eine Hin- und Rückfahrt liegen meist zwischen 24 und 29 €. Einzelfahrten ab 15 €.

tionen unter ✆ 0031-6/47980324, www.ei-
landhopper.nl.

mps Ameland Waddentravel pendelt zwischen **Terschelling** und **Ameland** sowie zwischen **Ameland** und **Schiermonnikoog.** Infos darüber sind
unter ✆ 0031-519/720550 oder auf www.rob-
benboot.nl zu bekommen.

VLIELAND, INSEL DER RUHE

Auf der autofreien Insel Vlieland gibt es nur einen
Ort, das Dorf *Oost-Vlieland.* Dort leben die meisten
der 1150 Insulaner. Die größten Attraktionen Vlielands sind Ruhe, Weite und Natur. Der wunderschöne 20 km lange **Strand** und die **Fahrradwege**
mit einer Gesamtlänge von 26 km locken dann
auch in erster Linie Naturfreunde und Ruhesuchen-
de an. Der **Leuchtturm** der Insel steht auf der 40 m
hohen Düne *Vuurboetsduin* am Ortsrand des Dorfes
und kann rund ums Jahr an Wochenenden, im Juli
und August täglich, besichtigt werden.

> ➡ Um eine individuelle Radroute auf dem kleinen Eiland zusammenzustellen, eignet sich die Inselkarte auf www.vlieland.net/wp-content/uploads/VVL_Kaart_Vlieland_klein.png.

ⓘ *VVV Vlieland,* Havenweg 10, 8899 BB Vlieland.
✆ 0031-562/451111. www.vlieland.net. info@vlie-
land.net. **Bahn/Bus:** Direkt am Fährhafen. **Auto:** Kein
Autoverkehr, Parkplatz am Fährhafen Harlingen. **Rad:**
Ab Fährhafen Havenweg folgen. **Zeiten:** Mo – Fr 10 –
12 und 15 – 17 Uhr (zusätzlich abends und an Wochenenden zur Ankunft der Fähre). **Infos:** Der VVV
verkauft Bustickets.

Das Inselmuseum

Im ältesten Gebäude der Insel ist seit 1956 das
Museum Tromp's Huys untergebracht. Besucher
können sich hier über die geschichtliche und maritime Vergangenheit Vlielands informieren. Zu sehen
sind Gemälde, Zeichnungen, Radierungen und Sti-
che. Der überwiegende Teil dieser Werke wurde von
der Künstlerin und früheren Bewohnerin *Betzy
Akersloot-Berg* angefertigt. Sie hatte ihr Atelier im

> 🔒 **Vlie Havenwinkel,** Havenweg 72, AE Vlieland. ✆ 0031-6/21190004. www.vlie.me. Mo – Do 8 – 13, 15 – 19, Fr, Sa 8 – 19, So 8 – 12.30 Uhr. Biologische Lebensmittel, Lieferung aufs Boot.

hinteren Teil des Gartens. Der Salon und das Gartenzimmer sind in ihrer alten Pracht erhalten geblieben und vermitteln einen Eindruck vom Inselleben in vergangenen Zeiten. Das Museum beherbergt zudem eine umfangreiche Silbersammlung, Seekarten und Schiffsmodelle. Im Untergeschoss werden die Entstehungsgeschichte der Insel und der Untergang des Dorfes **West-Vlieland** anschaulich dargestellt.

☀ *Das Dorf **West-Vlieland** wurde nach mehreren Überflutungen 1736 aufgegeben.*

Ⓜ ***Museum Tromp's Huys,*** *Dorpsstraat 99, 8899 AD Vlieland. ✆ 0031-562/451600. www.trompshuys.nl. info@trompshuys.nl. **Bahn/Bus:** Ab Fährhafen links in Dorpsstraat, 400 m. **Rad:** Ab Fährhafen Havenweg, links auf Dorpsstraat. **Zeiten:** Di – Do 14 – 17, Fr 10 – 13, Sa 14 – 17 Uhr, in den Ferien länger www.schoolvakanties-nederland.nl. **Preise:** 4 €; Kinder bis 12 Jahre 2,75 €; Senioren ab 65 Jahre 3,50 €, Gruppen ab 12 Pers 3,75 €, ab 12 Kinder 2,50 €.*

Informationszentrum der Insel

De Noordwester informiert über die Insel Vlieland und alles, was mit ihr im Zusammenhang steht. Das sind in erster Linie die Nordsee und das Wattenmeer. Ausgestellt sind kuriose Strandfunde und

➜ Tickets für die 2- bis 3-stündige, geführte Wanderung »Von der Wattseite zum Nordseestrand« verkauft De Noordwester. 5 €, Kinder 4 – 12 Jahre 4 €.

die reiche Ausbeute von Wracktauchern. Das eindrucksvolle Skelett eines 2004 angespülten Pottwals kann ebenso bewundert werden wie das Leben unter Wasser in den 13 Aquarien. Außerdem beherbergt De Noordwester die größte Sandsammlung der Welt. Es begann 2009 mit 1000 Sandsorten aus dem Nachlass eines betagten Herren. Nun bringen Besucher Sand aus allen Teilen der Welt mit. Sogar per Post wird gelegentlich Sand zugeschickt.

🅼 *De Noordwester, Dorpsstraat 150, 8899 BB Vlieland. ✆ 0031-562/45883. www.denoordwester.nl. info@denoordwester.nl. Bahn/Bus: Ab Fährhafen links in Dorpsstraat. Rad: Ab Hafen Dorpsstraat Richtung Kirche, rechts, gegenüber Bibliothek. Zeiten: Juli und Aug Mo – Fr 10 – 17, Sa 14 – 17, So 13 – 16 Uhr, Juni und Sep Mo – Fr 10 – 12, 13.30 – 17, Sa 14 – 17, So 13 – 16 Uhr. Preise: 5 €, Teilnahme an Ausflügen zusätzlich 5 €; Kinder 4 – 12 Jahre 4 €, Teilnahme an Ausflügen weitere 4 €; Gruppen bis 25 Pers 127,20 €.*

Klassische Konzerte bei Kerzenschein

Die **Nicolaaskirche** datiert aus dem 17. Jahrhundert. In ihrem Innern zeugen ein wuchtiger Schiffsmast sowie in den Boden eingelassene Grabplatten dahingeschiedener Seefahrer und Kirchenbänke aus Treibholz von der maritimen Vergangenheit der Insel. Die Konzerte bei Kerzenschein finden seit 1985 von Pfingsten bis in den Spätsommer in dem Gotteshaus statt. Die klassischen Musikdarbietungen genießen weit über die Landesgrenzen hinaus einen hervorragenden Ruf. Berühmte und weniger bekannte Musiker aus dem In- und Ausland treten in der in sanftes Kerzenlicht getauchten Nicolaaskirche auf, die über eine ausgezeichnete Akustik verfügt. Die Einnahmen aus den Konzerten werden zur Restaurierung der Kirche verwendet.

💥 *Der heilige Nikolaus ist Schutzpatron der Seeleute. Einer Überlieferung nach rettete er die Mannschaft eines Schiffs aus einem bedrohlichen Sturm.*

🕐 *Concerten bij Kaarslicht, Otto Roelofsen, Kerkplein 7, 8899 AW Vlieland. ✆ 0031-517/642141, Handy*

00316/30873617. www.protestantsegemeentevlie-land.nl. o.roelofsen@hetnet.nl. **Bahn/Bus:** *Ab Fährhafen Bus 110 Richtung Posthuys (nicht Richtung Strandhotel Seeduyn!) bis Dorp Kerk.* **Rad:** *Havenweg links auf Dorpstraat, rechts Molenglop, links Achteromweg, rechts Kerkplein.* **Zeiten:** *Ende Mai – Mitte Sep wöchentlich, 20.30 Uhr siehe Webseite.* **Preise:** *10 – 15 €.* **Infos:** *Karten werden am Tag der Veranstaltungen 10.30 – 12 Uhr an der Kirche verkauft.*

Drei Wanderrouten auf Vlieland

Auf der Insel Vlieland gibt es verschiedene Wanderrouten mit je eigenen Bezeichnungen:

Aanpoten ist 5,5 km lang und gelb markiert. Diese Wanderung startet an der Wasserpumpstation beim Leuchtturm und führt vorbei an Nadel- und Laubbäumen, durch Dünentäler und am Weiher Torenvijver entlang. Dort ertönt oftmals ein lautes Konzert der Frösche. Weiter geht es bis zur Freifläche Kooisplek. Der Aussichtsturm bietet einen grandiosen Blick über die umliegende Dünenlandschaft.

Folgen Sie einfach nur den Holzpfählen mit ihren Spitzen in unterschiedlichen Farben.

Sandland: Das macht Lust auf einen Strandspaziergang

WATT-DIAMANTEN: DIE INSELN

© VVV Vlieland

Die rot ausgeschilderte Route **Zee, zand en wind** ist 4 km lang. Sie beginnt am Campingplatz *Lange Paal* und führt durch ein offenes Dünengebiet, in dem schottische Hochlandrinder und Saoyschafe grasen, vorbei am Waldrand und den Dünen.

Die mit nur 3,5 km kürzeste Wanderroute heißt **Bomenland-Vogelland.** Sie startet am Posthuys. Folgt man den gelben Markierungen, geht es quer durch den ältesten Nadelwald der Insel. Nur ab und zu sehen Sie hier einen Laubbaum, dafür jedoch umso mehr Vögel. Im Mai ist der Vogelzug zu beobachten. Dann gehört unbedingt ein Fernglas ins Marschgepäck.

❯ *Vuurboetsduin 3, 8899 ZN Vlieland.* **Länge:** *3,5 – 5,5 km.*

Strandsegeln auf Vlieland

Blokart ist ein Strandsegler auf drei Rädern, der vom Wind angetrieben und durch das Verstellen eines Segels gesteuert wird. Bei guten Wetterbedingungen schießen diese Sportgeräte mit hohem Tempo über den Strand von Vlieland. Selbstverständlich gibt es vorab eine gründliche Einweisung. Das Outdoor Center befindet sich am Strandübergang *Ankerplaats,* etwa 150 m westlich des Strandrestaurants **Het Badhuys.**

❯ **Outdoor en Events,** *Nieuwestraat 34b, 8899 BG Vlieland.* ✆ *0031-562/850397, www.outdoorenevents.nl. info@outdoorenevents.nl.* **Bahn/Bus:** *Ab Fährhafen Havenweg Bus 110 bis Strandhotel Seeduyn.* **Rad:** *Fährhafen Havenweg links Dorpsstraat, rechts Boereglop, links Willem van Vlaminghweg, rechts Badweg.* **Zeiten:** *11 – 17 Uhr während der Sommerferien www.schoolvakantiesnederland.nl.* **Preise:** *20 – 25 € pro 30 Min.* **Infos:** *Bei o.a. Adresse handelt es sich um das Büro. Anreisebeschreibung gilt für das Center am Strand.*

⬥ **Strandpaviljoen 't Badhuys,** Badweg 6, BV Vlieland. ✆ 0031-562/451992. www.westcordculinair.nl. Täglich 12 – 21.30 Uhr. Salate, Pasta, Pizza, Fleisch und Fisch.

☀ *Beim Blokarten werden bei guten Windverhältnissen Geschwindigkeiten um 50 km/h erreicht.*

Da geht die Post ab: Strandsegeln

© Wikipedia, Lafargue

DER BESONDERE TIPP Spitzenhotel auf Vlieland

Das **Strandhotel Seeduyn** bietet Komfort auf Vier-Sterne-Niveau. Zur Verfügung stehen Restaurants, Bars, Wellnessbereich, Tennis, Reitstall, Hallenbad, WiFi, Fahrradverleih. Die 94 Hotelzimmer unterschiedlicher Kategorien und 56 Apartments sind geschmackvoll eingerichtet und luxuriös ausgestattet. Sie erhalten im Hotel einen Gästepass. Gegen Vorlage dieses Passes können die öffentlichen Busse während des Aufenthalts gratis genutzt werden.

Strandhotel Seeduyn ✶ ✶ ✶ ✶, Badweg 3, 8899 BV Vlieland. ✆ 0031-562/451560, www.westcordhotels.nl/hotels/strandhotel-Seeduyn. seeduyn@westcordhotels.nl. **Bahn/Bus:** Ab Fährhafen Bus 110 bis Strandhotel Seeduyn, bei Vorlage der Reservierungsbestätigung kostenlos. **Preise:** DZ ab 109 €. **Infos:** Kostenloser Gepäcktransport Firma *Zeelen* in der Hochsaison bereits ab Harlingen, sonst ab Fährhafen Vlieland. **Tipp:** 10 % Ermäßigung für Hotelgäste bei Fahrradvermietung Zeelen.

© Strandhotel Seeduyn/Fotograf Silvester Kok

Expedition auf Vlieland

Die Expedition mit dem **Vliehors Expres,** einem zum knallgelben Bus umgebauten Militärlaster, führt zur Sahara des Nordens, wie das Naturgebiet Vliehors auch genannt wird. Es sind dort weit und breit nur Sand und Meer zu sehen. Die 20 qm große Sandebene war einst ein Dünengebiet. Hier lag das inzwischen versunkene Dorf West-Vlieland. Auf dem Weg dorthin wird beim Rettungshäuschen Halt gemacht. Dabei handelt es sich um einen ehemaligen Unterschlupf für Schiffbrüchige, die trockene Kleidung, Wasser, Nahrung und ein Telefon vorfanden. Heute ist darin das Strandräubermuseum unterge-

➤ **Fietsverhuur Zeelen,** Dorpsstraat 2, AH Vlieland. ✆ 0031-562/451090. www.ficts verhuurvlieland.nl. täglich 9 – 19 Uhr und zur letzten Fähre. Preisbeispiel: 2 Tage Fahrradmiete ab 15 €.

🍽 **'t Posthuys,** Postweg 4, BZ Vlieland. ✆ 0031-562/451282. www.posthuysvlieland.nl. 9.30 – 17 Uhr. Kleine Gerichte, Snacks, Erfrischungen.

bracht. Es zeigt kuriose Strandfunde von Zigaretten bis zur Flaschenpost. Vom westlichsten Punkt Vlielands aus ist die Nachbarinsel Texel gut zu sehen. Um die Spitze von Vliehors tummeln sich häufig Seehunde. Ein Fernglas ist also ein guter Begleiter.

🕐 *De Vliehors Expres, Dorpsstraat 125, 8899 AE Vlieland. ✆ 0031-562/451971, Handy 00316/721820842. www.vliehorsexpres.nl. info@vliehorsexpres.nl. **Bahn/Bus:** Ab Fährhafen Bus 110 bis Dorp Kerk. **Rad:** Ab Fährhafen Havenweg, links auf Dorpsstraat. **Zeiten:** 14 Uhr ab dem Posthuys (erreichbar mit Bus 110 um 13.15 Uhr ab Dorp Kerk), Nebensaison ab Strandhotel Seeduyn. **Preise:** 14,50 €; Kinder bis 4 Jahre 5 €, 4 – 12 Jahre 10 €; Senioren ab 65 Jahre 13,50 €. **Infos:** Informationen und Reservierungen im Laden De Primera, Dorpsstraat 74 in Vlieland.*

TERSCHELLING, INSEL DER CRANBERRIES

Terschelling besteht zu 80 Prozent aus Dünen und Salzwiesen. Hier warten 30 km **Strand** und etwa 70 km **Fahrradwege** auf Sie. Die Insel hat 4700 Einwohner, die in den drei größeren Orten und in einigen kleineren Ortschaften leben. Bei West-Terschelling steht der älteste Leuchtturm der Niederlande, *Brandaris.* Er wird zur Radarüberwachung des Schiffsverkehrs genutzt und kann daher nicht besichtigt werden. Die **Fährverbindung** von und nach Harlingen übernehmen die Schiffe der *Reederei Doeksen,* www.rederij-doeksen.nl.

☀ **Tipp:** Strandrollstühle gibt es beim *Strandpaviljoen Zilvermeeuw* in West Terschelling und beim *Strandpaviljoen De Branding* in Midsland.

ℹ *VVV Terschelling, Willem Barentszkade 19a, 8881 BC West Terschelling. ✆ 0031-562/443000. www.vvvterschelling.nl. info@vvvterschelling.nl. **Bahn/Bus:** 50 m vom Fähranleger. **Auto:** Ab Fährhafen 1. rechts, 2 x 1. links. **Rad:** Fahrradvermietung am Fähranleger. **Zeiten:** Mai – Sep Mo – Fr 9.15 – 17.30, Sa 10 – 15 Uhr, Okt – April Mo – Fr 9.30 – 17, Sa 10 – 15 Uhr. **Infos:** Parkgebühr am Fährhafen in Harlingen bei »Park & Walk« 5 € pro Tag.*

➡ Beim VVV Terschelling sind verschiedene Fahrradrouten für die Insel erhältlich.

Woher die Barentsee ihren Namen hat: Seefahrer-Museum

In zwei Häusern aus dem 17. Jahrhundert ist das Museum untergebracht, das sich der Seefahrt und den Seefahrern widmet. Zu sehen sind Souvenirs aus aller Welt, Strandfunde sowie authentisch eingerichtete Zimmer. Auch über die Seerettung und das Leben des Terschellinger Entdeckungsreisenden *Willem Barentz* gibt es vielseitige Informationen. Er gehörte im 16. Jahrhundert zu den ersten Europäern, die in der Arktis überwinterten. Nach ihm wurde die *Barentssee* im Nördlichen Eismeer benannt.

Ⓜ *'t Behouden Huys, Commandeurstraat 30 – 32, 8881 BB Terschelling West. ✆ 0031-562/442389. www.behouden-huys.nl. behoudenhuys@euronet.nl. **Auto:** Ab Fähranleger 400 m Fußweg über die Willem Barentszkade, 1. links und gleich wieder links. **Zeiten:** April – Okt Mo – Fr 10 – 17, Sa 13 – 17, Juli – Aug auch So 13 – 17, Nov – März Mi, Sa 13 – 17 Uhr. **Preise:** 4 €; Kinder und Jugendliche 4 – 17 Jahre 2 €.*

Tophotel Sandton

Das Vier-Sterne-Hotel liegt im Dorf **West aan Zee** auf einer Düne am Nordseestrand. Es bietet jeglichen Komfort und alle Annehmlichkeiten wie Schwimmbad, Sauna, Dampfbad, Solarium, WiFi, Fahrrad- und Autovermietung. Die 56 Hotelzimmer und Suiten im nautischen Stil sind luxuriös ausgestattet mit Safe, LCD-TV, Boxspringbetten, Terrasse oder Balkon mit Blick auf die Dünen.

🛌✖ *Sandton Paal 8 Hotel aan Zee✶✶✶✶, Badweg 4, 8881 HB Terschelling West. ✆ 0031-562/5624490-90. www.sandton.eu/terschelling. terschelling@sandton.eu. **Bahn/Bus:** Am Fährhafen mit Bus 21 nach Sandton Paal 8 Hotel aan Zee, bei Vorlage der Reservierungsbestätigung kostenlos. **Auto:** Fährhafen, rechts Willem Barentszkade, Burg v. Heusdenweg, Richtung Midsland, links Badweg, Beschilderung West aan zee. **Rad:** Fahrradvermietung Tijs Knop*

☀ **Tipp:** Auf dem Wattendeich hat die jüdisch-marokkanische Künstlerin *Yaël Artsi* die beeindruckende Skulpturengruppe *Beelden uit Zee* aus schweren norwegischen Granitblöcken, die seit 1903 auf dem Boden der Nordsee lagen, gefertigt.

✖ **De Grië,** Badweg 4, HB Terschelling West. ✆ 0031-562/448499. www.grio.nl. 18 – 21 Uhr. Französische Küche mit regionalen Produkten.

*(Hafen) transportiert Gepäck zum Hotel. **Preise:** DZ ÜF ab 89 €.*

Cranberries, die gesunden Beeren aus Amerika

✴ *Der friesische Name von Terschelling lautet »Skylge«.*

Cranberries, Moosbeeren, kommen ursprünglich aus Nordamerika. Im Jahr 1839 wurde ein Fass dieser dunkelroten Beeren mit bittersüßem Geschmack am Strand von Terschelling angespült. Der Überlieferung nach warf der Strandräuber *Pieter Sipkes Cupido* den Fund enttäuscht in die Dünen. In dieser Umgebung gediehen die heidelbeerartigen

© Wikipedia

Sträucher prächtig und heute ist Terschelling die Cranberry-Insel schlechthin. Die **Cranberry-Fabrik** in Formerum steht zur Besichtigung offen. Hier werden Produkte von Saft über Weine und Liköre bis hin zu Marmelade und Tee hergestellt.

Ihre gesundheitliche Wirkung ist nicht bewiesen, fruchtig-lecker schmecken sie trotzdem: Cranberries

🕐 **Cranberry Cultuur Skylge,** *Formerum 51a, 8894 KB Formerum Terschelling.* ✆ *0031-562/448800. www.terschellingercranberry.nl. info@terschellinger-cranberry.nl. **Bahn/Bus:** Ab Fährhafen Bus 120 bis Molen. **Auto:** Ab Fährhafen 1. rechts, 2. rechts, Straßenverlauf mit wechselnden Straßennamen folgen bis Formerum. **Zeiten:** Fabrik Mai – Okt Mo – Fr 14 Uhr, Geschäft Mo – Fr 10.30 – 17, Sa 10.30 – 16 Uhr. **Preise:** Eintritt frei.*

Museum für Strandfunde und Wrackteile

Der Eigentümer und Wracktaucher *Hille van Dieren* sammelt seit 1975 Teile von und Gegenstände aus Schiffswracks, die um Terschelling gesunken sind. Er präsentiert in seinem Museum Raritäten und

Schätzchen aus der Zeit von 1650 bis heute. Ein Teil des Museumsgebäudes wurde aus Wrackstücken des norwegischen Schiffs *Cyprian,* das 1905 vor Terschelling sank, gebaut. Im ersten Stock befinden sich die Fundstücke der *HMS Lutine.* Sie sank am 9. Oktober 1799 auf dem Weg von Great Yarmouth nach Cuxhaven vor der Küste Terschellings. Die Glocke des Schiffes, die *Lutine Bell,* hängt heute beim Versicherer Lloyd's in London. Im Außenbereich des Museums werden die größeren Ausstellungsstücke präsentiert. Darunter befinden sich diverse Kanonen, Anker und der Turm eines englischen U-Bootes.

🅼 *Wrakkenmuseum, Hille van Dieren, Formerum Zuid 13, 8894 KA Formerum Terschelling. ✆ 0031-562/ 449305. www.wrakkenmuseum.nl. hille@wrakken-museum.nl. Bahn/Bus: Ab Fährhafen Bus 120 oder 122 bis Camping Haantjes, dann 150 m Fußweg nach Süden. Auto: Ab Fährhafen von Willem Barents-zkade über Burgemeester van Heusdenweg, Verlauf folgen bis Formerum Zuidpad. Zeiten: März – Okt 10 – 18 Uhr. Preise: 1,40 – 2 m 3 €; 1 m – 1,40 m 1,50 €; Pers unter 1 m und über 2 m frei.*

AMELAND, INSEL FÜR GRUPPEN

Ameland ist eine der friesischen Inseln in der Nordsee. Sie wird von 3500 Ameländern bewohnt und ist in rund 45 Minuten vom Festlandhafen in **Holwerd** mit den Schiffen der Reederei *Wagenborg* www.wpd.nl zu erreichen. Auf der Insel gibt es vier Orte: **Nes** mit dem Fähranleger, das Bauerndorf **Buren,** das ruhige **Ballum** und das Dorf **Hollum** mit seinem bekannten *Leuchtturm.* Ameland ist ein beliebtes Urlaubs- und Ausflugsziel. Neben zahlreichen Gruppenunterkünften für Schulklassen und Jugendgruppen stehen vier große **Campingplätze,** einige nette Hotels und eine Vielzahl von **Ferienapartments** zur Auswahl. November ist traditionell

🔒 **Pieter Peit's Winkeltje,** Oosterburen 23, GA Midsland Terschelling. ✆ 0031-562/448090. www.pieterpeitswinkeltje.nl. Mai – Okt Mo – Sa 10 – 17 Uhr, Nov – April Mi – Sa 10 – 17 Uhr. Inselprodukte wie Bauernkäse, Honig, Senf.

☀ **Tipp:** Jedes Strandrestaurant der Insel hält einen Strandrollstuhl mit extrabreiten Reifen bereit. Dieser kann nicht reserviert werden.

ℹ **VVV Hollum,** O.P. Lapstraat 6, BV Hollum. ✆ 0031-519/ 546546. www.vvvameland.nl. Mo, Di, Do, Fr 9 – 12, Sa 10 – 12 Uhr. Filiale des Fremdenverkehrsbüros in Nes.

der Kunstmonat. Dann werden auf der Insel zahlreiche viel beachtete Veranstaltungen organisiert.

ℹ️ **VVV Ameland,** Bureweg 2, 9163 KE Nes Ameland. ☎ 0031-519/546546. www.vvvameland.nl. info@vvvameland.nl. **Bahn/Bus:** Ab Fähranleger Bus 132 bis Molenplaat. **Auto:** Ab Fährhafen Reeweg nach Norden bis Kreisverkehr, 1. Ausfahrt. **Zeiten:** Mitte März – Okt Mo – Sa 10 – 17, So 11 – 16 Uhr, Nov – März Mo – Sa 10 – 15 Uhr.

Mit dem Rad durch Amelands Dünen

Ab dem **Fähranleger** (dort auch Fahrradverleih) radeln Sie über **Nes** Richtung Strand. Von dort geht es etwa 10 km mitten durch die Dünen nach **Hollum.** Genießen Sie unterwegs die einzigartig schöne Dünenlandschaft und die sich hier und da bietende Fernsicht. Da diese Etappe unmittelbar am Meer entlang führt, lohnt ein Abstecher dorthin für eine kleine Rast an der tosenden Brandung. Besuchen Sie in Hollum unbedingt den ↗ **Leuchtturm Bornrif,** der Ihnen schon auf der Hinfahrt als Orientierungshilfe dient. Nach diesem Zwischenstopp geht es weiter zum **Wattdeich.** Seien Sie wachsam, denn hier sehen Sie besonders viele Vögel. Steuern Sie Ihr Fahrrad nun entlang des Wattenmeeres zum Startpunkt in Nes. Wie wäre es mit einer weiteren Ruhepause am Deich bei friedlich grasenden Schafen? Zurück in **Nes** laden zahlreiche Terrassencafés zu einer Stärkung ein. Achtung, auf dieser Fahrradroute kann es ziemlich windig werden. Sie ist daher für Kinder weniger gut geeignet.

↪ **Nes-Hollum-Nes,** Reeweg, 9163 GV Nes Ameland. **Länge:** 27 km.

Nobel übernachten

Das Romantikhotel mit seinen 19 Zimmern im modernen Design bietet Luxus auf Vier-Sterne-Niveau. Im zugehörigen Lokal, das 2007 zur Gaststätte des Jahres gewählt wurde, wird der berühmte *Nobeltje*

➡️ **Fahrradverleih Kiewiet,** Oude Steiger 1, GV Nes Ameland. ☎ 0031-519/542130. www.fietsverhuurkiewiet.nl. Sa – Do 8 – 18.15, Fr 8 – 20.30 Uhr. Fahrradvermietung am Anleger. Ab 6,50 € pro Tag.

☕ **Café Nobel,** Gerrit Kosterweg 16, AN Ballum Ameland. ☎ 0031-519/554157. www.hotelnobel.nl/restaurant-2. 8 – 2 Uhr. Kleine Gerichte, Getränke, auch Nobeltje.

ausgeschenkt. Dieser hauseigene Likör wurde im kalten Winter des Jahres 1902 vom Urahn *Willem Barend Nobel* erfunden und ist heute die Ameländer Spezialität schlechthin.

© Maneva/E. Reperant

🔺✉ **Hotel Nobel,** *Gerrit Kosterweg 16, 9162 EN Ballum Ameland. ☎ 0031-519/554157. www.hotelnobel.nl. info@hotelnobel.nl. Bahn/Bus: Ab Fährhafen Bus 130 Richtung Jeugdherberg bis Dorp Ballum. Auto: Ab Fähre Reeweg, links auf Smitteweg, Straßenverlauf folgen bis Ballum, rechts auf De Stringen, links auf Gerrit Kosterweg. Preise: 3-tägige Arrangements ab 215 € pro Person im DZ.*

Nobel geht die Welt zu Grunde: Ein Nobeltje zum Genießen dazu

Filmset auf dem Bauernhof

In dem Film »Penny's Shadow« geht es um die Freundschaft zwischen Menschen und Pferden. Da er auf Ameland gedreht wurde, ist hier das inzwischen an anderer Stelle aufgebaute Original-Filmset zu besichtigen. Es gibt eine Führung und eine Pferdedressur-Vorführung. Auf Wunsch können Sie gegen Zahlung von 5 € Fotos von und mit einem der Filmpferde machen. Das Filmset ist ausschließlich im Rahmen einer Führung zu besichtigen.

☀ **Tipp:** Die DVD des Films ist in niederländischer Sprache mit englischer Untertitelung erhältlich.

🔺🕐 **Ferienbauernhof de Lange Dunen,** *Pietje Miedeweg 1, 9162 EH Ballum Ameland. ☎ 0031-519/556677, Handy 00316/33712554. www.delangedunen.nl. delangedunen@home.nl. Bahn/Bus: Ab Fährhafen Bus 130 in beide Richtungen bis Pietje Miedeweg, Hollum. Auto: Fähre links Smitteweg, links Jelmeraweg, rechts Pietje Miedeweg. Zeiten: www.vvvameland.nl/evenementen-ameland/pennys-shadow/rondleiding-filmset-penny's-shadow. Preise: 5 €; Kinder bis 3 Jahre frei. Infos: Eintrittskarten sind beim*

Wenn Pferde zum Rettungshelfer werden

Das **Rettungsmuseum** zeigt die Geschichte des Rettungswesens auf der Insel. Zu diesem Zweck sind Fotos, Urkunden und Zeugnisse ausgestellt. Die Pferde, welche das Rettungsboot zum Wasser bringen, sind in den benachbarten Stallungen untergebracht. Etwa 14 Mal im Jahr findet die größte Attraktion des Museums statt. Die Rettungspferde demonstrieren dann, wie sie das Boot an den Strand südwestlich von Hollum ziehen, damit es dort zu Wasser gelassen wird. Ein ehemaliges Pferderettungsboot mit dem Namen *Abraham Fock,* das bis 1988 im Einsatz war, ist heute im Museum ausgestellt.

@ Termine Vorführung des Pferderettungsbootes: www.vvvameland.de/veranstaltungen-ameland/demonstration-pferderettungsboot/vorfuhrung-des-pferderettungsbootes.

🄼 *Maritiem Centrum, Oranjeweg 18, 9161 AW Hollum Ameland. ℗ 0031-519/542737, 554243. www.amelandermusea.nl. info@amelandermusea.nl. Bahn/ Bus: Ab Fährhafen Bus 130 Richtung Jeugdherberg bis Yme Dunenweg. Auto: Auf der Inselhauptstraße Richtung Hollum bis kurz vor Hostel Stayokay. Zeiten: Mo – Fr 10 – 17, Sa, So 13.30 – 17 Uhr. Preise: 4,50 €; Kinder 5 – 12 Jahre 3,25 €; Gruppen ab 15 Pers 4,25 €, Kinder 2,75 €. Infos: Vorführungen Pferderettungsboot frei zugänglich, Termine auf der Internetseite unter Agenda.*

Ferienwohnung im Leuchtturmwärterhäuschen

Am Fuße des Leuchtturms, in der früheren Unterkunft des Leuchtturmwärters aus dem Jahr 1880, befindet sich heute eine Ferienwohnung für zwei Personen. Der Wohnraum, die Küche mit Mikrowelle, eine sonnige Terrasse, die Dusche mit WC und ein Fernseher sowie DVD-Spieler gehören zur Ausstattung. Gäste können sämtliche Einrichtungen des nahe gelegenen Hostels der renommierten Stayokay-Kette nutzen. Dort wird der Schlüssel verwaltet und Sie können Fahrräder mieten.

🔺 *De Vuurtorenwachter, Oranjeweg 47, 9161 CB Hollum Ameland. ☎ 0031-519/555353. www.vuurtorenwachter.op-ameland.nl. torenwachter@opameland.nl. **Bahn/Bus:** Fährhafen Bus 130 Richtung Jeugdherberg bis Vuurtoren. **Auto:** Ab Fähre Reeweg bis Kreisverkehr, 3. Ausfahrt Achterdijken, links auf Ballumerweg, wird zu Verbindingsweg, Kreisverkehr 2. Ausfahrt, weiter auf Verbindingsweg, wird zu Oranjeweg. **Preise:** 295 – 630 € pro Woche. **Infos:** Schlüsseladresse: Hostel Stayokay, Oranjeweg 59.*

Pannekoekhuis Onder de Vuurtoren, Oranjeweg 44, Hollum Ameland. ☎ 0031-519/554069. www.onderdevuurtoren.nl. 11 – 20 Uhr. Pfannkuchen ab 6 €, auch Vollkorn und glutenfrei.

Das Leuchtfeuer von Ameland

Im Jahr 1880 wurde der 58 m hohe **Leuchtturm** errichtet. Das imposante Bauwerk ist regelmäßig für Besichtigungen geöffnet. Nach der Bewältigung von 236 Treppenstufen liegt dem Besucher die ganze Insel zu Füßen. Der fantastische Panoramablick über das Eiland und bis zur Nachbarinsel Terschelling belohnt für die Mühe. Ein kleines Eintrittsgeld zur Instandhaltung des Turms wird erhoben. Mit seiner 2000 Watt starken Lampe gehört der Turm von Ameland zu den lichtstärksten Leuchttürmen im Westen Europas.

Ⓜ *Vuurtoren Bornrif, Oranjeweg 57, 9161 CB Hollum Ameland. ☎ 0031-519/546546, 542737. www.amelandermusea.nl. info@vvvameland.nl. **Bahn/Bus:** Ab Fährhafen Bus 130 bis De Blieke. **Auto:** Ab Nes Richtung Hollum. **Zeiten:** Ferien 13 – 17 Uhr, übrige Zeit Mi, Sa, So 13 – 17 Uhr. **Preise:** 4,50 €; Kinder 5 – 12 Jahre 3,25 €; Gruppen ab 15 Pers 4,25 €, Kindergruppen 2,75 €. **Infos:** Öffnungszei-*

Lädt zum Aussichtgenießen ein: Der Leuchtturm Bornrif steht bei Hollum auf Ameland

© VVV Ameland

Mit dem Mehrpersonen-Tretrad über die Insel

Wer die Insel auf gemütliche Art und mit gebündelter Muskelkraft entdecken möchte, mietet sich ein Tretfahrzeug für 4, 6 oder 8 Personen. Beim Vermieter und beim Fremdenverkehrsbüro VVV gibt es interessante Routenvorschläge.

➲ *De Trapkar, Pastoor Scholtenweg 1, 9164 KK Buren Ameland. ✆ 0031-519/542063. www.trapkar.nl. info@trapkar.nl. Bahn/Bus: Ab Fährhafen Bus 132 Richtung Reeweg bis Pastoor Scholtenweg. Auto: Ab Fährhafen Reeweg Kreisverkehr 1. Ausfahrt Bureweg, Straßenverlauf folgen, wird Pastoor Scholtenweg. Preise: Gefährt für 4 Pers 2 € pro Person; bei einer Miete von 5 Std werden nur 3 Std bezahlt.*

Petri heil im Forellenteich!

Am Ortsausgang von **Buren,** in Richtung des Burener Ortsteils *Kooiplaats* und dem Dünengebiet *Oerd*, liegen in einem ruhigen Naturgebiet drei Teiche, in denen Sie Forellen angeln können. Gruppen haben die Möglichkeit, einen der Forellenteiche für eine alleinige Nutzung zu buchen. Ihren Fang dürfen Sie selbstverständlich mitnehmen, können ihn aber auch gegen geräucherte Forelle eintauschen. Dann bekommen Sie einen geräucherten Fisch für zwei gefangene Forellen.

➲ *Forellenteich 't Nijlân, Koeveldsweg 2, 9164 XT Buren Ameland. ✆ 0031-519/543740. www.amelanderforellenvisvijvers.nl. metzameland@home.nl. Bahn/Bus: Ab Fährhafen Bus 132 bis Klein Vaarwater, dann 19 Min Fußweg. Auto: Ab Fährhafen bis Kreisverkehr, 1. Ausfahrt, 1. rechts, bei Grazingweg links, 1. links. Zeiten: April – Okt Di – Do und Sa 9 – 13 und 13.30 – 17.30, Fr 13.30 – 17.30 und 18 – 22, So 13.30 – 17.30 Uhr. Preise: 10 € (3 Regenbogenforellen), 15 € (5 Regenbogenforellen) oder 19 €*

◰ **Strandpaviljoen 't Strandhuys,** Strandweg 100, KA Buren Ameland. ✆ 0031-519/542554. www.strandhuys-ameland.nl. 10 – 22 Uhr. Hauptgericht ab 19,95 €.

@ Eine Übersicht aller Hotspots der Insel finden Sie hier: www.vvvameland.nl/kaart-van-ameland.

☀ **Tipp:** Die Volkstanzgruppe »De Amelanders« tritt während der Hauptsaison mindestens einmal pro Woche in einem der vier Dörfer auf.

© VVV Vlieland

Ein bisschen dackelartig: An der Kegelform des Kopfes kann man die Kegelrobbe gut vom Seehund unterscheiden

*(3 Regenbogenforellen und 1 Lachsforelle). **Infos:** Angeln und Zubehör können gemietet werden.*

Robbenfahrt

Zwischen Ameland und Terschelling liegt eine Robbenbank. Die putzigen Tiere halten sich bei jedem Wasserstand dort auf. Bei Hochwasser können Sie sie beim Fischen beobachten. Mit ein wenig Glück sehen Sie vielleicht, wie eine Robbe auftaucht, die einen gerade erbeuteten Fisch im Maul hat. Halten Sie auf jeden Fall Ihre Kamera griffbereit. Bei Niedrigwasser ruhen sich die Tiere aus und liegen auf der Sandbank faul in der Sonne. Nur der Robbennachwuchs tobt dann meist noch im Wasser. Das komfortable Ausflugsschiff wurde speziell fürs Wattenmeer entworfen, sodass es bei Ebbe durch die Priele fahren kann. Die genaue Fahrroute ist auf Karten angegeben, die Sie in den Salons im Schiffsinneren finden. Die Robbentour kann auf Wunsch um einen 30-minütigen Ausflug auf eine Muschelbank erweitert werden.

❷ ***Robbenboot,*** *Arjen Mosterman, Smitteweg 1a, 9162 EC Ballum Ameland.* ✆ *0031-519/720550, Handy 00316/21296437. www.robbenboot.nl. info@robbenboot.nl. **Bahn/Bus:** Abfahrt direkt am Anleger.*

De Kiekduun, Strandweg 65, KA Buren Ameland. ✆ 0031-519/542389. www.kiekduun.nl. Feb – Dez. Dünencampingplatz, Chaletvermietung.

Seehunde *sind kleiner und schlanker als **Kegelrobben**; beide Arten sind an der hiesigen Küste verbreitet. Von der Kegelrobbe unterscheiden sich Seehunde auch durch ihren rundlichen Kopf. Meist sind Seehunde dunkelgrau gefärbt und haben unregelmäßig über den Körper verteilte schwarze Flecken. Robben und Seehunde sind Raubtiere.*

Zeiten: Internetseite unter Afvaarten. *Preise:* 14 €, Muschelbank 10 €; Kinder 4 – 12 Jahre 8 €, Muschelbank 5 €. *Infos:* Karten für die Robbenfahrt werden auch beim Fremdenverkehrsbüro VVV verkauft.

SCHIERMONNIKOOG, DIE INSEL DER GRAUEN MÖNCHE

✴ *Im Mittelalter gehörte die Insel zum friesischen Zisterzienserkloster Claercampest. Die Mönche trugen graue Kutten. Schier bedeutet grau, monnik heißt Mönch und Oog ist ein altes Wort für Insel. So entstand der Name Schiermonnikoog.*

Die autofreie, 64 qkm große Insel wird von über 900 Einwohnern bewohnt, die ihre Heimat kurz »Schier« nennen. Schier wird von der Fähre ab *Lauwersoog* angesteuert. Das Dorf Schiermonnikoog ist der nördlichste bewohnte Ort der Niederlande. Mit einer Gesamtfläche von 54 qkm gehört der größte Teil der Insel zum **Nationalpark und Vogelschutzgebiet Schiermonnikoog.** Die Salzwiesen bieten Möwen, Seeschwalben und Löfflern einen Lebensraum und in den Dünen fühlen sich zahlreiche Singvögel wohl.

ℹ️ *VVV Schiermonnikoog, Reeweg 5, 9166 PW Schiermonnikoog. © 0031-519/531233. www.vvvschiermonnikoog.nl. info@vvvschiermonnikoog.nl. Bahn/Bus: Ab Fährhafen Bus 140 bis Centrum/VVV. Auto: Autofrei. Rad: Ab Fähre bis Kreuzung, links abbiegen, bei Reeweg rechts, Verlauf folgen. Zeiten: Mai – Sep Mo – Fr 9 – 13 und 14 – 18, Sa 10 – 13 und 14 – 16 Uhr, Okt – April Mo – Fr 9 – 13 und 14 – 17.30, Sa 10 – 13 und 14 – 16 Uhr. Infos: Internetcafé.*

Atlantikwall auf Schiermonnikoog

✴ *Der Atlantikwall war eine 2685 km lange Verteidigungslinie entlang des Atlantiks, des Ärmelkanals und der Nordsee. Er sollte die besetzten Gebiete und Deutschland vor den Alliierten schützen.*

Während des Zweiten Weltkriegs war Schiermonnikoog von etwa 600 deutschen Soldaten besetzt. Zur Verteidigung der Insel wurden Bunker als Teil des **Atlantikwalls** angelegt. Der Museumsbunker des Typs *Seeburg* diente damals als Kommunikationszentrum. Radar- und Funksignale wurden hier ausgewertet und an die Luftwaffe weitergeleitet. Zu diesem Zweck gab es den sogenannten *Seeburgtisch.* Dabei handelte es sich um einen gläsernen Tisch, auf dem die Positionen der Deutschen und alliierten Flugzeuge mittels Lämpchen angegeben wurden. Die Ausstellung präsentiert Einrichtungs- und Gebrauchsgegenstände, die den Kriegsalltag widerspiegeln.

🅜 *Bunkermuseum Schlei, Martha Karststraat 11, 9166 SP Schiermonnikoog. ✆ 0031-519/531701. www.bunkermuseum.wordpress.com. info@bunker-museumschlei.nl. **Bahn/Bus:** Fährhafen Bus 140 Richtung Strandhotel bis Heereweg. **Rad:** Radweg südlich vom Strandrestaurant de Marlijn in Richtung Leuchtturm. **Zeiten:** Jan – Mitte Feb So 13 – 16, Mitte Feb – Dez Mi und So 13 – 16 Uhr. **Preise:** 3 €; Kinder 5 – 12 Jahre 1,50 €; Senioren ab 65 Jahre 2,50 €. **Infos:** Der Eingang liegt am Ende des Prins Bernhardweg, an der linken Seite.*

🔖 Eine reich bebilderte Broschüre inklusive Inselkarte mit dem Titel *Natur hautnah erleben* wird für 0,50 € verkauft.

Informationszentrum zu Schier

Das Besucherzentrum informiert über Schiermonnikoogs acht unterschiedliche Landschaftstypen Watt, Sumpf, Polder, Dorf, Wald, Düne, Nordseestrand und den Süßwasserteich Westerplas, der früher eine Salzwiese war. Auch **Flora und Fauna** der Insel werden vorgestellt. Im Aquarium ist sogar

Watt, das soll 'ne Wanderung sein? Im Watt kommt man nur schlecht voran

© Wadlopen Pieterburen

ein Blick unter Wasser möglich, wo sich Schollen und Krabben tummeln. Es gibt ein Inselmodell mit Gezeiten und ein Querschnitt zeigt die Geheimnisse des Wattbodens. In einem Stück Wald zwitschern Vögel. Neben dieser Dauerausstellung finden regelmäßige Wechselausstellungen mit kulturhistorischem Hintergrund statt. Das Besucherzentrum organisiert zudem rund ein Dutzend interessante Ausflüge wie **Fahrradtouren** oder **Wattwanderungen.**

🕐 *Bezoekerscentrum Schiermonnikoog, Torenstreek 20, 9166 ZP Schiermonnikoog. ℰ 0031-519/ 531641. www.activiteitenopschiermonnikoog.nl. schiermonnikoog@nationaalpark.nl.* **Bahn/Bus:** *Ab Fähre Bus 140 Richtung Strandhotel bis Duinzicht.* **Rad:** *Ab Fährhafen links Heereweg, rechts Oosterreeweg, links Langestreek, rechts Torenstreek.* **Zeiten:** *Feb – Juni, Sep, Okt Mo – Sa 10 – 12 und 13.30 – 17, So 10 – 14 Uhr, Juli – Aug Mo – Sa 10 – 17, So 10 – 14 Uhr, Nov – Jan Mi und Sa 10 – 12 und 13.30 – 17, So 10 – 14 Uhr.* **Preise:** *1 €, Preisbeispiel Ausflug Balgexpres 12 €; Kinder 1 €, Ausflug Balgexpres 8 €.* **Infos:** *Zu den Ausflügen werden Stiefel für 1 € pro Paar und Ferngläser für 2,50 € pro Tag vermietet.*

De Marlijn, Prins Bernhardweg 2, SH Schiermonnikoog. ℰ 0031-519/531397. www.demarlijn.com. Feb – Okt täglich, Nov – Jan Fr – Sa ab 10.30 Uhr. Strandrestaurant. Snacks und Getränke, Tapas.

Hotel beim Rekordstrand

Rund 300 m vom Dorf Schiermonnikoog und 15 Minuten Fußweg vom **breitesten Strand Europas** entfernt liegt das Drei-Sterne-Haus **Duinzicht**. Zu den Einrichtungen gehören Sauna und Solarium sowie WiFi im ganzen Gebäude. Die 35 Zimmer sind komfortabel eingerichtet. Einige haben einen Balkon oder Gartenblick.

Das Restaurant des Hotels serviert internationale Gerichte.

🛏️✉️ *Hotel Duinzicht* ✳ ✳ ✳ *, Badweg 17, 9166 ND Schiermonnikoog. ℰ 0031-519/531218. www.hotelduinzicht.nl. info@hotelduinzicht.nl.* **Bahn/Bus:** *Ab Fährhafen Bus 140 Richtung Strandhotel bis Duinzicht.* **Rad:** *Fährhafen links, Richtung Dorf, Oostereeweg bis Noorderstreek, dort rechts bis Badweg.* **Preise:** *4-tägiges Arrangement im Standardzimmer 265 € pro Person.*

DIE HAUPTSTADT AMSTERDAM

Stimmungsvoll:
Amsterdam bei Nacht
© Hans Zaglitsch

DAS VENEDIG DES NORDENS: AMSTERDAM

Die Hauptstadt der Niederlande liegt in der Provinz Nordholland. Gegründet wurde sie im 13. Jahrhundert, als Fischer erste Befestigungen an den Ufern der Amstel errichteten. Sie legten an der Stelle des heutigen Damplatzes einen Damm mit Schleusen an, der die beiden Flussufer verband. So entstand der Name Amsterdam. Fortan blühte der Handel, begünstigt durch die Lage an der Wasserstraße.

Als 1602 die Vereinigte Ostindische Kompanie **VOC** von niederländischen Kaufmannskompanien gegründet und vom Staat mit einem Handelsmonopol ausgestattet wurde, erlebte Amsterdam und mit der Stadt das gesamte Land einen Wohlstand, der das ganze Jahrhundert prägte und diesem den Beinamen Goldenes Jahrhundert bescherte. Seit dieser Zeit wuchs Amsterdam stetig und zählt heute etwa 750.000 Einwohner. Die von 165 **Grachten** durchzogene Stadt ist reich an Sehenswürdigkeiten. Bedeutende **Museen** wie das *Rijksmuseum,* das *Van Gogh Museum* und die *Hermitage* locken Kunstbegeisterte aus dem In- und Ausland an. Auch das *An-*

FESTKALENDER

Juni:	3. Wochenende, **Tage der Offenen Gärten**, 25 Grachtengärten zu besichtigen, www.opentuinendagen.nl.
August:	1. Sa, **Gay Pride,** Bootsparade über die Grachten, www.amsterdamgaypride.nl.
	10 Tage, **Grachtenfestival**, klassische Musik an verschiedenen Orten im Zentrum, www.grachtenfestival.nl.
	letztes Wochenende, **Kulturfestival Uitmarkt,** kostenlose Darbietungen klassischer Musik, Kabarett, Jazz und Tanz, www.amsterdamsuitburo.nl/uitmarkt.
Oktober:	3. So, **Amsterdam-Marathon,** 42 km, Start und Ziel am Olympiastadion, www.tcsamsterdammarathon.nl.

ne Frank Haus oder das Wachsfigurenkabinett *Madame Tussauds* sind Besuchermagneten. Bei einem Amsterdambesuch darf auf keinen Fall eine Tour mit einem glasbedachten Rundfahrtschiff durch die Kanäle fehlen. Selbstverständlich gibt es auch zahlreiche **Einkaufsmöglichkeiten** vom riesigen Luxuskaufhaus De *Bijenkorf* bis zu kleinen Boutiquen und Läden. Ein Anziehungspunkt für Schnäppchenjäger sind die zahlreichen Märkte. Die bekanntesten sind der Flohmarkt auf dem Waterlooplein sowie der schwimmende Blumenmarkt unweit des Rembrandtpleins.

AUF INS ZENTRUM!

An der Zentrumsseite des Hauptbahnhofs beginnt der 7 km lange Stadtspaziergang. Nachdem Sie die Kais der Rundfahrtboote passiert haben, gehen Sie in südwestliche Richtung. Einige hundert Meter weiter sehen Sie links die verborgene Kirche ↗ **Ons' Lieve Heer op Solder**. Geradeaus geht es zum Rotlichtviertel **De Wallen,** wo leicht bekleidete Damen hinter Fensterscheiben auf Kundschaft warten. An der Kirche Oude Kerk führt der Spaziergang Sie nach rechts zur **Beurs van Berlage.** Die frühere Börse dient heute vielfältigen Zwecken. *König Willem-Alexander* und *Königin Máxima* wurden 2002 im Großen Saal vom damaligen Bürgermeister *Job Cohen* standesamtlich getraut. Weiter geht es an der *Nieuwe Kerk* vorbei zum **Damplatz** mit dem ↗ **Königspalast** und dem Einkaufstempel **Magna Plaza** gleich um die Ecke. Hinter dem repräsentativen Palast führt die Einkaufsstraße Spuistraat in Richtung ↗ **Begijnhof.** Über die Kalverstraat geht es nun am ↗ **Tuschinsky Theater** und dem **Rembrandtplein** vorbei zum **Waterlooplein.** Unterwegs finden Sie kurz vor der Blaubrug links die ↗ **Xtracold Eisbar.** Der weltberühmte **Flohmarkt** auf dem Waterloo-

🔒 **De Bijenkorf,** Dam 1, JS Amsterdam. ℗ 0031-20/6218080. www.debijenkorf.nl. So, Mo 11 – 20, Di, Mi 10 – 20, Do, Fr 10 – 21, Sa 9.30 – 20 Uhr. Luxus-Warenhaus mit reichhaltigem Sortiment.

Die Kalverstraat und das Einkaufsgebiet »Negen Straatjes« (www.9straatjesonline.com) mit vielen kleinen Geschäften und originellen Läden sind ebenso einen Besuch Wert wie die exklusiven Boutiquen in der PC Hooftstraat (www.pchooftstraat.nl).

plein mit seinen 300 Ständen ist montags bis samstags 9.30 – 17 Uhr für Schnäppchenjäger geöffnet. Gehen Sie nun über die Jodenbreestraat, sehen Sie das Museum Rembrandthuis bei Hausnummer 4. Über die Sint Antoniesbreestraat erreichen Sie den **Nieuwmarkt.** Dort können Sie sich im ↗ **Restaurant De Waag** stärken. Gehen Sie nun die Korte Koningsstraat hinunter, am Ende biegen Sie links auf den Kalkmarkt in Richtung Prins Hendrikkade. Sie erreichen das Technikmuseum **NEMO,** unweit des Hauptbahnhofs. Das **Dach des Museums** ist frei zugänglich – genießen Sie von dort oben die Aussicht auf die Stadt!

ℹ️ ***Amsterdam Tourist & Convention Board,*** *Stationsplein 10, 1012 AB Amsterdam. ✆ 0031-20/2018800. www.iamsterdam.com. info@atcb.nl. **Länge Stadtrundgang:** 7 km. **Bahn/Bus:** Vor dem Hbf Amsterdam Centraal. **Auto:** A2, Beschilderung P-Transferium bis Transferium ArenA, von dort oberirdische Metro 50 oder 54 bis Hbf. **Rad:** LF2 Stedenroute, LF7 Oeverlandroute, LF20 Flevoroute. **Zeiten:** Mo – Sa 9 – 17, So 10 – 17 Uhr. **Infos:** auch zuständig für Amstelveen und Zaandam.*

Durch die Grachten Amsterdams

Eine Rundfahrt durch die Grachten der Stadt dauert eine Stunde. Unterwegs erhalten Sie interessante Erläuterungen in mehreren Sprachen. Das Schiff passiert prachtvolle Grachtenhäuser und gemütliche Hausboote, fährt unter zahlreichen Brücken durch und durchquert einen Teil des Hafens. Boote legen alle 30 Minuten von der Prins-Hendrikkade 25 in Bahnhofsnähe ab.

Zur Flotte der Reederei gehört ein rollstuhlgeeignetes Schiff. Reservierungen unter ✆ 0031-20/5305412.

➲ ***Rederij Lovers,*** *Prins Hendrikkade gegenüber 25 – 27m, 1012 TM Amsterdam. ✆ 0031-20/5305412, 5301090. www.lovers.nl. info@lovers.nl. **Bahn/Bus:** Gegenüber des Hbf Amsterdam CS. **Auto:** Im Zentrum, am Hbf oder P+R Transferium ArenA, dann Metro 50 oder 54 bis Hbf. **Zeiten:** täglich alle 30 Min,*

erste Abfahrt 10 Uhr, letzte Abfahrt 17 Uhr. **Preise:** *14 €; Kinder 4 – 12 Jahre 7 €; Onlinetickets mit 10 % Ermäßigung, Gruppenpreise auf Anfrage.* **Infos:** *Bei Gruppen ab 8 Pers und Rollstuhlfahrern Reservierung erforderlich.*

Stadtrundfahrt der anderen Art: Grachtenrundfahrt

Ein Besuch im Königspalast

Der Palast im Stil des niederländischen Klassizismus ist das dominierende Bauwerk auf dem zentralen **Damplatz.** Er wurde 1648 – 1665 als Rathaus erbaut und 1939 an das niederländische Königshaus verkauft. Seitdem wird das Gebäude zu Repräsentationszwecken und als Gästehaus für Staatsgäste genutzt. Außerhalb der offiziellen Nutzung kann der unlängst komplett renovierte Palast besichtigt werden. Eine jährlich wechselnde Sommerausstellung zeigt die reiche Geschichte des Gebäudes. Jeden Herbst stellen junge Künstler ihre Werke im Zuge der Verleihung des Preises *Koninklijke Prijs voor Vrije Schilderkunst* aus.

Bloemenmarkt, Singel 1013, Amsterdam. ℂ 0031-20/ 6258282. www.hollandsemarkten.nl. Mo – Sa 9 – 17.30, So 11 – 17.30 Uhr. Blumen- und Pflanzenverkauf auf Booten.

🕐 **Koninklijk Paleis Amsterdam,** *Dam, Nieuwezijds Voorburgwal 147, 1012 RJ Amsterdam. ✆ 0031-20/ 6204060. www.paleisamsterdam.nl. info@dkh.nl.* **Bahn/Bus:** *Ab Hbf 5 Min Fußweg über Damrak.* **Auto:** *Parkhaus des Kaufhauses de Bijenkorf auf dem Dam.* **Zeiten:** *Internetseite unter visit.* **Preise:** *10 €; Kinder und Jugendliche bis 18 Jahre frei; Senioren ab 65 Jahre 9 €.*

Zeugnis des Holocaust

☀ **Tipp:** Wer die Karten im Internet bestellt und ausdruckt, kann vor Ort die lange Warteschlange vermeiden und einen gesonderten Eingang (linke Seite neben dem Haupteingang) nutzen.

Ein Haus, wie jedes andere und doch besonders: Anne Frank Haus

Im Hinterhaus eines unscheinbaren Gebäudes an der Prinsengracht befindet sich der Unterschlupf von **Anne Frank,** ihrer Familie und einigen Bekannten. Seit dem Zeitpunkt ihres Untertauchens 1942 lebten sie in ständiger Angst vor Entdeckung durch die Gestapo. 1944 wurden sie verraten und in verschiedene Konzentrationslager gebracht. Anne Frank starb 1945 im Alter von 15 Jahren im Konzentrationslager Bergen-Belsen. Von der gesamten Familie überlebte nur Vater Otto Frank den Holocaust. Nach dem Krieg wurde Annes Tagebuch mit ihren eindrucksvollen Schilderungen vom Leben im Versteck gefunden und veröffentlicht. Das geschichtsträchtige Haus wird tagtäglich von zahlreichen Touristen aus aller Welt besucht. Zwar gibt es dort keine Möbel mehr, dennoch bekommt der Besucher einen Eindruck von der bedrückenden Situation der Untergetauchten. Das Originaltagebuch und einige persönliche Gegenstände der früheren Bewohner sind dort ausgestellt.

Ⓜ **Anne Frank Haus,** *Prinsengracht 263, 1016 GV Amsterdam. ✆ 0031-20/ 5567100. www.annefrank.nl. info@anne-frank.nl.* **Bahn/Bus:** *Ab Hbf Amsterdam CS Tram 13, 17 oder Bus 170, 171, 172 bis Westermarkt, zu Fuß über Keizersgracht oder Canalbus Grüne und Rote Linie.* **Auto:** *Parkhaus parkeergarage Europarking, Mar-*

nixstraat. *Rad: Ab Hbf rechts auf Prins Hendrikkade, rechts über Martelaarsgracht, Spuistraat, Heeren-straat.* **Zeiten:** *Mitte März – Mitte Sep täglich 9 – 21, Sa und Juli – Aug täglich bis 22 Uhr, übrige Zeit 9 – 19, Sa 9 – 21 Uhr.* **Preise:** *9 €; Kinder 10 – 17 Jahre 4,50 €, Kinder unter 10 Jahre frei; Gruppenrabatt nach Absprache.* **Infos:** *Wegen des großen Andrangs ist es ratsam, den Besuch morgens um 9 Uhr oder abends ab 18 Uhr einzuplanen.*

☀ **Tipp:** Auf dem Platz vor der Küsterwohnung der Westerkerk steht eine Skulptur von Anne Frank. Das ↗ Anne Frank Haus liegt in der unmittelbaren Nachbarschaft.

Die Westerkirche

Die Westerkerk wurde 1620 – 1631 von dem Architekten und Bildhauer *Hendrick de Keyser* als protestantische Kirche im Renaissancestil erbaut. Das Gotteshaus ist 58 m lang und 29 m breit. Im Nordteil liegt seit 1669 *Rembrandt van Rijn* begraben. Eine Gedenkta-fel erinnert an den Maler. Am 10. März 1966 heiratete *Prinzessin Beatrix* in der Westerkerk den deut-schen Diplomaten *Claus von Ams-berg*. An gleicher Stelle finden April bis Oktober jeden Freitag 13 – 13.45 Uhr **Mittagspausenkonzer-te** von talentierten Nachwuchsor-ganisten statt. Der Eintritt ist frei. Mit seinen 85 m ist der **Ouwe Wester** (Der alte Wester) der höchste Kirchturm Amsterdams. Er wird von *Anne Frank* in ihrem be-rühmten Tagebuch erwähnt. Sein Glockenspiel, das mehrmals pro Tag erklingt, wird von Hand bespielt.

Protestantische Strenge: Die Westerkerk zwischen Prinsengracht und Keizersgracht

🕐 🎵 **Westerkerk,** *Prinsengracht 281, 1016 GW Amster-dam. ✆ 0031-20/6247766. www.westerkerk.nl. info@westerkerk.nl.* **Bahn/Bus:** *Ab Hbf Amsterdam CS Tram 13, 17 oder Bus 170, 171, 172 bis Wester-markt, zu Fuß über Keizersgracht oder Canalbus Grü-ne und Rote Linie.* **Auto:** *Parkhaus parkeergarage Eu-roparking, Marnixstraat.* **Zeiten:** *Mo – Sa 11 – 15*

Uhr, Turmbesteigung April – Okt 10 – 18 Uhr. **Preise:** Turmbesteigung Pers ab 6 Jahre 7,50 €. **Infos:** Der Kirchturm wird von der Stadt Amsterdam verwaltet.

Madame lässt bitten: Stars hautnah

Ein Besuch bei **Madame Tussauds** ist ein faszinierendes Erlebnis für Groß und Klein. Wächserne Ebenbilder von Stars aus den Bereichen Politik, Musik, Sport, Kino und TV sowie historischen Persönlichkeiten und gekrönten Häuptern sind in einer jeweils passenden Umgebung zu sehen. Sie treffen hier auf Nicolas Cage, Angelina Jolie oder David Beckham zum Anfassen. Machen Sie eine Zeitreise und schauen Sie Vincent van Gogh oder Anne Frank über die Schulter. Unterhaltsame und vergnügliche Stunden sind garantiert.

Es gibt mittlerweile Filialen in Bangkok, Berlin, Blackpool, Hollywood, Hongkong, Las Vegas, London, New York, Shanghai, Sydney, Tokio, Washington und Wien.

🅼 **Madame Tussauds,** Dam 20, 1012 JS Amsterdam. ✆ 0031-20/5221010. www.madametussauds.nl. info@madametussauds.nl. **Bahn/Bus:** Ab Hbf Amsterdam CS zu Fuß etwa 1 km geradeaus über Damrak oder Tram 4, 9, 16, 24 bis Dam. **Auto:** P+R Transferium ArenA, dann Metro 50 oder 54 bis Hbf. **Rad:** Ab Hbf über Damrak zum Dam. **Zeiten:** täglich 10 – 17.30 Uhr. **Preise:** 22 €; Kinder 5 – 15 Jahre 17 €; Eintritt nach 15 Uhr 18 €, Kinder 13 €, Online-Karten 20 €, Kinder 15 €. **Infos:** Aus Brandschutzgründen haben nur zwei Rollstuhlfahrer gleichzeitig Zugang.

Probierstube für Jenever

In der Probierstube stehen verschiedene Jeneversorten und Liköre zur Auswahl. Darunter befinden sich viele altholländische Sorten wie *Volmaakt Geluk, Bruidstranen* und *Hansje in de Kelder, De Boswandeling* und *de Half en Half.* Zudem werden Obstler und ausgezeichnete Biere vom Fass kredenzt. Kenner schwärmen von einem Jenever, der »Flüssiger Apfelkuchen« genannt wird. Die urige Probierstube mit ihrer authentischen Einrichtung aus dem 17. Jahrhundert beherbergt eine Sammlung antiker

Flaschen. Übrigens, es wird dort noch die Tradition der Verbeugung vor dem ersten Schluck gepflegt.

Wynand Fockink, *Pijlsteeg 31 – 43, 1012 HH Amsterdam. ☎ 0031-20/6392695. www.wynand-fockink.nl. contact@wynand-fockink.nl.* **Bahn/Bus:** *Hbf Amsterdam Centraal Tram 4, 9 oder 16 bis Dam.* **Auto:** *Parkhaus des Kaufhauses De Bijenkorf.* **Zeiten:** *täglich 15 – 21 Uhr.* **Preise:** *je nach Getränk.*

DURCH DIE INNENSTADT

Geführte Touren durch Mokum

Echte Amsterdamer zeigen Gruppen von acht bis zehn Personen auf einem 3-stündigen Stadtspaziergang die bekannten und weniger bekannten Ecken ihrer Stadt. Sie können aus verschiedenen Routen und Themen wählen. Die Führungen werden auch in deutscher Sprache durchgeführt. Eine Reservierung ist in diesem Fall ratsam.

Mee in Mokum, *Keizersgracht 346, 1016 EZ Amsterdam. ☎ 0031-20/6254450. www.gildeamsterdam.nl. info@gildeamsterdam.nl.* **Bahn/Bus:** *Hbf Amsterdam Centraal über Damrak und Dam links auf die Kalverstraat zum Treffpunkt.* **Zeiten:** *Mo – Do 11 – 14 Uhr.* **Preise:** *7,50 €; Kinder bis 12 Jahre 5 €.* **Infos:** *Treff-*

Mokum ist ein Spitzname für die Amsterdamer Innenstadt.

Lange Sichtachse: Typische Gracht

punkt am Museumscafé Mokum beim Amsterdam Museum, Kalverstraat 92, ✆ 0031-20/6236736.

Amsterdams bewegte Geschichte

Das Gebäude mit der schiefen Front wurde im 17. Jahrhundert erbaut. Es beherbergte zu dieser Zeit ein Waisenhaus. Heute sehen Sie dort eine Ausstellung über die reiche Geschichte der Stadt. Die ersten Siedlungsformen werden interaktiv nachgestellt, Gemälde und archäologische Funde sind zu sehen. Im Museum ist eine Nachbildung von »'t Mandje« aufgebaut. Diese erste Schwulen- und Lesbenkneipe der Stadt wurde teilweise mit Originalmöbeln ausgestattet. Der wunderschöne Innenhof lädt zu einer Pause ein.

🅜 *Amsterdam Museum, Nieuwezijds Voorburgwal 359, 1012 RM Amsterdam. ✆ 0031-20/5231822. www.ahm.nl. info@amsterdammuseum.nl. Bahn/ Bus: Ab Hbf 15 Min Fußweg über Damrak, Dam und Kalverstraat. Auto: Ringweg A10, S100, Centrum, Beschilderung P, Parkhaus De Kolk an der Nieuwezijds Kolk. Zeiten: Täglich 10 – 17 Uhr. Preise: 10 €; Kinder 5 – 18 Jahre 5 €; Senioren ab 65 Jahre 7,50 €, Gruppen ab 15 Pers 25 % Ermäßigung.*

Mittelalterliche Oase der Ruhe

Der **Beginenhof** liegt verschollen hinter den Fassaden des geschäftigen Platzes **Spui**. Die Wohnanlage umschließt eine Rasenfläche mit hohen Bäumen, Blumen und einer mittelalterlichen Kirche. Im 14. Jahrhundert wurde sie erbaut, um frommen Damen, die nicht in ein Kloster eintreten wollten, eine Wohn- und Wirkungsstätte zu bieten. Das älteste Haus der Stadt mit seiner Holzfassade aus dem Jahr 1475 befindet sich ebenfalls hier. Der Eingang liegt an der Gedempte Begijnensloot, zwischen Spui und dem Rozenboomsteeg.

🕐 *Begijnhof Amsterdam, Begijnhof 30, 1012 WT Amsterdam. ✆ 0031-20/6221918. www.begijnhofams-*

☀ Amsterdam hat überdurchschnittlich viele Parks und Grünanlagen. Hier gibt es dreimal so viele Bäume wie in Paris.

☀ Neben dem Beginenhof in Amsterdam gibt es noch einen weiteren in Breda.

terdam.nl. info@begijnhofamsterdam.nl. *Bahn/Bus:*
Hbf Amsterdam Tram 16 oder 24 Richtung VU oder
Tram 25 Richtung Pres. Kennedylaan bis Spui. *Auto:*
Parkhaus parkeergarage De Bijenkorf, Beursplein 15.
Zeiten: April – Sep 10 – 11 Uhr, Okt – März 10 – 17
Uhr. Preise: frei zugänglich. Infos: Besucher werden
gebeten, sich in der Anlage ruhig zu verhalten. Grup-
pen und Führungen sind nicht zugelassen.

Begijnhofshop,
Nieuwezijds Voor-
burgwal 371, RM Amster-
dam. ✆ 0031-20/
6221918. www.begijnhof-
amsterdam.nl/begijnhof-
shop. Di – Sa 10 – 16
Uhr. Kerzen, Karten,
Bücher, Bilder.

Museum zum Bau der Grachten

Dieses Museum ist in einem stilvollen **Grachten-
haus** untergebracht. Die sechs prächtigen Räume
der Beletage zeigen die Schönheit und den Reich-
tum des sogenannten Goldenen Zeitalters der Niederlande. Hier begegnet der interessierte Besucher
dem gewagtesten Stadterweiterungsprojekt der
Welt: dem Grachtengürtel
von Amsterdam aus dem
17. Jahrhundert. Sie ent-
decken die Einzelheiten
und Hintergründe der Ent-
stehung dieses städtebau-
lichen Meisterwerks in einer multimedialen und in-
teraktiven Ausstellung.

*Man genießt die Sonne
auf der Brücke: Vorm
Grachtenhuis*

© Het Grachtenhuis, Fotograf Lonneke Stulen

*Stichting Het Grachten-
huis, Herengracht 386,
1016 CJ Amsterdam.
✆ 0031-20/4211656.
www.hetgrachtenhuis.nl.
mail@hetgrachtenhuis.nl.
Bahn/Bus: Hbf Amster-
dam Centraal Tram 1
Richtung RAI oder Tram 2
Ri Nieuw Sloten bis Ko-
ningsplein. Auto: Parken
ist in der und um die He-
rengracht schwierig bis
unmöglich, daher Anreise
mit öffentlichem Nahver-
kehr ratsam. Zeiten: Di –*

DIE HAUPTSTADT AMSTERDAM

So 10 – 17 Uhr. **Preise:** 12 €; Kinder 6 – 17 Jahre 6 €; Online-Karten 8 – 10 €, Kinder 50 % Rabatt. **Infos:** Eine Audiotour in deutscher Sprache steht zur Verfügung.

* **Tipp:** Den Garten des Grachtenhauses sollten Sie auf keinen Fall verpassen

Ein Stück Heimat in Amsterdam

In der **Bibliothek des Goethe-Instituts** finden Sie eine aktuelle Auswahl an Print- und audiovisuellen Medien in deutscher Sprache. Dazu gehören Bücher, Nachschlagewerke und Lexika, deutsche Tages- und Wochenzeitungen sowie Fachzeitschriften. Auch Datenbanken, CDs, Musik- und Literaturkassetten, Videos/DVDs, Selbstlernwerke und Zugang zum Internet werden angeboten. Die Bibliothek ist öffentlich zugänglich und die Benutzung von Büchern und Medien in der Bibliothek ist kostenlos. Zur Entleihung ist eine Lesekarte erforderlich. Um eine solche zu beantragen, müssen Sie ein gültiges Ausweispapier vorlegen.

Seit 1968 besteht das Goethe-Institut in Amsterdam. Fünf Jahre später wurde in den Niederlanden ein zweites in Rotterdam eröffnet.

🖉 **Goethe-Institut,** Herengracht 470, 1017 CA Amsterdam. © 0031-20/5312900. www.goethe.de/ins/nl/ams/deindex.htm. bibliotheek@amsterdam.goethe.org. **Bahn/Bus:** Hbf Amsterdam CS Tram 16, 24 oder 25 bis Keizersgracht (Vijzelstraat). **Auto:** Parkplätze um Herengracht sind rar und teuer. **Zeiten:** Di – Do 12.30 – 18.30 Uhr. **Preise:** Lesekarte 3 Monate 10 €, 6 Monate 15 €, 12 Monate 20 €. **Infos:** Inhaber der Goethe-Karte oder des AdamNetpas erhalten eine kostenlose Leserkarte.

Das Nationalmuseum

Das Nationalmuseum wurde im April 2013 nach 10-jähriger Renovierungszeit wieder eröffnet. Es gehört zu den weltweit führenden Museen in den Bereichen Kunst und Geschichte. Die berühmte Sammlung zeigt Malerei aus dem Goldenen Zeitalter. Darunter sind bedeutende Werke von Malern wie *Frans Hals, Jan Vermeer* und neben der bekannten »Nachtwache« weitere Gemälde von *Rembrandt van*

© Hans Zaglitsch

Rijn. Außerdem sehen Sie asiatische Objekte und Kunstgegenstände mit Bezug zur niederländischen Geschichte.

🅼 **Rijksmuseum,** *Jan Luijkenstraat 1, 1070 DN Amsterdam. ✆ 0031-20/6747000. www.rijksmuseum.nl. info@rijksmuseum.nl.* **Bahn/Bus:** *Ab Hbf Tram 2 oder 5 bis Hobbemastraat.* **Auto:** *Ringweg A10, Ausfahrt RAI (S109), Parkhaus Q-park, Van Baerlestraat 33b, unter dem Museumplein.* **Zeiten:** *Täglich 9 – 18 Uhr.* **Preise:** *14 €; Kinder bis 18 Jahre frei.*

Berühmtes Spiel mit Kontrasten: Rembrandts »Nachtwache«

☀ *Das Museum wurde zum Zeitpunkt der Drucklegung umgebaut. Die Neueröffnung ist für April 2013 geplant.*

IM SÜDWESTEN AMSTERDAMS

Auf den Spuren Vincent van Goghs

Mit über 200 Gemälden und 550 Zeichnungen finden Sie hier die weltweit größte Sammlung von van Goghs Werken unter einem Dach. Dies ermöglicht Ihnen, die Entwicklung des Künstlers zu verfolgen und seine Werke mit denen anderer Maler des 19. Jahrhunderts zu vergleichen.

© NBT

Sonnenblumen, Vincent van Gogh

☀ *Vincent van Gogh wurde am 30. März 1853 in Zundert geboren. Er starb am 29. Juli 1890 im französischen Auvers-sur-Oise an einer vermutlich selbst zugefügten Schussverletzung.*

☀ **Tipp:** Ihre Karte ist zugleich die Fahrkarte für Busse oder Trams der Amsterdamer Verkehrsbetriebe GVB. Bei Tagesveranstaltungen gilt dies ab 3 Std vor Beginn und 4 Std nach dem Konzert, am Abend bis zur letzten Verbindung (kein Nachtbus).

Ⓜ *Van Gogh Museum, Paulus Potterstraat 7, 1071 CX Amsterdam. ✆ 0031-20/5705200. www.vangogh-museum.nl. Bahn/Bus: Hbf Bus 170 Richtung Uithoorn oder 172 Richtung Kudelstraat bis Hobbemastraat. Auto: Q-Park Museumplein, Van Baerlestraat 33b. Zeiten: Sa – Do 10 – 18, Fr 10 – 22 Uhr. Preise: 15 €, Audio-Tour 5 €; Kinder 13 – 17 Jahre 2,50 €. Infos: Die Audio-Tour gibt es in deutscher Sprache.*

Klassik für Kenner

Das berühmte **Konzerthaus** aus dem Jahr 1888 liegt im Amsterdamer Stadtteil Oud-Zuid und ist die bedeutendste Spielstätte für klassische Musik in den Niederlanden. Die beiden Säle mit 1962 und 437 Sitzen verfügen über eine hervorragende Akustik. Dies ist dem Schuhschachtelprinzip zu verdanken. Bei diesem Baustil wird die Länge des Raumes durch die Addition von Breite und Höhe desselben bestimmt. So entsteht ein quaderförmiger Konzertsaal, dessen Proportionen einer Schuhschachtel ähneln. **Führungen** in englischer Sprache sind ohne Konzertbesuch sonntags 12.15 – 13.15 und montags 17 – 18 Uhr für 10 € möglich.

🎵 *Concertgebouw, Concertgebouwplein 10, 1071 LN Amsterdam. ✆ 0031-20/5730573. www.concertgebouw.nl. info@concertgebouw.nl. Bahn/Bus: Ab Hbf Tram 2 oder 5 bis Van Baerlestraat, Tram 16 oder 24 bis Het Concertgebouw oder Bus 170 bis Museumplein. Auto: A10 Ausfahrt S108 Amstelveen, Beschilderung Centrum. Parken im Gebiet um das Concertgebouw Mo – Sa (So frei), Stunde 4 €, Tag 24 €. Zeiten: Kasse Mo – Fr 13 – 19, Sa und So 10 – 19 Uhr. Preise: Konzerte 18 – 70 €. Infos: Während der Konzertsaison Mi 12.30 – 13 Uhr kostenlose Lunchkonzerte im Großen oder Kleinen Saal.*

Zum Ersten, zum Zweiten, zum Dritten

Als *James Christie* im Jahr 1766 begann, Wein und Heuballen zu versteigern, konnte er nicht ahnen, dass seine Firma rund 250 Jahre später zu den bekanntesten und renommiertesten **Auktionshäusern** der Welt gehören würde. In der Amsterdamer Filiale im früheren Schifffahrtsmuseum werden etwa 40 Versteigerungen pro Jahr durchgeführt. Dabei kommen Möbel, Glas, Porzellan, Alte Meister, Gemälde aus dem 19. und 20. Jahrhundert, Wein, Art Nouveau, Art Déco, Silber und Juwelen unter den Hammer. Lassen Sie sich nicht von Medienberichten über horrende Preise bei Auktionen spektakulärer Kunstwerke oder Gegenstände aus dem Besitz prominenter Mitmenschen abschrecken. Bei Versteigerungen handelt es sich keineswegs um Insiderveranstaltungen für Superreiche. Es werden kleine und große Objekte aller Preisklassen angeboten.

🕐 *Christie's, Cornelis Schuytstraat 57, 1071 JG Amsterdam. ℰ 0031-20/5755255. www.christies.com/ about/locations/amsterdam. infoamsterdam@christies.com. Bahn/Bus: Hbf Amsterdam Centraal Tram 16 Richtung VU Medisch centrum bis Jacob Obrechtstraat/de Lairessestraat. Auto: Parkhaus Q-Park Museumplein. Zeiten: Mo – Fr 9 – 17.30 Uhr. Preise: Eintritt frei, der Rest liegt in eigenem Ermessen.*

Museumsstraßenbahn Amsterdam

Von Ostern bis Ende Oktober fahren jeden Sonntag historische Straßenbahnen aus der Zeit von 1910 bis 1960 vom Bahnhof **Haarlemmermeerstation** bis nach **Bovenkerk.** Die 7 km lange Strecke führt entlang des Stadtwalds **Amsterdamse Bos,** vorbei am alten Bahnhof von **Amstelveen** und durch das Naturgebiet **De Poel** bis zum Dorf **Bovenkerk.** Die Straßenbahnen oder Teile davon stammen aus Amsterdam, Den Haag, Groningen, Wien, Graz und Prag. Sie wurden mit viel Aufwand und Liebe zum Detail von ehrenamtlichen Helfern restauriert.

❓ *Electrische Museumtramlijn Amsterdam, Amstelveenseweg 264, 1075 XV Amsterdam. ℰ 0031-20/6737538 (nur So). www.museumtramlijn.org. Länge: Bahnstrecke 7 km. Bahn/Bus: Ab Hbf Tram*

*Im November 2012 versteigerte **Christie's New York** das 1962 entstandene Bild »Statue of Liberty« von Andy Warhol, für rund 43,7 Millionen Dollar. Den Zuschlag erhielt ein anonymer Bieter.*

***Bovenkerk** ist ein Dorf in der Provinz Nordholland und zugleich ein Ortsteil von Amstelveen.*

16 bis Haarlemmermeerstation. *Auto:* A10, Ausfahrt S108 Amstelveen/VU, Schilder Centrum. Parken Haarlemmermeerstation So gratis. *Zeiten:* Ostern – Okt So, Haarlemmermeerstation ab 11 Uhr halbstündlich, 13 – 17 Uhr alle 20 Min. *Preise:* Hin- und Rückfahrt 4 €; Kinder 4 – 11 Jahre 2 €. *Infos:* Rollstuhl muss zusammenklappbar sein.

Beim Müller und beim Böttcher

Die **Poldermühle** liegt am Ortsrand von Amsterdam, unweit des Flughafens Schiphol. Sie hält den Wasserstand im umliegenden Gebiet auf einem bestimmten Niveau. Darüber hinaus ist sie für Besucher geöffnet, die sich hier über die Technik dieses Mühlentyps informieren können. Kunstinteressierte besuchen die Präsentation über das Leben von *Rembrandt van Rijn*. Die Informationen hierzu sind in deutscher Sprache verfügbar. Im Nebengebäude ist ein **Küferei-Museum** untergebracht. Dort wird dieses alte Handwerk vorgestellt. In der Werkstatt, die auf den ersten Blick an eine Schmiede erinnert, sehen Sie die zur Herstellung eines Holzfasses benötigten Utensilien und Werkzeuge.

☀ **Tipp:** Die Mühle verfügt über einen Lift, sodass Rollstuhlfahrer die umlaufende Galerie erreichen können.

Ⓜ *Molen van Sloten en Kuiperijmuseum,* Akersluis 10, 1066 EZ Amsterdam. ℂ 0031-20/6690412. www.molenvansloten.nl. info@molenvansloten.nl. *Bahn/Bus:* Hbf Amsterdam CS Tram 2 bis Nieuw Sloten, Beschilderung folgen. *Auto:* A9, Ausfahrt 6 Richtung Sloten. *Rad:* Ab Hbf über Spuistraat, Herengracht, Kinkerstraat, Postjesweg, Christoffel Plantijnpad, Plesmanlaan. *Zeiten:* täglich ab 10 Uhr, letzte Führung 16.30 Uhr. *Preise:* 6 €; Kinder 4 – 12 Jahre 2,25 €; Senioren ab 65 Jahre 5 €. *Infos:* Wanderer auf der 270 km langen Wanderroute Noord-Hollandpad erhalten gegen Vorlage ihrer Stempelkarte 25% Ermäßigung.

Die Cobra-Bewegung

Das Museum für moderne Kunst ist der internationalen Cobra-Bewegung gewidmet. **Cobra** hieß eine Künstlervereinigung, die 1948 – 1951 bestand. Der

© CoBRA Museum

Name leitet sich aus den englischen Schreibweisen der Städte Kopenhagen, Brüssel und Amsterdam ab, aus welchen die Gründungsmitglieder stammten. Als innovative Kreative widersetzten sich *Karel Appel, Corneille* und ihre Mitstreiter der akademischen Welt, fanden in Primitiver Kunst, wie beispielsweise Stammesmasken oder Zeichnungen von Kindern und behinderten Menschen, ihre Inspirationsquellen. So wundert es den Betrachter nicht, bunte Tiere und Fantasiefiguren als bevorzugte Motive zu erkennen. Das Museum zeigt 70 Werke von führenden Cobra-Künstlern aus den 1940er und 1950er Jahren.

Cobra Museum, *Sandbergplein 1, 1131 ZX Amstelveen bei Amsterdam. 0031-20/5475050. www.cobra-museum.nl. info@cobra-museum.nl.* **Bahn/Bus:** *Hbf Amsterdam Centraal Bus 170 Richtung Uithoorn bis Busstation Amstelveen.* **Auto:** *Beschilderung P-Route, Parkhaus Stadsplein – CoBra.* **Zeiten:** *Di – So 11 – 17 Uhr.* **Preise:** *9,50 €; Kinder 6 – 18 Jahre 6 €.*

Hell und licht: Wim Quist entwarf das Cobra-Haus mit viel Durchblick

Im Museumsladen werden Grafiken, Kunstdrucke und Skulpturen verkauft.

Cobra Museum Café, Sandbergplein 1, ZX Amstelveen. 0031-20/5475037. www.cobramuseum.nl. 11 – 17 Uhr. Mittagskarte, Brownies, Apfelkuchen, Weine.

Ein Bier geht um die Welt

Die ehemalige **Heineken-Brauerei** ist heute ein Museum mit beachtlichem Unterhaltungswert. Sie lernen auf kurzweilige Art alles Wissenswerte über die Bierherstellung und die Geschichte des weltgrößten Bierexporteurs. Dabei baden Sie sogar im Braukessel – glücklicherweise nur virtuell! Beim »Bottle Ride« werden Sie selbst zur Bierflasche und erleben den Prozess der Bierabfüllung hautnah. Ein originelles Mitbringsel für echte Fans ist das individuelle Etikett, das Sie sich mit persönlicher Aufschrift auf Ihre Heinekenflasche drucken lassen können. Zum Abschluss des Besuchs gibt es selbstverständlich eine Kostprobe.

☀ *Die Heineken-Brauerei wurde am 15. Februar 1864 von* **Gerard Adriaan Heineken** *in Amsterdam gegründet und ist heute der drittgrößte Brauereikonzern der Welt.*

Ⓜ *Heineken Experience, Stadhouderskade 78, 1072 AE Amsterdam. ℂ 0031-20/5239222. www.heinekenexperience.com. info.experience@heineken.com. **Bahn/Bus:** Hbf Tram 16 oder 24 Richtung VU bis Stadhouderskade. **Auto:** Ringweg A10 Ausfahrt S110, Beschilderung Centrum, Parkhaus an der Stadhouderskade. **Zeiten:** Mo – Do 11 – 19.30 Uhr, Fr – So 11 – 20.30 Uhr. **Preise:** 18 €; Kinder 8 – 15 Jahre 14 €; Online-Karte 16 €, Ermäßigung für Gruppen ab 20 Pers auf Anfrage.*

Filmtheater mit Tradition

Das traditionsreiche **Filmtheater Tuschinski** wurde 1921 von dem polnischen Selfmademan *Abraham Icek Tuschinski* gegründet und ist heute das beliebteste Prunkkino für Premierevorstellungen. Stilistisch ist es zwischen Jugendstil, Amsterdamer Schule und Art Déco angesiedelt. Damit nimmt es eine Sonderstellung innerhalb der niederländischen Architektur ein. Fassade und Innenausstattung sollen exotische Traumwelten widerspiegeln. Das Kino bietet nach Absprache Führungen an jedem ersten Sonntag des Monats an.

☀ **Tipp:** Bei besonderen Veranstaltungen und/oder Filmpremieren ist der Haupteingang meist nicht zugänglich für Publikum. Bitte weichen Sie in diesem Fall auf den Eingang Tuschinski Arthouse aus.

© Hans Zaglitsch

K *Tuschinski,* Reguliersbreestraat 26 – 34, 1017 CN Amsterdam. ℗ 0031-20/6231510. www.pathe.nl/tuschinski. Reservierung unter remon.vink@pathe.nl. ***Bahn/Bus:*** Hbf Amsterdam Centraal Tram 4, 9, 16, 24, 25 bis Muntplein. ***Auto:*** Parkking The Bank (1. Std kostenlos) oder P1 Parking Waterlooplein, Parkeergarage Muziektheater (Stopera). ***Zeiten:*** täglich ab 11.30 Uhr. ***Preise:*** Eintritt Kino ab 10,50 €. ***Infos:*** für Rollstühle zugänglich außer Saal 2.

Die Pracht vergangener Tage: Im Tuschinski Theater lebt sie weiter

Besondere Sammlungen der Universitätsbibliothek Amsterdam

Die *Bijzondere Collecties* der Universität von Amsterdam wurden von Kuratoren sorgfältig zusammengestellt. Die Sammlung umfasst alte Texte, Drucke, Fotos, Atlanten und viele weitere interessante Raritäten.

🔮 *Bibliotheek van de Universiteit van Amsterdam,* Oude Turfmarkt 129, 1012 GC Amsterdam. ℗ 0031-20/5257333, 5257300. www.bijzonderecollecties.uva.nl. receptie-otm@uva.nl. ***Bahn/Bus:*** Hbf

De Kas, Kamerlingh Onneslaan 3, DE Amsterdam. ℗ 0031-20/4624562. www.restaurantdekas.nl. Mo – Fr 12 – 14, 18.30 – 22, Sa 18.30 – 22 Uhr. Restaurant im Gewächshaus, 3-Gang-Menü 49,50 €.

Tram 4 Richtung Station RAI, 9 Richtung Diemen Snip, 16 oder 24 Richtung VU Medisch Centrum, 25 Richtung Pre. Kennedylaan bis Spui. Auto: A10, Beschilderung VU folgen, Parkhaus Kenniswkartier P1 unter dem ACTA-Gebäude. Zeiten: Di – Fr 10 – 17, Sa, So 13 – 17 Uhr. Preise: 7,50 €; Kinder 4 – 16 Jahre 3,75 €; Gruppen ab 10 Pers 6,50 €.

Eiskalt genießen

Das **IceCafé** von *XtraCold* ist nichts für Frostbeulen, denn der Name ist hier Programm. In dieser Bar besteht alles aus Eis: Stühle, Tische, Gläser. Wer hier etwas bestellt, bekommt ein echtes Kaltgetränk! Im Raum herrscht eine Temperatur von minus 10 Grad, eine willkommene Erfrischung im Sommer und ein Härtetraining im Winter. Doch keine Sorge, vor dem Betreten der Bar bekommen Sie Thermokleidung und Handschuhe. Aber XtraCold in Amsterdam ist nicht nur kalt: Nach Ihrem Besuch im eisigen Teil der Bar können Sie sich im *Lounge-Restaurant* aufwärmen.

▥ *Xtracold Amsterdam, Amstel 194 – 196, 1017 AG Amsterdam. ✆ 0031-20/3205700. www.xtracold.com. info@xtracold.com. Bahn/Bus: Ab Hbf Metro 53 und 54 bis Waterlooplein, dann 2 Min Fußweg über die Brücke Blauwbrug. Auto: Parkhäuser Waterlooplein oder Markenhoven. Zeiten: So – Do 11.30 – 24 Uhr, Fr, Sa 11.30 – 2 Uhr. Preise: 19,50 €. Infos: Im Eintrittspreis sind zwei Getränke, serviert in einem Eisglas, enthalten.*

Klassische Musik und Tanz auf hohem Niveau

Der Begriff **Stopera** setzt sich zusammen aus den Worten Stadhuis (niederländisch für Rathaus) und Opera. Das **Musiktheater** vereint seit 1986 Oper, Nationalballett und **Nederlands Dans Theater** unter einem Dach. Das **Rathaus** im gleichen Gebäude wurde zwei Jahre später fertiggestellt. Die Fassade des L-förmigen Bauwerks wurde mit riesigen quadratischen Platten verkleidet. Im *Boekmanzaal* des **Muziektheaters Amsterdam** besteht die Möglichkeit, kostenlose Konzerte und Darbietungen zu genießen. September – Mai treten hier dienstags 12.30 – 13 Uhr abwechselnd das *Nederlands Philharmonisch Orkest,* die *Nederlandse Opera* oder das *Nederlands Ballet Orkest* auf.

♪ *Muziektheater Stopera, Waterlooplein 22, 1011 PG Amsterdam. ℂ 0031-20/5518117. www.het-muziek-theater.nl. info@het-muziektheater.nl. Bahn/Bus: Hbf Metro 51, 53, 54 oder Tram 14 bis Waterlooplein. Auto: A10 Ausfahrt S-112 oder S-116 Richtung Centrum, Beschilderung P Muziektheater folgen. Zeiten: Kasse (telefonisch) Mo – Sa 12 – 18 Uhr. Preise: je nach Rang 15 – 115 €.*

Grüße aus St. Petersburg

Die Zweigstelle der berühmten *Hermitage in St. Petersburg* befindet sich im **Amstelhof,** einem ehemaligen Pflegeheim. In Wechselausstellungen werden hier auf 4000 qm Exponate aus der St. Petersburger Sammlung gezeigt. Die Palette reicht von altgriechischem Schmuck bis hin zu Rokokomalerei.

☀ *Das Museum wurde 2009 im Beisein des russischen Präsidenten Medwedew eröffnet.*

Grüße aus St. Petersburg: Die Hermitage

© Hans Zaglitsch

Museumscafé Neva, Nieuwe Keizersgracht 1, DR Amsterdam. ℰ 0031-20/5307483. www.neva.nl. 9 – 17.30 Uhr. Speisekarte mit russischen Einflüssen.

Die Themen dieser Ausstellungen wechseln alle sechs Monate. Dazu werden die betreffenden Kunstwerke aus der Hermitage in St. Petersburg mit einem Lastwagen nach Finnland transportiert, dort auf ein Schiff geladen und auf dem Seeweg nach Norddeutschland gebracht. Das letzte Wegstück führt wieder über die Straße bis Amsterdam. Nach der Ausstellung geht es auf demselben Weg zurück.

Ⓜ **Hermitage,** Amstel 51, 1018 DP Amsterdam. ℰ 0031-20/5308755. www.hermitage.nl. mail@hermitage.nl. **Bahn/Bus:** Hbf Tram 9 oder Metro 51, 53 und 54 bis Waterlooplein. **Auto:** Parkhaus Het Muziektheater, Waterlooplein an der Valkenburgerstraat oder Markenhoven in der Anne Frankstraat. **Zeiten:** Täglich 9 – 17 Uhr. **Preise:** 15,75 €; Kinder und Jugendliche bis 16 Jahre frei.

Diamonds are a girl's best friend

Viele berühmte **Diamanten** wurden in Amsterdam geschliffen. So auch der Cullinan, der größte Diamant, der je gefunden wurde. Während der kostenlosen Diamantentour bei **Gassan Diamonds** sehen Sie ein Duplikat des Cullinan. Sie beobachten Diamantenschleifer bei ihrer Arbeit und sehen dabei zu, wie der weltberühmte Amsterdamer Brillantschliff entsteht. Viele echte Diamanten sind aus nächster Nähe zu bewundern.

Eine Auswahl an edlem Schmuck steht zum Verkauf. Überdies kann ein Diamant ausgewählt und vom Goldschmied vor Ort in ein individuelles Schmuckstück nach eigener Vorstellung verwandelt werden.

☾ **Gassan Diamonds,** Nieuwe Uilenburgerstraat 173 – 175, 1011 LN Amsterdam. ℰ 0031-20/6225333. www.gassandiamonds.com. info@gassandiamonds.com. **Bahn/Bus:** Hbf Amsterdam Metro 51 Richtung Westwijk, Metro 53 Richtung Gaasperplas oder Metro 54 Richtung Gein bis Nieuwmarkt. **Auto:** Eigene Parkplätze. **Zeiten:** Täglich 9 – 17 Uhr. **Preise:** Eintritt frei. **Infos:** Kostenlose Führungen in 27 Sprachen.

Auf drei Rädern durch die Stadt

TukTuks gehören in Thailand zum Straßenbild. Umweltfreundliche elektrische Dreiräder sind seit

DER BESONDERE TIPP Jamie Oliver's Fifteen

Im holländischen Ableger von Jamie Olivers britischem Erfolgsrestaurant werden frische biologische Produkte aus der Region zu schmackhaften Gerichten verarbeitet. Zu diesem Zweck unterhält das Restaurant einen eigenen Garten auf dem Gelände des Bauernhofs Lindenhoff (www.lindenhoff.nl) vor den Toren Amsterdams. Das Ambiente des Gourmettempels ist trendy, dennoch gemütlich. Die Speisekarte wechselt zweimonatlich, um stets saisonale Gerichte anbieten zu können. Alle Weine der gut sortierten Karte können pro Glas oder Flasche bestellt werden.

© NBT

Jamie Oliver's Fifteen, Jollemanhof 9, 1019 GW Amsterdam. ℰ 0031-20/5095015, www.fifteen.nl. info@fifteen.nl. **Bahn/Bus:** Hbf Amsterdam CS Tram 26 Richtung IJburg bis Kattenburgerstraat. Fifteen liegt hinter dem gelben Gebäude. **Auto:** Parkhaus Vriesseveem (7,50 € pro Abend). Bei der Einfahrt die Zahl 15 eingeben, im Restaurant bekommen Sie eine Karte zur Ausfahrt. **Zeiten:** Mo – Sa 12 – 15, 17.30 – 1 Uhr. **Preise:** Hauptgerichte ab 14,95 €.

2007 auch in Amsterdam im Einsatz und bilden eine originelle Alternative zum herkömmlichen Taxi. Man sitzt trocken, kommt überall hin und hat viel Spaß. Relativ neu ist das emissionsfreie Limousinen-TukTuk, das bis zu sechs Passagiere Platz bietet. Ein TukTuk eignet sich für Stadtrundfahrten ebenso wie als Pendeldienst zwischen Ihrer Unterkunft und jedem beliebigen Ziel im Stadtbereich. Eine individuelle Stadtrundfahrt für mindestens zwei Personen mit privatem TukTuk-Fahrer startet beim Restaurant **In de Waag** am Nieuwmarkt. Die *Eco TukTuk Citytour* für Gruppen beginnt ebenfalls ab Nieuwmarkt oder wahlweise am Museumplein. Auf Wunsch und gegen Aufpreis sind andere Startorte im Stadtbereich möglich. Die Route durch die Innenstadt dauert etwa 1 – 1,5 Stunden.

Jamie Oliver, 1975 *geboren, erlernte das Kochhandwerk auf dem Westminster College. Sein erstes Restaurant »Fifteen«, das 15 sozial benachteiligten Jugendlichen eine Chance bot, eröffnete er 2002 in London.*

In de Waag, Nieuwmarkt 4, CR Amsterdam. ℰ 0031-20/4227772. www.indewaag.nl. 9 – 22.30 Uhr. Restaurant, Café mit Frühstücks-, Mittags- und Abendkarte.

➲ **TukTuk Company,** *1012 CR Amsterdam.* © *0031-20/6868888. www.tuktukuitjes.nl. info@tuktukcompany.nl.* **Bahn/Bus:** *Hbf Amsterdam Stationsplein, links auf Prins Hendrikkade, rechts auf Zeedijk bis Nieuwmarkt.* **Auto:** *Q Park De Bijenkorf, Beursplein 15 oder Parkhaus Passenger Terminal, Piet Heinkade 59.* **Zeiten:** *Sa individuelle Fahrt, regelmäßig nach Verfügbarkeit.* **Preise:** *individuelle Fahrt 79 € pro Person, Eco Citytour ab 39 € pro Person.* **Infos:** *deutschsprachiger Fremdenführer 10 €.*

Chinesischer Tempel in Chinatown

Seit dem Jahr 2000 gibt es in der Amsterdamer **Chinatown,** rund um die Straße Zeedijk, den in frischen Farben gehaltenen buddhistischen Tempel *Fo Kuang Sha He Hua.* Es handelt sich hierbei um den größten Tempel im chinesischen Palaststil auf europäischem Boden. Für den Bau wurden spezielle Dachziegel und die charakteristischen Ornamente aus China eingeflogen. Führungen durch das imposante Bauwerk werden in niederländischer und englischer Sprache angeboten. Dabei erhalten Besucher eine Einführung in den **Buddhismus** und die Symbole des Tempels werden erklärt.

☀ *Wer den Lehren des Siddhartha Gautama folgt, findet im* **Buddhismus** *Wege aus Leid und Unvollkommenheit zu Harmonie und Glück.*

🕐 **Fo Kuang Shan He Hua,** *Zeedijk 106 – 118, 1012 BB Amsterdam.* © *0031-20/4202357. www.ibps.nl/en/hehuahome.htm. ibpsholland@gmail.com.* **Bahn/Bus:** *Hbf Amsterdam CS links auf Prins Hendrikkade, geradeaus auf Zeedijk.* **Auto:** *Parken Waterlooplein, 700 m Fußweg über Jodenbree-, St. Antoniebreestraat und Nieuwmarkt.* **Zeiten:** *halbstündige Führungen in englischer und niederländischer Sprache ohne Voranmeldung Sa 14, 15 und 16 Uhr.* **Preise:** *Eintritt frei, Führung 5 €.*

Geheime Kirche auf dem Dachboden

Im Zentrum befindet sich **Ons' Lieve Heer op Solder,** eine verborgene Kirche aus dem 17. Jahrhundert. Der tiefgläubige Katholik *Jan Hartmann* kaufte das Haus im Jahr 1661. Um im reformierten Amsterdam seinen Glauben in aller Heimlichkeit ausüben zu können, baute er die obersten drei Etagen zu einer geheimen Kirche um. Diese Dachbodenkirche bot Platz für 150 Gläubige und wurde bis Ende des 19. Jahrhunderts als Gotteshaus genutzt. Heute ist sie ein **Museum** mit einer beeindruckenden Sammlung an Gemälden, Statuen und Silber.

Andächtig ausgemalt: Verborgene Kirche auf dem Dachboden

Ⓜ *Ons' Lieve Heer op Solder,* Oudezijds Voorburgwal 40, 1012 GE Amsterdam. ✆ 0031-20/6246-604. www.opsolder.nl. info@opsolder.nl. *Bahn/Bus:* Ab Hbf links Prins Hendrikkade, rechts Nieuwebrugsteeg, rechts Oudezijds Voorburgwal. *Auto:* Parkhaus des Kaufhauses de Bijenkorf auf dem Dam. *Rad:* Hbf links Prins Hendrikkade, rechts Nieuwebrugsteeg, rechts Oudezijds Voorburgwal. *Zeiten:* Mo – Sa 10 – 17, So 13 – 17 Uhr. *Preise:* 8 €; Kinder 6 – 18 Jahre 4 €. *Infos:* Führungen auf Deutsch für Gruppen bis 12 Pers 60 € zzgl. Eintritt, Reservierung erbeten.

ENTDECKUNGEN RUND UMS IJ

Die »Amsterdamer Schule«

Die Amsterdamer Schule ist ein niederländischer Architekturstil der klassischen Moderne. Das **Scheepvaarthuis** von *Johan van der Mey,* in den Jahren 1912 bis 1916 als Bürogebäude für sechs Amsterdamer Reedereien erbaut, gilt als Paradebeispiel dieses Stils. Form und Fassade erinnern an ein Schiff, um auf die reiche Tradition des Landes auf dem Gebiet der Schifffahrt hinzuweisen. Auch das Innere des Hauses wurde von Bildhauern,

✖ **Wijnbar Boelen & Boelen,** 1e van der Helststraat 50, NV Amsterdam. ✆ 0031-20/6712242. ww.wijnbar.nl. Di – Do, So 16 – 24, Fr, Sa 16 – 1 Uhr. 35 offene, 100 Flaschenweine.

Für die Finanzierung des Baus gründeten sechs Reedereien eine Handelsgesellschaft, die sie mit einem Grundkapital von 1 Mio Gulden ausstatteten.

Architekten und Bleiglaskünstlern mit starkem Bezug zu diesem Thema gestaltet. Seit 2007 ist das Fünf-Sterne-Hotel **Grand Hotel Amrâth Amsterdam** in diesen historischen Gemäuern untergebracht. Architektur- und Kunstinteressierte können im Rahmen einer Führung einen Blick ins Scheepvaarthuis werfen. Museum *Het Schip* organisiert für das Amrâth Hotel jeden Sonntag ein Programm mit sachkundiger **Führung** und anschließendem Lunch oder High Tea.

🕐🏠 ***Scheepvaarthuis,*** *Prins Hendrikkade 108 – 114, 1011 AK Amsterdam. ✆ 0031-20/4182885, 6868595, Handy 00316/48426751. www.het-schip.nl. info@hetschip.nl.* ***Bahn/Bus:*** *Direkt beim Hbf Amsterdam.* ***Auto:*** *P1 Parking Amsterdam centre,*

DER BESONDERE TIPP Amstel Botel

In Amsterdam schläft man gerne auf dem Wasser. Im Künstler- und Kulturviertel auf dem Gelände der »NDSM-Schiffswerft« liegt das schwimmende Drei-Sterne-Hotel **Amstel Botel.** In dieser trendigen Umgebung sind Ateliers angesagter Künstler, moderne Cafés und hippe Restaurants angesiedelt. Die 175 Zimmer (Kabinen) unterschiedlicher Kategorien sind komfortabel ausgestattet. Zwischen dem Hotelschiff und dem Hauptbahnhof verkehrt tagsüber ein kostenloser Fährdienst und ein Shuttlebus.

Amstel Botel ✶ ✶ ✶ **,** NDSM-Pier 3, 1033 RG Amsterdam. ✆ 0031-20/6264247, www.amstelbotel.nl. info@amstelbotel.nl. **Bahn/Bus:** Ab Hbf Amsterdam CS Fähre

906. **Auto:** A10, Ausfahrt s118 Richtung Tuindorp-Oostzaan, auf s118 bleiben, bei Ms van Riemsdijkweg rechts. **Rad:** Rückseite des Hbf. mit kostenloser Fähre zum NDSM-Pier. **Zeiten:** ganzjährig. **Preise:** DZ ab 89 €, Frühstück 10 € pro Person.

© Amstel Botel/ Fotograf Michael Grolle

*Prins Hendrikkade 20a. **Zeiten:** So 11.30 – 13 Uhr, im Anschluss High Tea oder Lunch. **Preise:** Führung inkl. High Tea oder warmes Mittagessen 53 €, »Amrâth Special« Führung und kleines Mittagsmahl 34,50 €; attraktive Gruppenarrangements, z.B. »Amrâth Special« 5 – 10 Pers 35 €, 11 – 20 Pers 27,50 € pro Person.*

Ahoi im Schiffsmuseum

Das 1656 errichtete Gebäude diente der Marine in früheren Zeiten als Lager. Hier wird die Geschichte des Schiffbaus und Handels in den Niederlanden seit dem 16. Jahrhundert eindrucksvoll präsentiert. Die Sammlung gehört zu den bedeutendsten der Welt und zeigt anhand von Schiffsmodellen, Gallionsfiguren, Globen, Seekarten und Gemälden die reiche maritime Vergangenheit des Landes. Am Anleger vor dem Museum liegt der Nachbau eines **VOC-Schiffes** mit dem klangvollen Namen »Amsterdam«, der besichtigt werden kann.

*Die Niederländische Ostindien-Kompanie **VOC** beherrschte 16. – 18. Jahrhundert den Gewürzhandel aus dem asiatischen Raum.*

🅼 *Nederlands Scheepvaartmuseum, Kattenburgerplein 1, 1018 KK Amsterdam. ✆ 0031-20/5232222. www.hetscheepvaartmuseum.nl. info@hetscheepvaartmuseum.nl. **Bahn/Bus:** Ab Hbf 15 Min Fußweg über Prins Hendrikkade. **Auto:** Parkhäuser Markenhoven (25 % Rabatt) oder Oosterdok (30 % Rabatt). **Zeiten:** Täglich 9 – 17 Uhr. **Preise:** 15 €; Kinder 5 – 17 Jahre 7,50 €; Gruppen ab 15 Pers 12 € (Reservierung ✆ 0031-205232246). **Infos:** Das VOC-Schiff ist nicht geeignet für Rollstuhlfahrer.*

Alles zum Thema Film

Das futuristisch anmutende Gebäude des neuen **Filmmuseums** wurde von der Wiener Architektengruppe *Delugan Meissl* entworfen. Am *IJ*-Ufer, gegenüber des Hauptbahnhofs, entstand ein Kulturtempel, welcher sich der Filmkunst aus mehreren Jahrzehnten widmet. In vier Kinosälen mit insgesamt 640 Plätzen und auf einer Ausstellungsfläche von 1200 qm dreht sich alles um das Thema Film.

EYE bar-restaurant, IJpromenade 1, KT Amsterdam. ✆ 0031-20/5891402. www.eyebarrestaurant.nl. So – Do 10 – 1 Uhr Fr, Sa 10 – 2 Uhr. Mittag- und Abendkarte, Weinkarte.

Zur umfangreichen **Sammlung** gehören 37.000 Filme, 60.000 Filmplakate und 700.000 Filmfotos. **Architekturführungen** durch das Gebäude können reserviert werden bei: www.degebouwengids.nl, info@degebouwengids.nl, ✆ 0031-20/6231701.

Ⓜ *EYE Filmmuseum Amsterdam, IJpromenade 1, 1031 KT Amsterdam. ✆ 0031-20/5891400. www.eyefilm.nl. info@eyefilm.nl. **Bahn/Bus:** Ab Hbf Amsterdam Centraal gratis Fähre (Buiksloterwegveer). **Auto:** Navigationssystem: Tolhuisweg 5, kostenpflichtiger Parkplatz. **Zeiten:** So – Do 10 – 22, Fr – Sa 10 – 23 Uhr. **Preise:** 10 €; Kinder bis 11 Jahre 7,50 €; Online-Ticket 0,50 € Ermäßigung, Senioren ab 65 Jahre 8,50 €. **Infos:** Preise abhängig von der Aktivität. Bezahlung nur mit Bankcard oder Kreditkarte.*

Moderne Architektur zum Greifen nah

Im östlichen Hafengebiet Amsterdams waren um 1900 die großen Reedereien ansässig, allen voran die *Königliche Holländische Dampfer Gesellschaft* (KNSM). Diese war Namensgeberin für die KNSM-Insel, die einst ebenso wie die Insel Java-Eiland als Wellenbrecher angelegt worden war. Seit 1985 wurde in diesem Gebiet eine international beachtete Architektur realisiert. Fast jeder renommierte Architekt aus den Niederlanden leistete seinen Beitrag zur Gestaltung der neu entstandenen Wohngegend. So bietet das östliche Hafengebiet einen eindrucksvollen Überblick über die moderne niederländische Wohnarchitektur der vergangenen Dekaden. Geführte **Architekturspaziergänge** bietet u.a. an:

❷ *ArchEX Amsterdam, 1019 LB Amsterdam. ✆ 0031-20/4222044. www.oostelijkhavengebied.nl. amsterdam@archex.info.*

KÖNIGLICHES DEN HAAG & NORDSEEKÜSTE

Romantische Seiten-
gässchen in Haarlem
© pmv, Foto Monika Diepstraten

SANDDÜNEN, KÄSE & PORZELLAN: MEHR HOLLAND GEHT NICHT

Die niederländische Nordseeküste erstreckt sich über 280 km von Zeeland im Süden über die Provinz Südholland bis hinauf nach Nordholland. An der Küste locken an breiten Sandstränden gemütliche oder mondäne Badeorte Sonnenanbeter, Badenixen und Strandspaziergänger an.

In **Nordholland** befindet sich ein sehr ausgedehntes **Dünengebiet,** das einen Besuch wert ist. Im Hinterland des Küstenstreifens gilt es, die spannenden Sehenswürdigkeiten der großen Städte **Den Haag** und **Rotterdam** zu entdecken. Doch auch die zauberhaften Kleinstädte **Middelburg, Leiden, Delft** oder **Haarlem** sind mit ihrem altholländischen Charme einen Abstecher wert. Im Umfeld eines Gebietes, das Kultur vom Feinsten bietet, liegen Tulpenfelder, die im Frühling mit ihrer Farbenpracht das Auge erfreuen. Der allseits bekannte und beliebte Käsemarkt von **Alkmaar** findet in den Sommermonaten ebenfalls in dieser Gegend statt.

FESTKALENDER

April:	Noordwijk – Haarlem: 3. Sa, **Blumenkorso,** www.bloemencorso-bollenstreek.nl.
Juni:	Den Haag/Scheveningen: 2. Sa, **Vlaggetjesdag,** Start in die neue Heringssaison, www.vlaggetjesdag.com.
Ende Juli:	Rotterdam: **Sommerkarneval,** farbenfroher Karneval mit Straßenparade, www.zomercarnaval.nl.
September:	Den Haag: 3. Di, **Prinsjesdag,** Eröffnung des neuen Parlamentsjahres mit Thronrede der Königin, www.prinsjesdag.nl.
	Rotterdam: 1. oder 2. Wochenende, **Welthafentage,** maritime Großveranstaltung im Hafen mit Aktivitäten, Vorführungen, Schiffsausflügen, Ausstellungen, Musik, www.wereldhavendagen.nl.

KÖNIGLICHES DEN HAAG

Der amtliche Name »'s-Gravenhage« ist eher unge-
bräuchlich. Den Haag ist Regierungssitz, königliche
Residenzstadt, Kunst- und Kulturstadt und mit den
Vororten Scheveningen und Kijkduin zugleich auch
Seebad. **Scheveningen** ist ein mondäner Badeort
mit einer langen Promenade, vielen Geschäften und
Restaurants sowie einem kleinen Seehafen. Haupt-
attraktion und Wahrzeichen zugleich ist eine 381 m
lange Seebrücke, der Scheveninger Pier. **Kijkduin**
ist dahingegen ein kleiner, gemütlicher Badeort.

☀ **Tipp:** Im Küstenvorort Scheveningen gibt es zwei weitere Tourist-Informationen: *Informatiepunt Scheveningen* am Strand-weg und *VVV-agentschap Boekhandel Scheveningen* in der Keizerstraat 50.

ⓘ *VVV Den Haag, Spui 68, 2511 BT Den Haag.*
℗ 0031-70/3618860. www.denhaag.nl. vvv@den-
*haag.com. **Bahn/Bus:** Ab Hbf Den Haag CS Tram R3*
*oder 6 bis Spui oder Bus 22 bis Centrum. **Auto:** A12,*
Ausfahrt 2, Schilder Parkeerplaats Centrum Route
*Zuid folgen. **Rad:** LF1 Noordzeeroute, LF4 Midden-*
*Nederlandroute, LF11 Prinsenroute. **Zeiten:** Mo 12 –*
20, Di – Fr 10 – 20, Sa 10 – 17, So 12 – 17 Uhr.

Binnenhof: Das Zentrum der Macht

Die niederländische Regierung hat ihren Sitz in einem historischen Gebäudekomplex, der sich um
einen großen rechteckigen Innenhof gruppiert. Dieser hat verschiedene Zugänge. Der *Ridderzaal,* flan-
kiert von zwei Türmen, wird bei offiziellen Empfän-
gen wie dem **Prinsjesdag** genutzt. Damit ist der drit-
te Dienstag im September gemeint, an dem getreu
der Tradition der Monarch seine Thronrede zur Par-
lamentseröffnung hält. Im Nordflügel des Binnen-
hofs befindet sich im sogenannten **Torentje** (Türm-
chen) der Amtssitz des Premierministers. Dieses
liegt direkt am Wasser des **Hofvijver.** Der Innenhof
ist frei zugänglich, Führungen durch die Gebäude
sind möglich.

🛍 **American Book Shop,** Lange Poten 23, CM Den Haag.
℗ 0031-70/3642742.
www.abc.nl. Mo 11 – 19,
Di – Sa 10 – 19, So
11 – 18 Uhr. Englisch-
sprachige Bücher in
schönem Ambiente.

🕐 *Binnenhof, Hofweg 1, 2513 AA Den Haag. ℗ 0031-*
70/3646144. www.prodemos.nl/bezoek-den-haag/
bezoekerscentrum/rondleidingen. info@binnenhof-
*bezoek.nl. **Bahn/Bus:** Hbf Den Haag Centraal Tram*

@ Reservierungen
über https://reser-
veren.prodemos.nl/be-
zoekerscentrum.

2, 3, 4, 6 bis Spui. **Auto:** Parkgarage Plein/Binnen-
hof. **Zeiten:** Mo – Sa 10 – 16 Uhr. **Preise:** 5 – 10 €, je
nach Führung.

Nichts für schwache Nerven

Das Tor der früheren Stadtbefestigung beherbergt
heute das **Museum für Stadtgeschichte und historische Rechtskunde.** Im Mittelalter diente das Gebäude als Gefängnis. Bei der Tour durch die einstigen Zellen und Folterkammern ist Gänsehaut garantiert. Denn zu sehen sind neben Gemälden,
Stichen, historischen Dokumenten auch Streckbän-
ke, Prügelböcke, Zangen und andere Folterinstru-
mente. Diese sind von historischem Interesse, jedoch nichts für schwache Nerven!

*Gruseln inklusive: Das
Gefängnismuseum in
Den Haag*

✹ *In den Niederlan-
den gab es bis
1860 die Todesstrafe.*

M *Museum Gevangenpoort, Buitenhof 33, 2513 AB
Den Haag.* ✆ *0031-70/3460861. www.gevangen-
poort.nl. info@gevangenpoort.nl.* **Bahn/Bus:** *Hbf
Den Haag Centraal Tram 2, 3, 4, 6 bis Spui.* **Auto:** *Parkhaus Plein.* **Zeiten:** *Führungen Di – Fr 10 – 17, Sa, So
12 – 17 Uhr.* **Preise:** *7,50 €; Kinder 8 – 12 Jahre
5,50 €.* **Infos:** *Für Kinder unter 8 Jahre ist das Museum nicht geeignet!.*

Der Arbeitspalast des Monarchen

Unweit vom Binnenhof, dem Sitz des niederländischen Parlaments, liegt **Paleis Noordeinde** an der
gleichnamigen Straße. Das Bauwerk befindet sich
bereits seit 1609 im Besitz des Königshauses, als
die Witwe von *Willem van Oranje* den Palast als Geschenk vom Staat erhielt. Seit einer umfangreichen
Renovierung im Jahr 1984 dient das Gebäude mit
seiner klassizistischen Fassade als Amtssitz und
Arbeitspalast des Staatsoberhauptes. **König Willem-Alexander** hat dort Büros und empfängt in den
Räumlichkeiten Staatsbesuche. Der **Palast** kann
aus diesen Gründen nicht besichtigt werden. Der
zugehörige **Palastgarten** grenzt an die königlichen
Stallungen. Der kleine Park mit altem Baumbestand

⬡ **P.W. Akkerman,**
Passage 15, AB
Den Haag. ✆ 0031-70/
3462264. www.vulpen-
nen.nl. Mo 13 – 17.30,
Di – Fr 9 – 17.30,
Sa 9 – 17 Uhr. Stilvolle
Marken-Füllfederhalter.

ist in der Regel von Sonnenauf- bis -untergang frei zugänglich.

🕐 **Paleis Noordeinde,** *Noordeinde 68, 2514 GL Den Haag. http://www.koninklijkhuis.nl/encyclopedie/paleizen/paleis-noordeinde.* **Bahn/Bus:** *Hbf Den Haag Centraal Bus 24 Richtung Kijkduin bis Kneuterdijk.* **Auto:** *Parkhaus Noordeinde, Heulstraat 21.* **Zeiten:** *Park frei zugänglich.* **Infos:** *Keine Besichtigung möglich.*

Türkische Badekultur im Hammam

Das klassische orientalische Bad wurde früher als öffentliches Badezimmer genutzt. Heute ist das Hammam ein Ort der Ruhe und Entspannung. Nachdem Einseifen, Einwirken und Abspülen folgt ein Peeling, zwischendurch werden immer wieder Ruhepausen gemacht.

🌊 **Orientalisches Hammam,** *Rubensstraat 39, 2526 PD Den Haag.* ✆ *0031-70/3841414. www.hammam.nl. info@hammam.nl.* **Bahn/Bus:** *Hbf Den Haag Centraal Tram 2 Richtung Kraayenstein bis Kamperfoeliestraat.* **Auto:** *Ringweg S100 am Paletplein auf Hobbemastraat, 3. Straße links Rubensstraat.* **Zeiten:** *Frauen Di 16 – 23, Mi 12 – 18,*
Do 16 – 23, Fr – So 12 – 18 Uhr, Männer Mo 16 – 23, Mi, Fr, Sa 19 – 23 Uhr. **Preise:** *14 €; Kinder 1,5 – 14 Jahre 8 €.*

Der Friedenspalast

Der Friedenspalast am *Carnegieplein* ist ein Geschenk des US-Amerikaners *Andrew Carnegie* an die Stadt Den Haag. Hier haben der **Internationale Gerichtshof,** der *Ständige Schiedshof,* die *Haager Akademie für Völkerrecht* und eine bedeutende *Völkerrechtsbibliothek* ihren Sitz. Zum Bau und zur Ausstattung haben Länder aus der ganzen Welt beigetragen. Der Marmor für die Flure und für die Freitreppe im Foyer kommt aus Italien, das Holz für die Wandtäfelungen aus den USA und Brasilien, die schmiedeeisernen Zäune sind ein Geschenk aus

🔆 *Neben Paleis Noordeinde stehen dem König der Palast Huis ten Bosch in Den Haag und der Paleis op de Dam in Amsterdam für Empfänge zur Verfügung.*

❎ Während der Ruhepausen können Sie marokkanischen Pfefferminztee, türkischen Tee, Fruchtsäfte, türkische Pizza oder Joghurt mit Honig genießen.

🔆 *Andrew Carnegie (1835 – 1919) war Industrieller und Stahl-Tycoon. Trotz seiner schottischen Herkunft war er als großzügiger Gönner und Stifter bekannt …*

Tipp: Einmal pro Monat findet an einem Samstag eine besondere Führung durch die Gärten statt. Der Termin wird auf der Internetseite bekannt gegeben.

Deutschland. Die Schweiz stiftete, wie soll es auch anders sein, die Uhr für den Turm. Österreich spendete sechs große, vergoldete Kandelaber. Vor dem Gebäude steht eine Friedensflamme mit Steinen aus über 100 Ländern.

🕐 *Vredespaleis,* Carnegieplein 2, 2517 KJ Den Haag. ☎ *0031-70/3024242. www.vredespaleis.nl. carnegie@carnegie-stichting.nl.* **Bahn/Bus:** *Hbf Den Haag Centraal Bus 24 Richtung Kijkduin bis Vredespaleis.* **Auto:** *Nicht zu empfehlen, da zu wenig Parkmöglichkeiten in der Nähe.* **Zeiten:** *45-minütige Führungen am Wochenende in deutscher Sprache (Termine ↗ Internetseite unter Bezoekersinformatie/Rondleidingen).* **Preise:** *Eintritt Visitor Centre frei, Führung 8,50 € (Karten nur online erhältlich); Kinder bis 10 Jahre frei.* **Infos:** *Zu Beginn einer Führung müssen Besucher sich aus Sicherheitsgründen ausweisen!*

Madurodam: Holland an einem Tag

Die Miniaturstadt **Madurodam** präsentiert auf einer Fläche von 18.000 qm alle bedeutenden Gebäude und Landstriche der Niederlande im Maßstab 1:25. Ob das *Rijksmuseum,* der *Prinsenhof* in Delft, der

Winzig: Holland im Miniaturformat

Flughafen *Schiphol,* Tulpenfelder, Burgen und Schlösser oder das Kloster Ter Apel, all diese Sehenswürdigkeiten finden Sie hier. Einige Modelle sind interaktiv. Schließen Sie selbst das Sturmflutwehr der Oosterschelde oder laden Sie im Rotterdamer Hafen Container auf Schiffe. Madurodam wurde nach *George Maduro,* einem Studenten von der niederländischen Karibikinsel *Curaçao,* benannt. Der junge Mann schloss sich während der deutschen Besatzungszeit dem Widerstand an, wurde von der Gestapo verhaftet und starb 1945 im Alter von 28 Jahren im Konzentrationslager Dachau. Madurodam wurde auf Betreiben seiner Eltern zum Gedenken an ihren Sohn errichtet und am 2. Juli 1952 eröffnet.

☀ *Mit den Gewinnen, die Madurodam erwirtschaftet, unterstützt die eigens eingerichtete Stiftung »Madurodam Steunfonds« wohltätige Zwecke.*

Ⓜ *Madurodam, George Maduroplein 1, 2584 RZ Den Haag-Scheveningen. ✆ 0031-70/4162400. www.madurodam.nl. info@madurodam.nl. Bahn/ Bus: Ab Hbf Den Haag CS Tram 9 bis Madurodam. Auto: Beschilderung Scheveningen, Scheveningen-Haven und Madurodam. Eigener Parkplatz 8,50 €/Tag, Reisebusse gratis. Zeiten: Täglich ab 9 Uhr, Jan – März bis 18, April – Juni bis 20, Juli – Aug bis 21, Sep – Okt bis 19, Nov – Dez bis 17 Uhr. Preise: 15 €; Kinder 3 – 11 Jahre 10,50 €; 10 % Ermäßigung bei Onlinetickets, zahlbar mit Kreditkarte.*

🍲 **Kyoto Café,** Gevers Deynootplein 192, CT Den Haag-Scheveningen. ✆ 0031-70/ 3225132. www.kyoto-cafe.nl. 12 – 15.30 und 17.30 – 23 Uhr. Sushi Basis 22,80 €, Deluxe 27,80 €.

Skulpturen am Meer

Das **Kunstmuseum Beelden aan Zee** zeigt eine beachtenswerte Sammlung moderner Skulpturen aus den unterschiedlichsten Materialien von Keramik über rostendes Eisen bis hin zu Legosteinen. Regelmäßige Wechselausstellungen zeigen zudem Werke internationaler Künstler.

Ⓜ *Museum Beelden aan Zee, Harteveltstraat 1, 2586 EL Den Haag-Scheveningen. ✆ 0031-70/3585857. www.beeldenaanzee.nl. info@beeldenaanzee.nl. Bahn/Bus: Hbf Den Haag Centraal Tram 9 Richtung Scheveningen bis Circustheater. Auto: Parkhaus*

☀ **Tipp:** Das Museum liegt etwas versteckt in den Dünen.

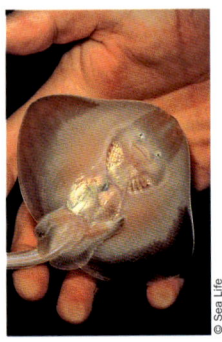
© Sea Life

Guckt ganz freundlich: Babyrochen aus dem Sea Life

M Sea Life, Strandweg 13, JK Den Haag-Scheveningen. ℂ 0031-70/3542100. www.visitsealife.com/scheveningen. 10 – 18 Uhr. Meerestiere aus aller Welt. 16 €, Kinder 3 – 11 Jahre 11 €.

Kyoto Café, Gevers Deynootplein 192, CT Den Haag-Scheveningen. ℂ 0031-70/3225132. www.kyoto-cafe.nl. 12 – 15.30 und 17.30 – 23 Uhr. Sushi Basis 22,80 €, Deluxe 27,80 €.

*Kurhaus oder Circustheater. **Zeiten:** Di – So 11 – 17 Uhr. **Preise:** 12 €; Jugendliche 13 – 18 Jahre 6 €; Gruppen ab 15 Pers 11 €.*

Prachthotel

Das Fünf-Sterne-Haus in dem historischen Gebäude aus dem Jahr 1885 verbindet modernen Komfort gekonnt mit historischem Ambiente. Die Hotelveranda bietet eine großartige Aussicht auf das Meer und den berühmten Pier. Alle 253 klimatisierten Zimmer sind geschmackvoll-klassisch eingerichtet und verfügen über jeden erdenklichen Komfort. Es gibt sogar extra lange Betten und über den Fernseher hat man Zugang zum Internet. Es steht ein behindertengerechtes Zimmer zur Verfügung. Haustiere sind gegen Mehrpreis erlaubt. Auch Flughafentransfers werden angeboten.

🛖 *Steigenberger Kurhaus Hotel ✶ ✶ ✶ ✶ ✶, Gevers Deynootplein 30, 2508 GR Den Haag -Scheveningen. ℂ 0031-70/4162636. www.kurhaus.nl. info@kurhaus.nl. **Bahn/Bus:** Hbf Haag Centraal Tram 9 oder Bus 22 bis Kurhaus. **Auto:** Parkhaus Kurhaus oder Parking Nieuwe Parklaan. **Preise:** Ü ab 109 € pro Pers.*

LEIDEN, KLEINSTADT MIT CHARME

In der ältesten niederländischen Universitätsstadt wurde 1606 der Maler *Rembrandt van Rijn* geboren. Der Botaniker *Clusius* (1526 – 1609) brachte hier vor 400 Jahren die erste Tulpe auf niederländischem Boden zum Blühen. Eine Besonderheit sind die im Stadtgebiet verteilten **Hofjes.** Dabei handelt es sich um Gruppen kleiner Häuser, die in früheren Jahrhunderten um einen Hof oder einen Garten angelegt wurden. Sie waren gedacht als Alters-, Witwen- oder Armenunterkünfte, wurden von reichen Bürgern gestiftet und stehen heute unter

Denkmalschutz. Der **Grachtengürtel** mit einer Gesamtlänge von 6,5 km bereichert das Stadtbild. Zu den Sehenswürdigkeiten gehört die **Sint-Pieter-Kirche** mit den Grabmalen berühmter Niederländer.

🛈 *Visitor Centre Leiden, , Stationsweg 41, 2312 AT Leiden. ℂ 0031-71/5166000, http://portal.leiden.nl/ de/tourismus_freizeit. info@vcleiden.nl. **Bahn/Bus:** Direkt am Bhf Leiden Centraal. **Auto:** A44 Ausfahrt 8 Leiden, N206 Richtung Valkenburg, Katwijk, Noordwijk, dann N206/Leiden/Utrecht folgen, Plesmanlaan abbiegen, links Schipholweg, Stationsweg. **Zeiten:** Mo – Fr 8 – 18, Sa 10 – 16, So 11 – 15 Uhr.*

☀ **Tipp:** Großer P+R-Parkplatz am Haagweg, kostenlose Pendelbusse, Parken 4 – 11,50 €.

Auf Rembrandts Spuren

Der Stadtspaziergang zum Thema **Rembrandt** startet am **Museum De Lakenhal** am *Oude Singel* und führt zu Orten in der Innenstadt, die Bezug zu dem berühmten Sohn der Stadt haben. Auf der Route liegen sein Geburtshaus am Weddesteeg, Rembrandts Schule und das Atelier des Malers *Jacob van Swanenburgh,* der den jungen Rembrandt dort drei Jahre lang unterrichtete. Eine Broschüre mit der Routenbeschreibung dieses Rembrandt-Rundgangs ist in deutscher Sprache zum Preis von 2,95 € beim ↗ Visitor Centre Leiden erhältlich.

➲ *Oude Singel 28 – 32, 2312 RA Leiden. ℂ 0031-71/ 5166000, **Länge:** 5 km.*

Wandgedichte

Bei einem Aufenthalt in Leiden werden Ihnen früher oder später Häuserwände mit Gedichten auffallen. Dabei handelt es sich um Ergebnisse des Projektes **Gedichten en muren** (Gedichte und Mauern), welches im Jahr 1992 mit einem Werk der Russin *Marina Tsvetajeva* begann. Im Jahr 2005 endete das Projekt mit »De Profundis« von *Garcia Lorca.* An vier Stellen im Stadtgebiet ist Poesie in deutscher Sprache verewigt: *Ingeborg Bachmann* mit dem Gedicht »Wahrlich« – Waarlijk am Nieuwe Rijn 94, *Konrad*

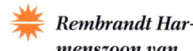

Rembrandt Harmenszoon van Rijn wurde am 15. Juli 1606 in Leiden geboren. Zu den berühmtesten Werken des Malers gehören »Die Nachtwache« und »Die Anatomie des Dr. Tulp«. Er starb am 4. Oktober 1669 in Amsterdam.

Bayer mit dem Vers »Franz War« am Kaasmarkt 4, *Paul Celan* mit »Nachmittag mit Zirkus und Zitadelle« am Middelweg 19 und *Rainer Maria Rilkes* »Verlangen ist …« an einer Häuserwand am Herensteeg 39.

❯ *2312 AT Leiden. www.muurgedichten.nl.*

Ein Wandgedicht des russischen Dichters Welimir Chlebnikow

Wiege der Tulpe: Botanischer Garten Leiden

Der älteste botanische Garten des Landes wurde 1593 von dem niederländischen Gelehrten *Carolus Clusius* (1526 – 1609) angelegt. Hier, wo Hollands erste Tulpe blühte, forschte und arbeitete der schwedische Naturwissenschaftler *Carl von Linné,* (1707 – 1778) als er 1735 – 1738 zu Studienzwecken in den Niederlanden weilte. Bei einem Besuch im tropischen Gewächshaus sehen Sie neben Colapflanzen, Bananen und Baumwolle auch Gewürzpflanzen wie Pfeffer, Muskatnuss und Zimt. Das *Victoria-Gewächshaus* ist die Leidener Heimat der Riesenseerose »Victoria amazonica«. Die bemerkenswerte Pflanze, deren Blätter bis zu 60 kg tragen können, bildet bei guten Bedingungen Juni – Oktober jede siebte bis achte Nacht eine neue Blume. Diese blüht an zwei aufeinander folgenden Nächten. Dabei ist die Blütenfarbe in der ersten Nacht weiß und in der zweiten rosarot.

🕐 *Hortus Botanicus, Rapenburg 73, 2311 GJ Leiden. ✆ 0031-71/5277249. www.hortusleiden.nl. hortus@hortus.leidenuniv.nl. Bahn/Bus: Ab Bhf Leiden Centraal Bus 187 oder 206 bis Breestraat, ab dort Beschilderung. Auto: A44, Ausfahrt 8 Leiden, links Plesmanlaan, Beschilderung Centrum und Parkeren in Leiden folgen. Zeiten: April – Okt täglich 10 – 18 Uhr, übrige Zeit Di – So 10 – 16 Uhr. Preise: 6 €; Kinder 4 – 12 Jahre 3 €; Schulklassen 2 €.*

Reise durch den menschlichen Körper

Das **Museum CORPUS** ist bereits von der Autobahn zu sehen. Es befindet sich in einem 35 m hohen Glasgebäude, neben dem die ebenso große Figur eines Menschen sitzt. Im Innern des Museums betreten Sie den menschlichen Körper. Ausgestattet mit einem Audiosystem in deutscher Sprache geht die spannende Reise los. Das Herz wird als Blutkörperchen erobert, dabei ist der Herzschlag deutlich zu vernehmen. Verfolgen Sie ein Frühstücksbrot auf seinem faszinierenden Weg durch die Verdauungsorgane. Wie nutzt der Körper die ihm zugeführten Stoffe und was wird wo als Abfallstoff eingestuft und abtransportiert? Diese und viele andere Körperfunktionen werden auf anschauliche Weise erklärt.

🟦 *Museum CORPUS, Willem Einthovenstraat 1, 2342 BH Oegstgeest/Leiden. ℗ 0031-71/7510200. www.corpusexperience.nl. info@corpusexperience.nl. Bahn/Bus: Ab Bhf Leiden Centraal Bus 38 bis Transferium A44, dann 8 Min Fußweg, die Figur ist weithin sichtbar. Auto: An der A44, Ausfahrt 7, eigenes Parkhaus (4 Std 5 €). Zeiten: Di – So 9.30 – 19 Uhr. Preise: 17,75 €; Kinder 6 – 14 Jahre 15,25 €; Online-Tickets je 1 € ermäßigt, Gruppen ab 10 Pers 15,25 €. Infos: Kinder unter 6 Jahre sollten das Museum nicht besuchen.*

☀ *Namhafte Mediziner von niederländischen Universitäten und Kliniken wurden bei der Gestaltung des Museums zu Rate gezogen.*

Ein Meer von Frühlingsblumen: Der berühmte Keukenhof

In dem weltgrößten Frühlingsblumenpark zaubern Millionen Tulpen, Hyazinthen und Narzissen jedes Jahr Ende März – Mitte Mai ein unvergessliches Farbenmeer. Dazu wurden im Herbst des Vorjahres von emsigen Gärtnern fünf Millionen Blumenzwiebeln in Dreierschichten gepflanzt. Besucher sehen seltene, alte Tulpensorten ebenso wie Neuzüchtungen. Im parkeigenen »Walk of Fame« tragen diese Tulpen illustre Namen wie Putin, Mickey Mouse oder Van

Blumen über Blumen: Das ist der Keukenhof, dessen Bild auch unseren Bucheinband ziert

© Hans Zaglitsch

Beim Parkplatz am Haupteingang werden Fahrräder zum Preis von 10 € pro Tag vermietet. Für die Radtour stehen vier ausgeschilderte Blumenzwiebel-Routen von 5 – 35 km Länge entlang der Tulpenfelder zur Auswahl.

Gogh. Seit einigen Jahren wird jede Saison mit einem Partnerland zusammengearbeitet, was sich themenmäßig im Motto widerspiegelt. Nach Ländern wie Schweden, Polen oder Deutschland ist 2013 das Vereinigte Königreich an der Reihe. Der farbenprächtige **Blumenkorso** der Tulpenzwiebelregion fährt alljährlich am 3. Samstag im April von *Noordwijk* nach *Haarlem* und passiert dabei am Nachmittag den Keukenhof (www.bloemencorso-bollenstreek.nl).

*Keukenhof, Stationsweg 166a, 2161 AM Lisse. 0031-252/465555. www.keukenhof.nl. info@keukenhof.nl. **Bahn/Bus:** Ab Hbf Leiden Centraal Bus 54 bis Keukenhof. **Auto:** A4, N207, Beschilderung Keukenhof, Parken 6 €. **Zeiten:** Mitte März – Mitte Mai 8 – 19.30 Uhr. **Preise:** 15 €; Kinder 4 – 11 Jahre 7,50 €.*

HAARLEM, HISTORISCHE STADT AN DER SPAARNE

Haarlem ist die Hauptstadt der Provinz Nordholland. In der 150.000-Einwohner-Stadt befindet sich der Sitz des römisch-katholischen Bistums Haarlem. Zu den Sehenswürdigkeiten gehört die Bischofskirche **St.-Bavo** am Grote Markt, die 1895 – 1930 im neoromanischen Stil erbaut wurde. Sie beherbergt mehrere Orgeln, darunter die berühmte Willibrordorgel. Verpassen sollten Sie keinesfalls die **Vleeshal** (Fleischhalle), eine Markthalle aus der Renaissance und eines der vielen schönen **Hofjes.**

Bei einer Stadtführung in deutscher Sprache erfahren Sie Wissenswertes über die Gebäude, Architektur und Einwohner von Haarlem. Gruppen mit max. 20 Pers zahlen 100 € pro Führung.

*VVV Haarlem, Verwulft 11, 2011 GJ Haarlem. 0031-23/5712262. www.haarlemmarketing.nl. info@vvvhaarlem.nl. **Bahn/Bus:** Ab Bhf Haarlem Bus 300 bis Centrum/Verwulft. **Auto:** N205 Richtung Haarlem Zuid/Zandvoort, Beschilderung Haarlem Centrum und P-route folgen. **Zeiten:** April – Sep Mo – Fr 9.30 – 18, Sa 9.30 – 17, So 12 – 16, Okt – März Mo 13 – 17.30, Di – Fr 9.30 – 17.30, Sa 10 – 17 Uhr. **Infos:** deutschsprachige Stadtführungen.*

KÖNIGLICHES DEN HAAG & NORDSEEKÜSTE

Die Sammlung des Textilfabrikanten

Als der Tuchfabrikant und Bankier *Pieter Teyler van der Hulst* (1702 – 1778) kinderlos verstarb, vererbte er seine bedeutende Kunstsammlung einer Stiftung. So entstand 1784 das älteste **Museum** der Niederlande, das eine Brücke zwischen Wissenschaft und Kunst schlägt. Die umfangreiche Sammlung besteht aus verschiedenen Kabinetten. Das *Physische Kabinett* zeigt eine beachtliche Sammlung physikalischer Instrumente. Darunter befindet sich der größte elektrostatische Generator des 18. Jahrhunderts. Die Glasscheiben dieses Scheibengenerators weisen einen Durchmesser von 1,65 m auf. Im *Paleontologisch-Mineralogischen Kabinett* sind Fossilien und Mineralien ausgestellt, Münzen findet der Besucher im *Numismatischen Kabinett*. Eine wissenschaftliche Bibliothek rundet das breite Spektrum des Museums ab.

In het Goede Uur, Korte Housstraat 1, ZN Haarlem. ✆ 0031-23/5311174. www.het-goedeuur.nl. Di – So 17 – 24 Uhr. Käse und Wein, Käsefondue 15 € pro Person.

🅼 *Teylers Museum, Spaarne 16, 2011 CH Haarlem. ✆ 0031-23/5160960. www.teylersmuseum.eu. info@teylersmuseum.nl. Bahn/Bus: Bhf Haarlem Bus 2 oder 3 bis Turfmarkt, dann 450 m in nördliche Richtung am Wasser entlang. Auto: P-Route Parkhaus De Appelaar. Zeiten: Di – Sa 10 – 17, So 12 – 17 Uhr. Preise: 11 €; Kinder 6 – 17 Jahre 2 €; Gruppen ab 10 Pers 8,50 €.*

Hotel im historischen Gebäude

✂ Im Erdgeschoss desselben Gebäudes sind neben dem Hotelrestaurant eine Brasserie und eine Kneipe untergebracht.

In dem Gebäude befand sich einst der *Johan-En-schedé-Komplex*. Dort wurden das Papiergeld der Niederlande und Briefmarken für zahlreiche andere Länder gedruckt. Nun gibt es im ersten bis dritten Stock 17 unterschiedlich große, geschmackvoll eingerichtete Hotelzimmer. Die Ausstattung umfasst Internetanschluss, Flachbildfernseher und ein bequemes Bett der renommierten skandinavischen Marke Hästens.

✂ **Brasserie van Beinum,** Klokhuisplein 3, HK Haarlem. ✆ 0031-23/5422559. www.brasserievanbeinum.nl. Di – So 12 – 22 Uhr. Di Steak und Bio-Pommes Frites 10 €.

♠✂ *Hotel Stemples, Klokhuisplein 9, 2011 HK Haarlem. ✆ 0031-23/5123910. www.stempelsinhaarlem.nl. info@stempelsinhaarlem.nl. Bahn/Bus: Bhf Haarlem Bus 300 bis Centrum/Verwulft, Haarlem. Auto: Parkhaus Appelaar, Damstraat 12. Preise: 2 Pers Ü DZ 112,50 – 160 €. First-Class-Restaurant; Brasserie im Innenhof bis Mitternacht geöffnet.*

ZAR UND ZIMMERMANN IN ZAANDAM

Zaandam war in der Vergangenheit ein bedeutendes **Zentrum des Schiffbaus,** gehört heute zu Zaanstad und besteht aus zwei parallel verlaufenden Deichen an der *Zaan*.

ⓘ *Informatiecentrum Zaandam, Ebbehout 31, 1507 EA Zaandam. ✆ 0031-75/6310400. www.zaanstreek.nl/bezoeken. inverdan@zaanstad.nl. Bahn/Bus: Im Bhf Zaandam. Auto: Beschilderung Station folgen. Zeiten: Mo – Fr 11 – 17 Uhr.*

Zar-Peter-Häuschen

✺ *Das Häuschen des Zaren wird von vielen russischen Niederlandereisenden besucht. Auch Michail Gorbatschow und Wladimir Putin waren schon dort.*

Wer kennt sie nicht, die Oper »Zar und Zimmermann« von *Albert Lortzing*? Tatsächlich hielt sich **Zar Peter der Große** (1672 – 1725) im Sommer 1697 in den Niederlanden auf, um das Handwerk des Schiffbaus zu erlernen. Dabei bewohnte er für kurze Zeit ein kleines Haus in Zaandam, welches 1632 als Arbeiterwohnung aus altem Schiffsholz errichtet worden war. Um das historisch wertvolle Häuschen in seinem Ursprungszustand zu bewahren, wurde es 1895 mit einer Schutzhülle aus Stein und Glas versehen. Im Haus sind Möbel aus der Zeit des Zaren, eine Totenmaske des Monarchen

© Zaans Museum

Viel Holz im Zimmer: Das Innere des Zar-Peter-Häuschens

und eine Büste der russischstämmigen *Anna Pawlowna,* Ehefrau des niederländischen Königs *Wilhelm II. von Oranien-Nassau,* zu sehen. Ebenfalls ausgestellt ist der Mahnbrief eines holländischen Beamten an das russische Zarenhaus, in dem dieses aufgefordert wurde, eine Schuld von fünf Cent innerhalb einer Frist von drei Tagen zu bezahlen.

🅼 *Czaar Peterhuisje, Krimp 23, 1506 AA Zaandam. ℂ 0031-75/6810000. www.zaansmuseum.nl. info@zaanseschans-museum.nl. Bahn/Bus: Ab Bhf Zaandam 10 Min Fußweg. Auto: N203 Richtung Koog aan de Zaan, rechts auf Hogendijk, links Lage Horn, gleich wieder links Krimp. Zeiten: Di – So 10 – 17 Uhr. Preise: 3 €; Kinder 4 – 17 Jahre 2 €; Senioren ab 65 Jahre und Gruppen ab 11 Pers 2,50 €.*

Zaanse Schans: Das bewohnte Freilichtmuseum

Das frei zugängliche Dorf liegt gegenüber von *Zaandijk* an der *Zaan* und zählt jährlich knapp eine Million Besucher. Die Bewohner der etwa 40 charakteristischen grünen Holzhäuschen leben ihren Alltag ganz normal in diesem Freilichtmuseum. Zu besichtigen sind historische Gebäude wie der ersten Laden der niederländischen Supermarktkette »Albert Heijn«. Außer den Souvenirläden stehen eine Käserei, eine Werft, eine Holzschuhwerkstatt, ein Bä-

@ Webcam: http://hdtv.webcam.nl/kalverpolder.

Lebendiges Museum: In Zaanse Schans drehen sich die Windräder

De Kraai, Kraaienpad 1, AX Zaandam. ℂ 0031-75/6156403. www.de-kraai.nl. März – Okt 9 – 18, Feb, Nov, Dez 10 – 17 Uhr. Pfannkuchen 6,25 – 11,50 €.

ckereimuseum, das Zaanse Uhrenmuseum sowie Öl- und Farbmühlen zur Besichtigung offen. Neben dem Freigelände steht das **Zaans Museum,** welches die Entwicklung der Zaanstreek als Industriegebiet zeigt.

M **Zaanse Schans,** Schansend 7, 1509 AW Zaandam. ℂ 0031-75/6810000. www.zaanseschans.nl. info@zaanseschans-museum.nl. **Bahn/Bus:** Ab Bhf Zaandam Bus 89 bis Beeldentuin. **Auto:** A7, Ausfahrt 2, Beschilderung Zaanse Schans, kostenpflichtige Parkplätze. **Rad:** LF7 Oeverlandroute. **Zeiten:** ganzjährig, die einzelnen Museen haben je eigene Öffnungszeiten ↗ Webseite. **Preise:** Zaanse Schans Card 10 €; Kinder 4 – 17 Jahre 6 €. **Infos:** Die Zaanse Schans Card bietet teils freien, teils ermäßigten Eintritt zu den kostenpflichtigen Sehenswürdigkeiten.

Skulpturenpark: Ein Meer aus Stahl

Eingerahmt von einer Stahlfabrik, einer Grünfläche und einem Dünengebiet entstand auf dem Gelände des früheren Campingplatzes Rolandsduin der Skulpturenpark an einem Ort, wo Industrie und Natur aufeinanderprallen. Im Jahr 1999 trug **Wijk aan Zee** den Titel *Kulturelles Dorf Europas.* Aus diesem Anlass erhielten elf Künstler aus elf europäischen Ländern den Auftrag, jeweils eine Skulptur zu errichten. Material und technische Unterstützung wurden vom benachbarten Stahlwerk zur Verfügung gestellt, sodass das ehrgeizige Kunstprojekt innerhalb von vier Wochen realisiert werden konnte. In den Jahren 2003 und 2009 kamen weitere Kunstwerke hinzu, der Park besteht heute aus 14 Skulpturen. Er liegt am Reyndersweg in den Dünen südlich von Wijk aan Zee.

⊙ **Stichting Een Zee van Staal,** Rothestraat 94 (Büro), 1949 CG Wijk aan Zee. Handy 00316/10537950. www.eenzeevanstaal.nl. **Bahn/Bus:** Ab Bhf Beverwijk Bus 78 bis Julianaplein in Wijk aan Zee, dann 850 m Fußweg über Julianaweg, Van Ogtropweg, Bosweg *auf Reyndersweg.* **Auto:** *Ab Wijk aan Zee Juliana-plein, Jukianaweg, Van Ogtropweg, Bosweg auf Reyn-dersweg.* **Zeiten:** *Kostenlose Führung 1. So im Mo-nat, Juli, Aug jeden So 14 Uhr.* **Preise:** *frei zugänglich.*

ALKMAAR: STADT DES KÄSEMARKTES

Die Stadt liegt 50 km nördlich von Amsterdam, zwischen der *Nordsee* und dem *IJsselmeer.* Sie ist weit über die Landesgrenzen hinaus für ihren seit 1622 abgehaltenen **Käsemarkt** berühmt. Die historischen Häuser und kleinen **Grachten** verleihen der malerischen Altstadt altholländischen Charme. Innerhalb der Stadtgrenzen stehen 400 denkmalgeschützte Gebäude. Die **Stadtwaage** aus dem 14. Jahrhundert beherbergt im Erdgeschoss das Fremdenverkehrsbüro VVV und im ersten Stock das **Käsemuseum.** Auf dem **Rudi Carrellplaats** im Zentrum seiner Geburtsstadt steht eine Büste des 2006 verstorbenen Entertainers *Rudi Carrell.*

☀ *Über den 75 km langen Nordhollandsch Kanaal ist Alkmaar auf dem Wasserweg mit Amsterdam und Den Helder verbunden.*

Gekonnte Darbietung: Käseträger auf dem Käsemarkt Alkmaar

© VVV Hart van Noord-Holland/Fotograf Wick Natzijl

KÖNIGLICHES DEN HAAG & NORDSEEKÜSTE

VVV Alkmaar, *Waagplein 2, 1811 JP Alkmaar. ✆ 0031-72/5114284. www.vvvalkmaar.nl. info@vvvalkmaar.nl.* **Bahn/Bus:** *Ab Alkmaar Bus 7, 10 oder 360 bis Kanaalkade, zu Fuß nach Westen, über Pieterstraat und Houttil.* **Auto:** *A9 Ausfahrt 12 Ring Alkmaar (West), Beschilderung P-Route folgen P+R.* **Rad:** *LF15 Boerenlandroute.* **Zeiten:** *April – Sep Mo – Do, Sa, So 10 – 17, Fr 9 – 17 Uhr, übrige Zeit Mo 13 – 17, Di – Sa 10 – 17 Uhr.*

Der Käsemarkt von Alkmaar

M **Het Hollands Kaas-museum,** Waag-plein 2, JP Alkmaar. ✆ 0031-72/5155516. www.kaasmuseum.nl. Mo – Sa 10 – 16 Uhr. Alles Wissenswerte rund um Käse, Erw 3 €, Kinder 4 – 12 Jahre 1,50 €.

Der Käsemarkt in Alkmaar ist heute zwar eine Touristenattraktion, blickt jedoch auf eine lange Tradition zurück. Denn an diesem Ort wurde bereits 1593 mit Käse gehandelt. April bis September wird jeden Freitagvormittag auf dem Platz am **Käsemuseum** gezeigt, wie Käse geprüft, gekauft, gewogen und abtransportiert wird. Ein sehenswertes Spektakel!

🕐 *Waagplein 2, 1811 JP Alkmaar. ✆ 0031-72/51142-84. www.kaasmarkt.nl. April – Sep Fr 10 – 12.30 Uhr.*

Paul, John, George und Ringo

✖ Im Museum befindet sich der *Eleanor Rigby Tea Room,* benannt nach einem Song der Pilzköpfe. Dort können Besucher eine Tasse Kaffee oder stilecht eine Tasse englischen Tee genießen.

Das Beatlesmuseum beherbergt eine umfangreiche Sammlung an Memorabilien und Fanartikeln. Der Besitzer *Azing Moltmaker* gilt als Experte, er hat bereits mehr als 30 Bücher über die Liverpooler Band geschrieben. Die vier legendären Musiker gaben am 6. Juni 1964 vor 6500 Fans die beiden einzigen Live-Konzerte auf niederländischem Boden. Sie traten in einer Gemüseversteigerungshalle des westfriesischen Dörfchen *Blokker* auf. Die Gesamtkosten des Musikspektakels beliefen sich damals auf 43.000 Gulden. Genau diese Rechnung ist im Alkmaarer Musuem zu sehen. Weiterhin sind Originalverträge mit Unterschriften, Souvenirs, Kleidung, Schallplatten und Plattenhüllen aus der ganzen Welt ausgestellt. Zudem ist das Museum nach eigenen Angaben im Besitz von seltenem Bildmaterial und nicht veröffentlichter Beatlesmusik.

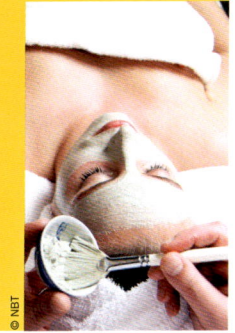
 **Beatlesmuseum,** *Kanaalkade 21a, 1811 LP Alkmaar. Handy 00316/38305895. www.beatlesmuseum.nl.* **Bahn/Bus:** *Bhf Alkmaar Bus 3 oder 4 Richtung Daalmeer, 6 oder 360 Richtung Heerhugowaard,10 Richtung Oudkarspel,123 Richtung Alkmaar oder 129 Richtung Purmerend bis Kanaalkade.* **Auto:** *Ab VVV auf Marktstraat, rechts auf Gedempte Nieuwesloot, wieder rechts auf Kanaalkade.* **Zeiten:** *Di – Sa 11 – 16.30 Uhr.* **Preise:** *2,50 €.*

✕ **Restaurant-Lounge Mij,** Kanaalkade 17, LP Alkmaar. ℂ 0031-72/5205969. www.restaurantloungemij.nl. Mi 17 – 1, Do – Sa 12 – 1, So 13 – 1 Uhr. Trendig und gemütlich essen und trinken.

DAS DEICHDORF BROEK OP LANGEDIJK

Das Deichdorf liegt in der Gemeinde *Langedijk.* Das umliegende Land umfasst 240 Hektar und wird das *Reich der tausend Inseln* genannt. Dabei handelt es sich um ein von zahlreichen kleinen Kanälen durchzogenes Gebiet mit Inselchen, auf welchen **Gemüse** angepflanzt wurde und wird, hauptsächlich Kohl.

ℹ VVV-Agentschap Broek op Langedijk, *Museumweg 2, 1721 BW Broek op Langedijk.* ✆ *0031-226/ 313807.* **Bahn/Bus:** *Bhf Alkmaar Bus 10 Richtung Oudkarspel bis Museumweg, Broek op Langedijk.* **Auto:** *N242 Ausfahrt Heerhugowaard-Zuid, links Broekerweg, weiter auf Uitvalsweg, Kreisverkehr 1. Ausfahrt Westelijke Randweg, nächster Kreisverkehr wieder 1. Ausfahrt Doofpot, links abbiegen, auf Doolpot bleiben, rechts Voorburggracht, 1. rechts Museumweg.* **Zeiten:** *April – Nov Mo – Fr 10 – 17, Sa, So 11 – 17 Uhr, übrige Zeit Mo – Fr 10 – 17 Uhr.*

Versteigerung auf Booten

Das Museum der Versteigerung **Broeker Veiling** ist ein lang gestrecktes Holzgebäude, das auf 1900 Pfählen im Wasser steht. Im 19. Jahrhundert wurde dort mit Blumenkohl, Zwiebeln, Porree, Rotkohl und Rüben gehandelt. Die Boote fuhren mit ihrer vitaminreichen Fracht durch eine Fahrrinne in das Gebäude hinein, das Gemüse wurde von zu beiden Seiten sitzenden Käufern ersteigert. Durch eine Öff-

Wer jetzt nasse Füße kriegt … Gemüseversteigerung im Museum Broeker Veiling

© Museum BroekerVeiling/Fotograf Willem Zwier

DER BESONDERE TIPP Controversy Tram Inn

Im Garten eines Bauernhofs im nordholländischen Dörfchen Hoogwoud stehen zwei alte **Straßenbahnen.** Nach deren Umbau zu vier luxuriösen Apartments in den Stilrichtungen Italien, Frankreich, Amerika und Großbritannien werden sie als originelle Unterkünfte vermietet. Zur Ausstattung gehören ein hochwertiges Bad mit WC, TV mit Videorecorder, Radiowecker, ein kleiner Ofen, Kaffeemaschine, Küche mit Kühlschrank, Handtücher und Küchentücher sowie ein Doppelbett mit den Maßen 140 x 205 cm. Die einzelnen Abteile sind beheizbar. Die neueste Errungenschaft ist ein umgebauter Zug mit Dachterrasse. Auf dem Gelände gibt es eine kleine Cafeteria im amerikanischen 1950er Jahre-Stil und eine Sonnenterrasse mit Grillplatz.

Controversy Tram Inn, Konigspade 36, 1718 MP Hoogwoud. ℂ 0031-226/352693, www.controversy.nl. info@controversy.nl. **Auto:** N241, auf Langereis, Beschilderung Hoogwoud folgen (von der Straße aus gut sichtbar). **Preise:** ÜF 2 Pers pro Apartment 250 €, jede weitere Nacht 40 – 50 €.

© Controversy Tram Inn

nung an der Rückseite verließen die Boote das Gebäude wieder. Sie können April bis Oktober Auktionen beobachten und mitbieten.

Ⓜ *Museum Broeker Veiling,* Museumweg 2, 1721 BW Broek op Langedijk. ℂ 0031-226/313807. www.broekerveiling.nl. info@broekerveiling.nl. *Bahn/Bus:* Bhf Alkmaar Bus 10 bis Museumweg, Broek op Langedijk. *Auto:* N245, Beschilderung Broek op Langedijk und Broekerveiling folgen. *Zeiten:* April – Okt Di – So 10 – 17, Juli und Aug auch Mo, Nov – März Mi – Sa 10 – 17 Uhr. *Preise:* 15,50 € (Versteigerung und Museum); Kinder 4 – 12 Jahre 8,25 €; Gruppen 10 – 25 Pers 10,25 €, größere Gruppen 9,50 €.

© Hans Zaglitsch

Glasierte Fliese: Das berühmte Delfter Blau wurde aus Mangan oder Kobalt hergestellt

DELFT, STADT MIT ROYALEN BANDEN

Die Universitätsstadt an der *Schie* hat etwa 100.000 Einwohner und bietet dem Besucher eine historische Innenstadt mit sehenswertem **Rathaus** und **Stadtwaage.** *Wilhelm von Oranien* wohnte ab 1572 in Delft und wurde hier 1584 ermordet. Seitdem ist die Kirche **Nieuwe Kerk** die letzte Ruhestätte für Mitglieder des Königshauses.

ⓘ *Toeristen Informatie Punt TIP Delft, Hippolytusbuurt 4, 2611 HN Delft. ℗ 0031-15/2154051. www.delft.nl. info@tipdelft.nl. Bahn/Bus: Ab Bhf Delft vom Stationsplein über Westvest, Binnenwatersloot, Oude Delft. Auto: A13, Ausfahrt Delft-Noord, P-Route Centrum folgen. Rad: LF11 Prinsenroute. Zeiten: April -Sep Mo, Sa 10 – 17, Di – Fr 9 – 18, So 10 – 16, Okt – März Mo 11 – 16, Di -Sa 10 – 16, So 10 – 15 Uhr.*

Ein geschichtsträchtiges Haus

Das Museum ist im früheren Agathakloster untergebracht, das später als königliche Residenz diente, was dem Haus seinen Namen **Het Prinsenhof** einbrachte. In der niederländischen Geschichte spielt der Prinsenhof eine bedeutende Rolle. Im April 1533 wurde auf Schloss Dillenburg in Hessen *Willem von Nassau-Dillenburg* geboren. Seit er 1544 das in Frankreich gelegene Fürstentum Orange erbte, trug er den Titel Prinz von Oranien. Im niederländischen Unabhängigkeitskrieg gegen Spanien befehligte Willem aufständische Truppen. Am 10. Juli 1584 wurde er im Prinsenhof heimtückisch erschossen. Die Einschusslöcher an der Wand neben einer Treppe sind noch heute zu sehen. Der Namensgeber der niederländischen Nationalhymne *Wilhelmus* wurde als Begründer eines neuen, unabhängigen niederländischen Staates angesehen und trägt als solcher noch heute den Beinamen *Vater des Vaterlandes.* Seine letzte Ruhestätte fand Willem I. in der Gruft der Delfter **Nieuwe Kerk.** Seit die-

✴ *CSI Delft: 2008 wurde der Mord an Willem I. van Oranien forensisch untersucht. Das Ergebnis präsentierte das Museum 2012 in einer Sonderausstellung mit dem Titel »Cold Case: Willem van Oranje«*

 **Picknick vom Restaurant Knus,** Zavelpad 3, LH Delft. ℗ 0031-15/2122990. www.knus.nl/zomer. April – Sep 10 – 17.30 Uhr. Mit Picknickkorb aufs Ruderboot ab 14 €.

ser Zeit werden die verstorbenen Mitglieder der königlichen Familie traditionell in Delft beigesetzt. Das Museum widmet sich dem Wirken des gemeuchelten Königs.

◼ Stedelijk Museum Het Prinsenhof, *Sint Agathaplein 1, 2611 HR Delft.* ✆ *0031-15/2602358. www.prinsenhof-delft.nl. erfgoeddelft@delft.nl.* **Bahn/Bus:** *Bhf Delft Bus 37, 130 oder Tram 1 bis Prinsenhof.* **Auto:** *Parkhaus Phoenix, Phoenixstraat 29.* **Zeiten:** *Di – So 11 – 17 Uhr.* **Preise:** *8,50 €; Jugendliche 12 – 18 Jahre 5 €; Gruppen ab 15 Pers 6 €.* **Infos:** *Das Museum hält für Besucher aus dem Ausland Informationen in englischer Sprache bereit.*

Mehr über Vermeer

Hier im **Vermeerzentrum** erfährt der Besucher auf 1000 qm alles Wissenswerte über das Leben und die Werke des berühmten Malers *Jan Vermeer* (1632 – 1675), der in Delft geboren wurde. Sein bekanntestes Gemälde »Mädchen mit dem Perlenohrring« ist im *Mauritshuis* in Den Haag zu sehen. Das Vermeerzentrum bietet den Besuchern hochwertige

DER BESONDERE TIPP Hotel Grand Canal

▲ Im ehemaligen **Stadtgefängnis** wird heute auf Vier-Sterne-Niveau genächtigt. Das Hotel liegt direkt an der Oude Delft, der schönsten Gracht der historischen Stadt. Viele Sehenswürdigkeiten und der Bahnhof sind fußläufig zu erreichen. Von den komfortabel ausgestatteten Zimmern schauen Sie direkt auf die Gracht.

Hotel Grand Canal ✶ ✶ ✶ ✶, Breestraat 1, 2611 CB Delft. ✆ 0031-15/2157133, Handy 00316/51031923. www.grandcanal.nl. info@grandcanal.nl. **Bahn/Bus:** Bhf Delft Brücke überqueren, rechts Van Leeuwenhoeksingel, über Westvest und Barbarasteeg, rechts Oude Delft, links Breestraat. **Auto:** Parken Parkeergarage Zuidpoort. **Preise:** Ü DZ 65 – 135 €, Frühstück 14,50 € pro Pers.

© NBT

Das Mädchen mit dem Perlenohrring: Wer sie ist, weiß man nicht – bekannt ist sie durch Vermeers Spiel mit dem Licht

LEF Restaurant, Doelenplein 2, BP Delft. ✆ 0031-15/2120617. www.lefrestaurant.nl. Mo – Fr 16 – 24, Sa 12 – 24, So 14 – 24 Uhr. Brasserie-Klassiker ab 14 €.

Jeden 2. Sa des Monats wird 14.30 – 16.30 Uhr bei Royal Delft ein High Wine organisiert. Er besteht aus einem Glas Prosecco, warmen und kalten Häppchen und 2 Gläsern Wein. Zu reservieren ab 2 Pers 26,50 € pro Person.

Reproduktionen in Originalgröße. Der Besucher kann durch Linsen, Guckkästen und eine echte Camera Obscura aus dem 17. Jahrhundert schauen oder, ganz modern, mittels Projektionen, Touchscreens, Webcams und interaktiven Installationen die Werke des Malers mit dem Beinamen *Meister des Lichts* neu entdecken.

Ⓜ **Vermeercentrum,** *Voldersgracht 21, 2611 EV Delft.* ✆ *0031-15/2138588. www.vermeerdelft.nl. info@vermeerdelft.nl. **Bahn/Bus:** Bhf Delft Bus 80 oder 82 bis Burgwal. **Auto:** Parkhaus Parkeergarage Koepoort. **Zeiten:** täglich 10 – 17 Uhr. **Preise:** 8 €; Kinder 7 – 14 Jahre 4 €; Gruppen ab 15 Pers 6 €. **Infos:** Jeden So um 10.30 Uhr findet eine englischsprachige Führung ohne Mehrkosten statt.*

Porzellanmanufaktur De Prorceleyne Fles

Die Ursprünge der ältesten heute noch produzierenden Porzellanmanufaktur gehen auf das Jahr 1653 zurück. Hier werden die weltberühmten blauen Fayencen nach jahrhundertealten Traditionen von Hand bemalt. Das Blau wählte man einst, um eine Ähnlichkeit zu chinesischem Porzellan herzustellen. Denn in Europa war man damals noch nicht in der Lage, so feines Tongut zu erzeugen. Sie können die Fingerfertigkeit der Porzellankünstler bewundern. Im Ausstellungsraum sind neben traditioneller Keramik auch moderne Arbeiten zu sehen.

Ⓜ **Royal Delft,** *Rotterdamseweg 196, 2628 AR Delft.* ✆ *0031-15/2512030. www.royaldelft.com. info@royaldelft.com. **Bahn/Bus:** Ab Bhf Delft fährt stündlich 10.35 – 16.35 Uhr der Minizug »Delftexpress« bis zur Porzellanmanufaktur. **Auto:** A13 Ausfahrt 9 Delft, rechts abbiegen, 2. Ampel links, blau-weißer Beschilderung folgen. Kostenloser Parkplatz. **Zeiten:** April – Okt täglich 9 – 17, Nov – März Mo – Sa 9 – 17 Uhr. **Preise:** 12 €; Kinder bis 12 Jahre frei; Gruppen ab 21 Pers 9 €. **Infos:** Es steht eine Audiotour in deutscher Sprache zur Verfügung.*

HAFENSTADT ROTTERDAM

Die zweitgrößte Stadt des Landes liegt im Westen an der Mündung des Rheins in die Nordsee. Sie ist durch den größten Seehafen Europas verkehrstechnisch von Bedeutung. Im Zweiten Weltkrieg weitestgehend zerstört, wurde Rotterdam modern wieder aufgebaut. Sehenswert ist die **Erasmusbrücke,** die 1996 nach einem Entwurf des Architekten *Ben van Berkel* errichtet wurde. Das malerische Hafenviertel **Delfshaven** überstand die Zerstörungen des Krieges und steht unter Denkmalschutz. Jeden Sommer wird in Rotterdam süd- und lateinamerikanischer sowie kapverdischer **Karneval** mit Straßenparade, Wahl der Königin und Liveauftritten gefeiert. Die **Welthafentage** finden im Spätsommer im Hafengebiet statt. Sie haben dann die Gelegenheit, einen Blick hinter die Kulissen der Hafenbetriebe zu werfen.

ℹ️ *VVV Rotterdam, Coolsingel 195 – 197, 3012 AG Rotterdam. ℂ 0031-10/2710120. www.rotterdam.info. info@rotterdam.info. **Bahn/Bus:** Neben dem Hbf Centraal Station. **Auto:** A20, Ausfahrt 14 Richtung Centrum, bei Hofplein 2. Ausfahrt Coolsingel, Parkhaus Stad Rotterdam. **Rad:** LF2 Stedenroute, LF11 Prinsenroute, LF 12 Maas- en Vestingsroute. **Zeiten:** Mo – Fr 10 – 19, Sa 9.30 – 18, So 10 – 17 Uhr. **Infos:** Das VVV Café am Stationsplein 45 (Eingang Weena) befindet sich in der Nähe des Bahnhofs.*

Kijkkubus: Ganz schön schräg

Die Kubushäuser wurden vom Architekten *Piet Blom* entworfen und 1984 fertiggestellt. Die Planung sah vor, ein Dorf inmitten der Stadt zu bauen, welches eine Oase der Ruhe für seine Bewohner sein sollte. Der Besucherkubus ist eine vollständig eingerichtete Wohnung. Dort wird Ihnen gezeigt, wie es sich in so einem Würfel mit seinen vielen Schrägen lebt.

🕐 *Kijkkubus, Overblaak 70, 3011 MH Rotterdam. ℂ 0031-10/4142285. www.kubuswoning.nl.*

🔒 **Bags & the City,** Van Oldenbarneveltstraat 97, GS Rotterdam. ℂ 0031-10/2136688. www.bagsandthecity.nl. Mo 13 – 18, Di – Do 10 – 18, Fr 10 – 19, Sa 10 – 17.30, So 13 – 17 Uhr. Exklusive Handtaschen, Schuhe, Lederwaren.

☀️ **Tipp:** Kultur meets Müll: Seit 1988 sind auf den Müllwagen der Stadt Rotterdam Zitate von Dichtern und Schreibern zu lesen.

➡️ **Rotterdam Archi-Guides,** Schiekade 205, BR Rotterdam. ℂ 0031-10/4332231. www.rotterdam-archi-guides.nl. Mo – Fr 10 – 18 Uhr. Architekturausflüge zu Fuß, per Rad oder Bus, Preise ab 150 € pro Gruppe.

Aus den Fugen: Leben im Würfel

info@kijkkubus.nl. **Bahn/Bus:** *Ab Bhf Rotterdam-Blaak links, 1 Min Fußweg.* **Auto:** *VVV Richtung Stadhuisplein, links bei Churchillplein, Parkhaus Oude Haven.* **Zeiten:** *täglich 11 – 17 Uhr.* **Preise:** *2,50 €; Kinder 4 – 12 Jahre 1,50 €; Senioren ab 65 Jahre 2 €, Gruppen 10 – 20 Pers 2 €, Gruppen ab 21 Pers 1,50 €.*

Ganz weit oben übernachten

Im 185 m hohen **Euromast** stehen auf einer Höhe von 112 m für Übernachtungsgäste, die das Ungewöhnliche lieben, die beiden exklusiven Suiten *Heaven* und *Stars* zur Verfügung. Beide Luxusunterkünfte sind im Designstil der 1960er Jahre mit einem Doppelbett, einem komfortablen Badezimmer inklusive Jacuzzi, einer Wohnecke mit Minibar, einem Schreibtisch mit kabellosem Internetzugang, Klimaanlage und Fernseher ausgestattet. In jeder Suite steht eine Flasche Champagner zur Begrüßung. Von 22 bis 9.30 Uhr kann die Plattform als Privatbalkon genutzt werden. Der Zimmerservice steht bis 1 Uhr nachts für Sie bereit.

☀ **Tipp:** Mai – Sep können Sie sich an jedem Wochenende von einer 100 m hohen Plattform vom Euromast abseilen. Der Preis beträgt 49,50 € pro Person, Begleitpersonen zahlen den regulären Eintritt von 9,25 €.

♠ ✉ *Euromast Suiten,* *Parkhaven 20, 3016 GM Rotter-*
dam. ℗ 0031-10/2411788. www.euromast.nl.
suites@euromast.nl. Bahn/Bus: Hbf Rotterdam
Centraal Tram 8 Richtung Spangen bis Euromast.
Auto: Beschilderung Euromast folgen. Preise: ÜF
385 € pro Suite.

Hafenrundfahrt

Der Hafen von Rotterdam ist der drittgrößte Seehafen der Welt. Er erstreckt sich über eine Gesamtfläche von 10.500 Hektar und eine Länge von 40 km.
Im Jahr 2010 wurden dort 430 Millionen Tonnen
Fracht umgeschlagen. Eine Rundfahrt durch diesen
umtriebigen Welthafen ist dann auch ein besonderes Erlebnis. Das komfortable Schiff der modernen
Spido-Flotte fährt auf der 75-minütigen Tour durch
verschiedene Teile des Hafens, an Werften, Docks
und riesigen Containerschiffen vorbei. Unterwegs
werden interessante Erläuterungen, auch in deutscher Sprache, zum Hafen, der Architektur und der
Infrastruktur geboten.

❥ *Rederij Spido,* *Willemsplein 85, 3016 DR Rotterdam.*
℗ 0031-10/2759991, 2759993. www.spido.nl.
spido@spido.nl. Bahn/Bus: Hbf Rotterdam Centraal
Metro D oder E bis Leuvehaven oder Tram 7 bis Wil-
lemsplein. Auto: Erasmus-Parkhaus. Zeiten: April –
Mai täglich 9.30 – 17, Juni – Sep täglich 10.15 – 17,
Okt 10 – 16, Jan – März, Nov – Dez Mo – Mi 14 und
Do – So 11 – 15.30 Uhr. Preise: 10,75 €; Kinder 4 –
11 Jahre 6,60 €. Infos: Abfahrt am Willemsplein 85,
an der Zentrumsseite der Erasmusbrücke.

Stadtrundfahrt mit der Erbsensuppen-Bahn

Die bunt bemalte Erbsensuppen-Bahn *De Snerttram*
fährt in Rotterdam durch die Stadtteile **de Kop van**
Zuid, Oud Delfshaven und am **Stadion de Kuip** vorbei. Unterwegs werden Sie von einem Akkordeon-
spieler unterhalten und von einem Fremdenführer
mit Informationen versorgt. Und natürlich gibt es ei-

Snert ist ein nie-
derländisches Wort
für Erbsensuppe.

nen Teller mit leckerer Erbsensuppe vom Chefkoch des **Restaurants Brazzo.** Bei diesem renommierten Restaurant in Rotterdam-Crooswijk startet Ihre Reise, die entlang historischer, moderner und kurioser Sehenswürdigkeiten führt. Sie werden unterwegs immer wieder überrascht und sehen Dinge, die selbst alteingesessene Rotterdamer nicht kennen.

➲ ✉ *Snerttram, Boezemstraat 188, 3034 EM Rotterdam. © 0031-10/4148079. www.snerttram.nl. info@brazzo.nl. **Bahn/Bus:** Hbf Rotterdam Centraal Tram 7 bis Boezemstraat. **Auto:** Sa und So gratis parken in Boezemstraat. **Zeiten:** Nov – April Sa 14.30 und 16.30 Uhr, So 16.30 Uhr. **Preise:** 15 € für 30 Min.*

Die Windmühlen von Kinderdijk

Vor den Toren Rotterdams liegt Kinderdijk. Weltweite Berühmtheit erlangte der Ort wegen seiner 19 Windmühlen, die wie Perlen aufgereiht am Kanal stehen. Sie pumpten im 18. Jahrhundert das Wasser aus den tief liegenden Poldern Alblasserwaard und machten das Land auf diese Weise nutzbar. Im Jahr 1997 wurde der **Windmühlenpark** in die Liste des UNESCO-Weltkulturerbes aufgenommen. Eine Mühle steht zur Besichtigung offen. Zu besonderen Anlässen werden die übrigen Mühlen ebenfalls in Betrieb genommen. Ein **Spazier- und Radweg** führt entlang der Mühlen. April – September legt regelmäßig ein **Rundfahrtschiff** ab, sodass Sie die einzigartige Szenerie auch vom Wasser aus bewundern können.

Ganz schön gemütlich: Blick in die Wohn- und Schlafstube einer Mühle

Ⓜ *Kinderdijk, Nederwaard 1, 2961 AS Kinderdijk bei Rotterdam.*

© NBT

*☏ 0031-6/6912830. www.kinderdijk.nl. info@kinder-
dijk.nl. **Bahn/Bus:** Ab Bhf Rotterdam-Lombardijen
Bus 90 bis Molenkade, Beschilderung Molen. **Auto:**
A15, Ausfahrt 22, Parkplätze beschildert. **Zeiten:** Besuchermühle April – Okt 9.30 – 17.30, Nov – März
Sa, So 11 – 16 Uhr. **Preise:** Gelände frei zugänglich,
Besuchermühle 6 €; Kinder 6 – 12 Jahre 4 €; Gruppen ab 20 Pers nach Absprache und Reservierung
unter ☏ 0031-652083486. **Infos:** Bootsfahrt April –
Sep 10 – 17 Uhr. Karten im Boot 4,50 €, Kinder 4 –
12 Jahre 3 €.*

Schutz vor der Nordsee

Waterland Neeltje Jans hat sich vom Informationszentrum des Sturmflutwehrs in der *Oosterschelde*
zum **Freizeitpark** rund um das Thema Wasser ge-
mausert. Es bietet Aquarien, eine Seehundeshow,
eine Wasserrutsche sowie einen Wasserspielplatz.
In der Orkanmaschine können Sie verschiedenen
Windstärken trotzen. Während der regelmäßig statt-
findenden Schiffsrundfahrt über die Oosterschelde
werden oft Schweinswale und Robben gesichtet. Interessantes über das Deltaprojekt, frühere Sturmfluten, das Leben der Niederländer mit dem und gegen das Meer wird in einer Ausstellung präsentiert.
Das Sturmflutwehr wurde so angelegt, dass die Gezeiten freien Lauf haben und das biologische
Gleichgewicht gewährleistet ist. Es besteht aus 65
Betonpfeilern mit beweglichen Stahltoren. Bei dro-
hender Sturmflut werden diese geschlossen.

*🌟 **Neeltje Jans** ist der Name der Arbeits-insel, die zum Bau des Sturmflutwehrs einge-richtet wurde.*

*🕐 **Deltapark Neeltje Jans,** Faelweg 5, 4354 RB Vrouwenpolder. ☏ 0031-111/655655. www.neeltje-
jans.nl. info@neeltjejans.nl. **Bahn/Bus:** Ab Bhf Middelburg Bus 133 bis Neeltje Jans. **Auto:** A58, Ausfahrt Goes/Zierikzee, Beschilderung Neeltje Jans.
Rad: Nahe LF1 Noordzeeroute. **Zeiten:** April – Okt
täglich 10 – 17.30 Uhr, übrige Zeit siehe www.neelt-
jejans.nl. **Preise:** Pers ab 4 Jahre 22,50 € (Online-
ticket 19 €); Kinder 2 – 3 Jahre 3,50 €; Online-Fami-
lienkarte 2 Erw und 2 Kinder 4 – 12 Jahre 74 €,*

KÖNIGLICHES DEN HAAG & NORDSEEKÜSTE

VROUWENPOLDER – BADEORT MIT FLAIR

Vrouwenpolder liegt im Norden von *Walcheren,* in der Nähe des *Veerse Gatdam,* der die Halbinsel mit Noord-Beveland verbindet. Sie finden hier den breitesten **Sandstrand** der Gegend und auch das **Veerse Meer** ist nicht weit. Seinen Namen verdankt Vrouwenpolder der Überlieferung nach einem Fremden, der an nur einem Tag ein Gemälde der Gottesmutter Maria malte und dann spurlos verschwand. Diese Madonna wurde *Onze-Lieve-Vrouwe van de Polder* genannt.

ⓘ *VVV-Agentur, HCR de Boekanier, Dorpsdijk 22, 4354 AC Vrouwenpolder.* ✆ *0031-118/581342. www.vvvzeeland.nl. info@vvvwnb.nl.* **Bahn/Bus:** *Ab Bhf Middelburg Bus 52 bis Molen oder 53 bis Singe.* **Auto:** *A58 Ausfahrt 39, beschildert.* **Zeiten:** *Mitte April – Nov.*

☀ **Tipp:** Juni – Sep findet am Foort den Haakweg Mi 14 – 20 Uhr ein kleiner Touristenmarkt statt.

Subtropischer Garten Fort den Haak

Der 2,5 Hektar große Garten ist einzigartig in diesem Teil Europas. Das besonders milde Klima in Zeeland lässt Palmen, Zypressen, Feigen, Zitrusbäume, Granatäpfel, Steineichen, Kakteen, Olivenbäume und zahlreiche andere Gewächse prächtig gedeihen. Eine Orangerie mit Voliere, ein Hügel von 11 m Höhe, ein 6 m hoher Wasserfall und ein eigener Weinberg tragen zur mediterranen Atmosphäre des Parks bei. Bei einem Spaziergang kommen all Ihre Sinne auf ihre Kosten. Im Gegensatz zu anderen Parks dieser Art ist es erlaubt und gern gesehen, wenn Besucher ihr eigenes Lunchpaket mitbringen und den Inhalt in dieser herrlichen Umgebung verspeisen.

✕ Mo – Fr kann ein Picknickkorb mit zwei belegten Brötchen, Obst, etwas Süßem und Wein oder Smoothie bestellt werden. Korb für 2 Pers 12,95 € (4 Tage vorab reservieren).

🕐 **Fort den Haak,** Fort den Haakweg 38, 4354 NG Vrouwenpolder. ℰ 0031-118/594495, Handy 00316/
12853828. www.fortdenhaak.nl. info@fortden-
haak.nl. **Bahn/Bus:** Bhf Middelburg Bus 133 Richtung Oude Tonge bis Veerse Dam Zuid in Vrouwenpolder. **Auto:** N57, ab Vrouwenpolder Beschilderung
Suptropische tuin Fort Den Haak folgen. **Zeiten:**
April – Okt Di – So 10 – 17 Uhr. **Preise:** 6,50 €,
mit Führung 7,50 €; Kinder 4 – 12 Jahre 2,50 €;
Senioren ab 65 Jahre 5,50 €. **Infos:** Für Gruppen ab
15 Pers werden Führungen angeboten.

Ferienhaus am Meer

Am Strand von Vrouwenpolder stehen 15 Strand-
häuschen, *Beachhouses* genannt, für 4 – 6 Personen. Die geräumigen Unterkünfte sind komfortabel,
gleichzeitig funktionell ausgestattet und gemütlich
eingerichtet. Zum Haus gehören zwei Strandstühle
sowie je ein Sonnen- und ein Windschirm. Entspannen Sie mit den Füßen im Sand und den Blick auf
die Nordsee gerichtet.

☀ **Tipp:** Zwei Strand-
häuschen sind behinder-
tengerecht ausgestattet.

🔺 **Büro Breezandvakanties Beachhouses,** Hopman de
Rijklaan 2, 4354 NS Vrouwenpolder. ℰ 0031-118/
593133. www.breezandbeachhouses.nl. info@bree-
zandbeachhouses.nl. **Bahn/Bus:** Ab Bhf Middelburg
Bus 133 bis Veersedam Zuid. **Auto:** N57, Noorddijk,
Fort Den Haakweg. **Zeiten:** April – Okt. **Preise:** Woche
ab 650 €; gelegentlich attraktive Last-Minute-
Angebote.

Wandern in den Dünen

Die Dünen waren einstmals Wassergewinnungsge-
biet von Middelburg, werden heute jedoch nur noch
im Notfall zu diesem Zweck genutzt. Die Wege
durch dieses herrliche Naturgebiet können nach Er-
werb einer Eintrittskarte von Sonnenaufgang bis
Sonnenuntergang betreten werden. Am Eingang ist
eine kleine Ausstellung über Geschichte und Natur
des Dünengebiets zu sehen. Im Nebengebäude stellen wechselnde Künstler ihre Werke aus. Es gibt fünf

 **Uitspanning
Oranjezon,**
Koningin Emmaweg 26,
KE Vrouwenpolder.
ℰ 0031-118/594735.
www.uitspanningoranje-
zon.nl. Unregelmäßig ge-
öffnet. Restaurant, Café,
Minicampingplatz.

in unterschiedlichen Farben markierte **Wander-routen** von 3 bis 7 km Länge. Unterwegs begegnet der aufmerksame Wanderer Damwild, sieht zahlreiche Libellenarten und hört Schwarzkehlchen zwitschern.

⊘ *Oranjezon, Koningin Emmaweg 22, 4354 KE Vrou-wenpolder. **Länge:** 3 – 7 km. **Auto:** Zwischen Vrou-wenpolder und Oostkapelle. Am Beginn der Sackgas-se rechts kostenpflichtiger Parkplatz. **Preise:** 1 € pro Person. **Infos:** Der Eingang befindet sich am Ende ei-ner Sackgasse, die auf der rechten Seite an der Stra-ße zwischen Vrouwenpolder und Oostkapelle liegt.*

STÄDTCHEN AM VEERSE MEER

Webcam in Veere: www.webcamvee-re.nl.

Veere liegt am Veerse Meer im Nordosten der ehe-maligen Insel und jetzigen Halbinsel **Walcheren.** Das malerische Hafenstädchen ist reich an histori-schen Gebäuden. Zu den Sehenswürdigkeiten zäh-len das **Rathaus** aus dem 15. Jahrhundert und die

---

DER BESONDERE TIPP

Restaurant & Hotel Auberge De Campveerse Toren

Das **500 Jahre alte Hotel** verfügt über 14 Zimmer. Diese sind stilvoll einge-richtet und liegen sowohl im Haupthaus als auch in Dependancen. Das renommierte Restaurant bietet neben dem faszinierenden Blick über das Wasser eine breit gefächerte Auswahl an Gerichten. In der **Küche** werden regionale Pro-dukte aus dem Meer und von den Bauernhöfen der Umgebung verarbeitet. Schon

in früheren Zeiten wussten hochgestellte Persönlichkei-ten die Qualität von Küche und Keller zu schätzen. König Willem van Oranje feierte im Jahr 1575 sein Hochzeits-mahl mit Charlotte de Bourbon in diesem Restaurant. 2012 wurde das Restaurant vom Guide Michelin mit dem Bib Gourmand ausgezeichnet.
Romatikhotel Auberge De Campveerse Toren, Kaai 2, 4351 AA Veere. ☎ 0031-118/501291, www.campveer-setoren.nl. info@campveersetoren.nl. **Auto:** Direkt bei der Fähre von Veere nach Kamperland.
Preise: ÜF im DZ ab 180 €, Restaurant 3-Gänge Menü ab 30 €.

© Auberge De Campveerse Toren

Kirche **Onze Lieve Vrouwekerk** aus dem Jahr 1348, von der nur der Chor als Kirchenraum genutzt wird. Im Hauptraum finden Ausstellungen und kulturelle Veranstaltungen statt.

© Rederij Dijkhuizen/Marinus Dijkhuizen

❶ *VVV Veere,* Oude-straat 28, 4351 AA Veere. ✆ 0031-118/506110. www.vvvzeeland.nl. info@vvvwnb.nl. *Bahn/Bus:* Bhf Middelburg Bus 54 Richtung Veere bis Kerk Veere. *Auto:* A58 Ausfahrt 38, N57, Beschilderung Veere. *Rad:* LF1 Noordzeeroute. *Zeiten:* März, April, Okt Fr – So 12 – 16 Uhr, Mai, Juni, Sep täglich 12 – 16, Juli – Aug täglich 10 – 17 Uhr.

Fertig zum Ablegen: Ein Rundfahrtschiff am Kai in Veere

Rundfahrt auf dem Veerse Meer

Vom Kai hinter dem ⚓ **Hotel De Campveerse Toren** in Veere bricht das Schiff *Stad Veere* zu einer 60-minütigen oder 120-minütigen Fahrt über das Veerse Meer auf. Der Binnensee ist 22 km lang und variiert in seiner Breite zwischen 150 bis 1500 m. Auf dem komfortablen Rundfahrtschiff finden 80 Personen Platz. Da das Veerse Meer bei Wassersportlern sehr beliebt ist, wuseln viele Boote, Jachten und Windsurfer fröhlich auf dem Wasser. Unterwegs ziehen herrliche Inselchen vorbei. Deren Grasflächen sind ideale Ruheplätze für brütende Vögel wie Säbelschnäbler, Brandgänse, Seeschwalben, Löffler und sogar Kormorane. Im Winter halten sich hier Pfeifenten, Bläss- und Nonnengänse auf. Auch Kühe und Haflingerponys grasen dort.

❂ *Die Reederei ist stolz darauf, dass die damalige Königin Beatrix anlässlich ihres 25-jährigen Thronjubiläums im Mai 2005 eine Schifffahrt mit der Lady Madeleine von Veere nach Wolphaartsdijk unternahm.*

➲ *Rederij Dijkhuizen,* Postbus 2 (Büroadresse), 4380 AA Vlissingen. ✆ 0031-118/419367. www.rederij-dijkhuizen.nl. info@rederij-dijkhuizen.nl. *Auto:* Parkplatz Mauritsbolwerk Tag 2,50 €. *Zeiten:* Mai – Sep

täglich 11 – 17 Uhr (stündlich). **Preise:** *8,50 €
(1 Std), 12,50 € (2 Std); Kinder 4 – 11 Jahre 5,30 €
bzw. 8 €.* **Infos:** *Karten gibt es beim VVV Westkapelle,
Domburg, Oostkapelle, Veere, Vrouwenpolder, Middelburg. Im Juli und Aug am Oranjeplein in Veere.*

AM KANAAL DOOR WALCHEREN: MIDDELBURG

Die Hauptstadt der Provinz *Zeeland* liegt auf der
Halbinsel *Walcheren.* Hier hat mit der *Roosevelt
Akademie* die kleinste Universität der Niederlande
ihren Sitz. Sehenswert ist das spätgotische **Rathaus,** das von den Lesern der Tageszeitung »Trouw«
zum zweitschönsten Gebäude des Landes gewählt
wurde. Unter dem Einfluss der Niederländischen
Ostindien Kompanie *VOC* entstanden viele imposante Häuser, die zum Teil gut erhalten und heute
noch zu bewundern sind.

ⓘ *Tourist Shop Middelburg, Markt 51, 4331 LK Middelburg. ℂ 0031-118/ 674300. www.uitinmiddel-
burg.nl/praktisch/ tourist-shop. info@touristshop.nl.*
Bahn/Bus: *Im Zentrum.* **Auto:** *A58 Parkleitsystem bis
Parkhaus Het Groene Woud.* **Rad:** *LF1 Noordzeeroute, LF13 Schelde-Rheinroute.* **Zeiten:** *Mo 11 – 18, Di,
Mi, Fr 9.30 – 18, Do 9.30 – 21, Sa 9.30 – 17 Uhr.*
Infos: *Informationen, Buchungen, Führungen, ermä-
ßigte Eintrittskarten.*

**Ⅿ Ausstellungshalle
De Vleeshal,**
Zusterstraat 7, KG Mid-
delburg. ℂ 0031-118/
652200. www.vlees-
hal.nl. Di – So 13 – 17
Uhr. Wechselnde Kunst-
ausstellungen.

Das Rathaus von Middelburg

Das flämisch-spätgotische Gebäude aus dem Jahr
1452 wurde im Juni 2007 von den Lesern einer
überregionalen Tageszeitung zum zweitschönsten
Gebäude der Niederlande gewählt. Aber nicht nur
die Außenfassade mit dem Glockenturm beein-
druckt, auch im Innern sind alte Möbel und Wand-
teppiche in den Sälen und Räumen überaus sehenswert. Hervorzuheben ist die zentrale Halle mit
ihren zahlreichen Antiquitäten, der Bürgersaal sowie die alten Gemächer des Bürgermeisters und der

Stadträte. Eine Führung dauert 40 Minuten.

🕐 *Stadhuis, Markt 1, 4331 LJ Middelburg. ✆ 0031-118/675000. www.visitmiddelburg.nl. info@touristshop.nl. **Bahn/Bus:** Im Zentrum. **Auto:** Parkplatz Parkeerterrein Damplein. **Zeiten:** April – Okt Sa – Do 11.30 und 15.15 Uhr. **Preise:** 4,25 €; Kinder 6 – 12 Jahre 3,75 €. **Infos:** Karten verkauft der Tourist Shop.*

Reise in die Vergangenheit

Vor mehr als 800 Jahren entstand Middelburg. **Historama Abdij Middelburg** ist in den Gängen der Abtei aus dem 13. Jahrhundert untergebracht. In diesen historischen Gemäuern gehen Sie auf eine Zeitreise: Sie verfolgen den Bau der Stadt, lernen Fürsten und Statthalter kennen, werden Zeuge von Krieg und Frieden, Macht und Ohnmacht und erfahren Interessantes über die Rolle der Kirche in der Gesellschaft der damaligen Zeit.

© Gemeente Middelburg, Fotograf Jacqueline Pruijsers

Bei der Stadtführung: Das prachtvolle Rathaus von Middelburg

Ⓜ *Historama Abdij Middelburg, Abdij 9, 4331 BK Middelburg. ✆ 0031-118/616448. www.vvvzeeland.nl. **Bahn/Bus:** Ab Zentrum Beschilderung Abdij folgen. **Auto:** Parkhaus P4 (Blauwedijk/Kousteensedijk) oder P2 (Supermarkt Albert Heijn). **Zeiten:** April – Okt Di – Sa 11 – 17, So 12 – 17 Uhr. **Preise:** Pers ab 13 Jahre 4 €; Kinder 4 – 12 Jahre 1 €.*

Hoch hinaus in Middelburg

Im historischen Zentrum von Middelburg überragt der 90,5 m hohe Turm der Abtei mit dem schönen Namen **De Lange Jan** die umliegenden Gebäude. Das achtkantige Bauwerk wurde in der zweiten Hälfte des 14. Jahrhunderts erbaut. Steigen Sie die 207 Stufen hinauf, erreichen Sie die Mitte des Turms. Von dort werden Sie mit einem herrlichen Blick über Middelburg belohnt. Bei guter Sicht können Sie in der Ferne sogar die zeeländischen Inseln sehen.

🎵 **Jazz Eetcafé Desafinado,** Koorkerkstaart 1, AW Middelburg. ✆ 0031-118/640767. www.desafinado.nl. Di – Sa 12 – 14.30 und 17.30 – 21.30 Uhr. Umfangreiche Bierkarte, Jazzmusik.

*Im 17. Jahrhundert sah ein betrunkener Middelburger die Reflektion des Mondes über dem **Langen Jan** als Brand an und alarmierte die Feuerwehr. Seitdem heißen die Middelburger »Manenblussers« (Mond-Löscher).*

🔵 **Abteiturm De Lange Jan,** *Onder den Toren 1, 4331 BD Middelburg. ✆ 0031-118/612525. www.lange-janmiddelburg.nl. info@langejanmiddelburg.nl.* **Bahn/Bus:** *Ab Bhf Middelburg 450 m Fußweg.* **Auto:** *Innenstadt/Zentrum.* **Zeiten:** *April – Juni und Sep – 1. Woche Nov Mo 13 – 16, Di – So 10 – 16 Uhr, Juli – Aug täglich 10 – 17 Uhr.* **Preise:** *4 €; Kinder bis 4 Jahre frei; Online-Karte und Gruppen ab 20 Pers pro Person 3,40 €.*

Kunst- und Kulturroute Middelburg

Jeden ersten Sonntag des Monats öffnen 30 verschiedene Galerien und Ateliers im zeeländischen Middelburg 13 – 17 Uhr ihre Pforten für Kunstliebhaber. Dabei werden unterschiedlichste Genres gezeigt: von Landschaftsgemälden bis abstrakter Bildhauerei, aber auch Kunsthandwerk in Zusammenhang mit Hüten und Schmuck. Die teilnehmenden Museen und Galerien sind an einer blauen Flagge mit einem weißen Buchstaben K zu erkennen. Mai – September werden zusätzlich verschiedene Programme im Freien organisiert.

➲ *Middelburg. ✆ 0031-118/468313. www.infomiddelburg.nl/kunstroute.htm.* **Zeiten:** *1. So des Monats 13 – 17 Uhr.* **Preise:** *frei.*

Grachtenrundfahrt

Nicht nur in Amsterdam, auch in Middelburg können Sie Grachtenrundfahrten unternehmen. Ab dem Kai der Reederei geht die Fahrt in offenen Booten durch die Kanäle. Middelburg war im 17. Jahrhundert, dem sogenannten Goldenen Zeitalter, eine bedeutende Stadt der *VOC* (Niederländischen Ostindien Kompanie). Dies wird an zahlreichen gut erhaltenen Gebäuden und Lagerhäusern deutlich, die Sie auf Ihrer Rundreise bewundern können.

➲ **Rondvaart Middelburg,** *Achter de Houttuinen 39, 4331 BD Middelburg. ✆ 0031-118/643272. www.rondvaartmiddelburg.nl. info@rondvaartmiddel-*

KULTURSTÄDTCHEN AARDENBURG

Der Ort gehört zu Sluis und liegt in Seeländisch Flandern. Einige alte Häuser haben die Kriegszerstörungen von 1944 überstanden. Das **Heimatmuseum** ist wegen der archäologischen Funde ebenso sehenswert wie die **Sankt-Bavokirche** aus dem Jahr 1243. Sie beherbergt eine Orgel mit einem prächtigen, mehrstöckigen Gehäuse.

DER BESONDERE TIPP

Escargotkwekerij & Restaurant in den Wijngaard

Hier wachsen Millionen von **Weinbergschnecken** heran, um auf den Speisekarten der Gourmetrestaurants zu enden. Eine Betriebsbesichtigung beim Züchter beginnt mit der Verkostung einer solchen, gefolgt von einer Diapräsentation über Schnecken und deren Fortpflanzung. Anschließend wird die Zuchtanlage besichtigt. Sie bekommen die Gelegenheit, die als Delikatesse geltenden Weichtiere zu kaufen. Verschiedene Arrangements für Gruppen werden nach Terminabsprache angeboten.

Escargotkwekerij & Restaurant in den Wijngaard, Smedekensbrugge 30a, 4527 GE Aardenburg. ✆ 0031-117/491236, www.indenwijngaard.eu. info@indenwijngaard.eu. **Auto:** An der N251 zwischen Aardenburg und Maldegem, ins Navigationssystem Schependomseweg, Eede eingeben. **Zeiten:** Führung nach Absprache. **Preise:** 6,50 € Führung mit Verkostung, Hauptgericht ab 15,95 €, 6 Weinbergschnecken in Kräuterbutter mit Baguette 7,50 €.

© Escargotkwekerij in den Wijngaard

ℹ VVV Broschürenservice, *Marktstraat 18, 4527 CL Aardenburg. ✆ 0031-117/492888. www.aardenburg-cultuurstad.nl. sluis@vvvzvl.nl.* **Bahn/Bus:** *Ab Fährhafen Breskens Bus 42 Richtung Brugge (Brügge) bis Draaibrug in Aardenburg.* **Auto:** *N251 (Marktstraat).* **Zeiten:** *Mai – Okt Di – Fr 10 – 12 und 13.30 – 17 Uhr.*

Archäologisches Museum

Das Museum ist standesgemäß in einem denkmalgeschützten **Patrizierhaus** aus dem 17. Jahrhundert untergebracht. In dem Zeitraum vom Ende der 50er bis in die 70er Jahre des letzten Jahrhunderts wurden bei Ausgrabungen in und um die älteste Stadt *Zeelands* etwa 750 archäologische Stücke gefunden. Ausgestellt sind 6500 Jahre alte Pfeilspitzen, Teller und Kratzeisen sowie die Gebeine eines germanischen Kriegers. Einen römischen Händler mit seiner Familie und einen Soldaten aus jener Zeit lernen Sie im Ausstellungsraum zum Thema Römer kennen. Hier werden Vasen, Fragmente von Dachpfannen und das typische Schuhwerk der Römer, die Sandale, gezeigt. Im Mittelaltersaal bringen ein Pilger, ein Priester und die Familie eines Gastwirtes Ihnen diese umtriebige Zeit näher. Da Gebäudereste aus längst vergangener Zeit freigelegt wurden, finden Sie im Museumsgarten neben Kräutern, Bäumen und Sträuchern die Überreste eines römischen Tempels.

Ⓜ Archeologisch Museum, *Marktstraat 18, 4527 CL Aardenburg. ✆ 0031-117/492888, 457162. www.museumaardenburg.nl. archmus@zeelandnet.nl.* **Bahn/Bus:** *↗ Aardenburg.* **Auto:** *N251 (Marktstraat).* **Zeiten:** *April – Okt Di – Fr 10 – 12 und 13.30 – 17, Sa, So 13 – 17 Uhr.* **Preise:** *2 €; Kinder 4 – 14 Jahre 1 €; Gruppen ab 10 Pers 1 €.*

Ⓜ GaleRichel, Weststraat 38, BT Aardenburg. ✆ 0031-117/492784. www.galerichel.com. April – Sep Do – Di 13 – 17, Okt – März So 14 – 18 Uhr. Galerie: Gemälde, Aquarelle, Skulpturengarten.

RUND UMS IJSSELMEER

Landschaftskunst: Tulpenfelder im Flevoland
© Hans Zaglitsch

HISST DIE SEGEL!

Die frühere Zuiderzee wurde 1932 zum Schutz vor Überflutung durch den 32 km langen Afsluitdijk von der Nordsee getrennt. Dadurch entstand mit dem IJsselmeer und seinem Nebensee, dem Markermeer, ein fast 2000 qm großes, gezeitenloses Gewässer, das sich zum beliebtesten Segelrevier der Niederlande entwickelt hat.

☀ *Der Herrgott erschuf Himmel und Erde – doch die Niederländer schufen die Niederlande. So lautet ein Spruch, der sich auf die Entstehung der Provinz Flevoland bezieht.*

Sowohl an der nordholländischen als auch an der friesischen Seite des IJsselmeers liegen hübsche Städtchen mit altholländischem Flair und hervorragender Infrastruktur. Teile des IJsselmeers wurden trockengelegt. In den 1960er Jahren entstanden auf dem so gewonnenen Land die Provinz **Flevoland** und der **Noordoostpolder.** Im Gegensatz zu den idyllisch anmutenden Orten in Friesland und Nordholland sind die Städte und Dörfer Flevolands Paradebeispiele für moderne Städteplanung und -architektur.

HANSESTADT ZWOLLE

Die Provinzhauptstadt von *Overijssel* liegt im Mündungsgebiet von *Vecht* und *IJssel.* Sehenswert ist

FESTKALENDER

Jeden Monat:	Lelystad: letzter So 14 – 17 Uhr, **Tag der offenen Kunstateliers.**
	Almere: **Floriade,** Blumenfest alle 10 Jahre, 2022.
Pfingstmontag:	Bolsward: **Elfstädte Fahrradtour,** www.11steden.nl.
Juni:	Lelystad, Observatorium: **Sunfest Flevoland** am 21.
August:	Harderwijk: letztes Wochenende, **Fischereitage,** Fest mit Aktivitäten rund um die Fischerei.
	Makkum: jedes 2. Jahr, **Fischereitage,** Vorführungen und Feiern mit Bezug zur Fischerei.
Dezember:	Enkhuizen: Sa Mitte des Monats, **Enkhuizen bij kaarslicht,** tausende Kerzen tauchen das Gebiet um die Breedstraat/Zuiderhavendijk/Dijk/Drommedaris in eine besondere Atmosphäre, Musik und Gesang, 19 – 21 Uhr.

die **St.-Michael-Kirche,** die 1370 – 1446 im gotischen Stil erbaut wurde. Sie besitzt eine Schnitger-Orgel und ist Mai – Mitte Oktober zur Besichtigung geöffnet. Zwolle unterhält seit 1963 eine Städtepartnerschaft mit der westfälischen Stadt Lünen.

🛈 *VVV Zwolle, Grote Markt 20, 8011 LW Zwolle. ✆ 0031-38/4216198. www.vvvzwolle.nl. info@vvv-zwolle.nl. Bahn/Bus: Bhf Zwolle Bus 70 Richtung Zwolle bis Eekwal/Centrum, Zwolle. Auto: A28 Ausfahrt 19 Zwolle-Centrum, Beschilderung Centrum folgen. Zeiten: Mo 13 – 17 Uhr, Di – Fr 10 – 17 Uhr, Sa 10 – 16 Uhr.*

© Hans Zaglitsch

Zeugen von hanseatischem Wohlstand: Herrenhäuser in Zwolle

Mit dem Fahrradtaxi durch die Stadt

Eine Fahrt mit dem Fahrradtaxi durch Zwolle ist komfortabel, umweltfreundlich und macht obendrein viel Spaß. Wer diese Art des Transports genießen möchte, kann ohne Hemmungen eine der modernen Rikschas, sofern sie frei sind, auf der Straße anhalten. Empfehlenswert ist eine einstündige Rundfahrt durch Zwolle. Dabei werden Ihnen die schönsten Ecken der Stadt gezeigt. Es steht ein Fahrradtaxi mit spezieller Vorrichtung für Rollstuhlfahrer zur Verfügung. Wer ein Ziel außerhalb der Stadt ansteuern möchte, sollte vorab Kontakt aufnehmen.

➲ *Fietstaxi Zwolle, Arjan Kok, Enkstraat 37, 8012 VA Zwolle. ✆ 0031-6/55713523. www.fietstaxi-zwolle.nl. arjan@fietstaxizwolle.nl. Bahn/Bus: Bhf Zwolle, links Stationsplein, links Terborchstraat, rechts Zuiderkerkstraat, Straße überqueren auf Enkstraat. Auto: P1 – Stationsplein 1. Preise: Rundfahrt 1 Pers 20 €, 2 Pers 30 €, normale Taxifahrt 1 € pro 3 Min und Pers oder vereinbarter Preis. Infos: Es steht ein Rollstuhlfahrrad zur Verfügung.*

GooodyFooods, Potgietersingel 1, NA Zwolle. ✆ 0031-38/4225450. www.gooody-fooods.nl. Mo – Mi, Fr 8 – 19, Do 8 – 21, Sa 8 – 17 Uhr. Biologische Lebensmittel.

Kirche und Turm

Die Zwoller Kirche **Onze Lieve Vrouwebasiliek** trägt seit 1999 den Ehrentitel Basilika Minor. Dieser wurde ihr von Papst *Johannes Paul II.* anlässlich ihres

RUND UMS IJSSELMEER

600-jährigen Bestehens verliehen. Im Inneren ist religiöse Kunst in Form von Reliquien, Statuen und dem Schrein des Zwoller Mönchs *Thomas a Kempis* zu bewundern. Der Kirchturm, genannt **De Peperbus** (Der Pfefferstreuer) oder Onze Lieve Vrouwetoren, befindet sich im Besitz der Stadt Zwolle. Er ist 75 m hoch und hat 51 Glocken. Insgesamt sind 236 Stufen zu überwinden, um die Aussicht auf 50 m Höhe genießen zu können.

🕐 *Onze Lieve Vrouwe Basiliek en Peperbustoren, Ossenmarkt 10, 8011 MS Zwolle. ✆ 0031-38/ 4220397. www.peperbus-zwolle.nl. basiliekwacht@ parochie-thomasakempis.nl. **Bahn/Bus:** Bhf Zwolle Bus 1, 2, 5, 71 oder 100 bis Eekwal/Centrum. **Auto:** Kostenpflichtige Parkplätze im Umkreis der Kirche. **Zeiten:** Nov – April Mo – Sa 13.30 – 15.30 Uhr, Mai – Okt Di – Sa 11 – 16.30 Uhr. **Preise:** Turm 2,50 €; Kinder 4 – 12 Jahre Kirche frei, Turm 1 €. **Infos:** Kinder nur in Begleitung eines Erw. Gruppen ab 10 Pers werden gebeten, sich vorab anzumelden.*

Das Nikolausmuseum

Versteckt in einem Keller unter dem Spielwaren- und Festartikelgeschäft von *Meinesz en Bennesz* liegt ein bemerkenswertes Museum. Dort wird auf eine Fläche von 16 qm alles präsentiert, was in irgendeiner Art einen Bezug zum **Sinterklaas** hat. So wird der Nikolaus in den Niederlanden genannt. Da steht Kunst neben Kitsch; es gibt LPs und Bücher, Zeichnungen, Ikonen und Münzen. Ein viel vertretener Geselle ist der Mohr mit dem Namen *Zwarte Piet*. Der treue Gehilfe des Nikolaus kommt in dessen Gefolge auch schon einmal in größerer Zahl vor.

Ⓜ *Sinterklaasmuseum, Assendorperstraat 82, 8012 CB Zwolle. ✆ 0031-38/4211399. www.sinterklaas-museum.com. sinterklaasmuseum@hotmail.com. **Bahn/Bus:** Bhf rechts Stationsplein, links Terborchstraat, rechts Zuiderkerkstraat, am Ende Straße überqueren und auf Enkstraat, Verlauf folgen bis Ende, dann rechts. **Auto:** ANWB-Beschilderung Centrum/*

H-Weezenlanden folgen. **Zeiten:** *Mo 13 – 18 Uhr, Di, Mi, Fr 9.30 – 18 Uhr, Do 9.30 – 21 Uhr, Sa 9.30 – 17 Uhr.* **Preise:** *0,50 € pro Person.* **Infos:** *Der Erlös aus den Eintrittsgeldern wird einmal im Jahr zum Nikolaustag für einen guten Zweck verwendet.*

HANSESTADT KAMPEN

Die Hansestadt mit etwa 51.000 Einwohnern liegt an der Mündung des Flusses *IJssel* ins *IJsselmeer* und kann fast 500 Denkmäler vorweisen. Dazu gehören die Reste der Stadtmauer und die **St. Nicolaaskerk** aus dem 12. Jahrhundert. Sehenswert ist neben der **Hinsz-Orgel** der Grabkeller, in dem führende Bürger der Hansestadt ihre letzte Ruhestätte fanden. Auch Wassersport spielt eine wichtige Rolle. In und um die Stadt liegen zehn **Jachthäfen.**

ℹ **VVV Kampen,** *Oudestraat 41 – 43, 8261 CD Kampen. ✆ 0031-38/3322522. www.vvvijsseldelte.nl. kampen@vvvijsseldelta.nl.* **Bahn/Bus:** *Bhf Kampen*

*Der Groninger Orgelbauer Albertus **Antonius Hinsz** (1704 – 1785) führte die Orgelwerkstatt Arp Schnitgers (1648 – 1719) nach dessen Tod erfolgreich weiter.*

*Brücke Stadsbrug überqueren, links auf IJsselkade,
rechts Koornmarkt. **Auto:** N50 Ausfahrt Flevoweg,
wird im Verlauf zu Meeuwenweg, rechts Burgwal,
links Burgwalstraat, Oudestraat. **Zeiten:** Mo 10 – 18,
Di – Do 9 – 18, Fr 9 – 21, Sa 9 – 17 Uhr.*

Das denkmalgeschützte Hotel

➡ Das Hotel ist ein
idealer Startpunkt
für Radtouren entlang der
IJssel, über die Kamper
Insel oder um das IJssel-
meer.

Das Drei-Sterne-Hotel in einem denkmalgeschützten Haus aus dem Jahr 1875 liegt am Fluss *IJssel*.
Es bietet 18 ruhige und komfortable Zimmer mit Dusche, Toilette, Telefon und Fernseher. Zu den Annehmlichkeiten gehören eine gemütliche Bar und
ein Speisesaal.

🏠 ✉ ***Hotel van Dijk*** ✳ ✳ ✳, *IJsselkade 30, 8261 AC Kam-
pen. ✆ 0031-38/3314925. www.hotelvandijk.nl.
info@hotelvandijk.nl. **Bahn/Bus:** Bhf Kampen Brücke
Stadsbrug überqueren, links auf IJsselkade. **Auto:**
Kostenlos parken in der Umgebung des Bhf. **Preise:**
ÜF DZ 87,50 €.*

Prächtige Heiligenbilder der Ostkirchen

🔵 Im Museumsshop
im Eingangsbereich
stehen Miniaturikonen
und Ansichtskarten mit
Ikonenmotiven zum Ver-
kauf.

Ikonen sind kunstvoll auf Holz gemalte und meist
mit Echtgold verzierte Heiligenbilder der orthodoxen
Ostkirche. Motive sind Christus, Maria sowie die
Apostel und Heiligen. Im Gebäude des ehemaligen
Klosters der Bettelmönche des Franziskanerordens
ist seit 2005 das einzige Ikonenmuseum der Niederlande untergebracht. Die Dauerausstellung umfasst 170 Ikonen aus dem Besitz einer Stiftung. In
den ehemaligen Klosterzellen sind von Zeit zu Zeit
zusätzlich bis zu 500 Leihgaben aus Russland,
Griechenland, Rumänien, Bulgarien und Äthiopien
zu sehen. Im Museum finden darüber hinaus Veranstaltungen mit Bezug zu den genannten Ländern
wie Auftritte eines Kosakenchors statt.

Ⓜ ***Ikonenmuseum Kampen**, Buiten Nieuwstraat 2,
8261 AV Kampen. ✆ 0031-38/3858483. www.iko-
nenmuseumkampen.nl. info@alexanderstichting.nl.
Bahn/Bus: Bhf Kampen Brücke Stadsbrug überque-*

© Ikonenmuseum

ren, geradeaus Vispoort, rechts Oudstraat, links Broe-
derstraat, rechts Botermarkt. **Auto:** *Parken in der*
direkten Umgebung des Bhf gratis. **Zeiten:** *Di, Mi*
13 – 17, Do – Sa 10 – 17 Uhr. **Preise:** *7 €; Kinder bis*
12 Jahre frei.

Schlichte Räume, große
Wirkung: Im Ikonen-
museum Kampen

Aufblasbarer Staudamm

Drei Kissen von je 80 m Länge und einem Durchmesser von 8 m liegen nördlich von Kampen an einem Seitenarm des *IJsselmeers* auf dem Grund des
Wassers. Auf diese Weise behindern sie den
Schiffsverkehr nicht. Der im Jahr 2002 installierte
Schutz vor Überflutung ist weltweit der größte seiner Art und kommt durchschnittlich einmal pro Jahr
zum Einsatz. Wer sich zu dem Zeitpunkt in der Gegend aufhält, sollte dem spektakulären Ereignis zu-
schauen. Innerhalb einer Stunde werden 3,5 Millionen Liter Luft und ebenso viel Wasser in die Rie-
senballons gepumpt. Die gewaltigen Kissen richten
sich auf und trennen so die lang gestreckten Bin-
nenseen *Zwartemeer* und *Ketelmeer* voneinander
ab. Im Informationszentrum wird anhand von Mo-

Restaurant de Bot-
termarck, Broeder-
straat 23, GN Kampen.
✆ 0031-38/339542.
www.debottermarck.nl.
Di – Fr 18 – 22, Sa 17 –
22 Uhr. Regionalproduk-
te, ökologisches Menü
35 €.

dellen, Tafeln und Filmen gezeigt, wie der Staudamm funktioniert.

🕐 *Waterschap Groot Salland, Balgweg 1, 8267 BB Kampen. ✆ 0031-38/4557200. www.wgs.nl/veiligedijken/balgstuw-waterkering. info@wgs.nl. Auto: N50 Richtung Emmeloord. Zeiten: Nach vorheriger Absprache. Preise: frei zugänglich.*

LUTTELGEEST

Luttelgeest mit seinen etwa 2000 Einwohnern liegt am Ostrand des Polders. Die Top-Sehenswürdigkeit des Ortes ist einer der größten Orchideenparks von Europa. In der Umgebung des Dorfes finden Sie Obstgärten, zahlreiche Gewächshäuser mit Gemüse und Blumen sowie grüne Viehweiden. Nicht weit entfernt liegt der Wald **Kuinderbos** mit zahlreichen Rad- und Wanderwegen.

Eine Weiß-Grün beschilderte, 30 km lange Mountainbike-Route führt durch den Kuinderbos. Karte und Infos www.staatsbosbeheer.nl/activiteiten/noordoostpolder/atb-route%2 0kuinderbos.aspx.

ℹ️ *VVV Noordoostpolder, De Deel 25a, 8302 EK Emmeloord. ✆ 0031-527/612000. www.vvvnoordoostpolder.nl. info@vvvnoordoostpolder.nl. Bahn/Bus: A6 Ausfahrt 15 links auf N351, Beschilderung Emmeloord. Zeiten: Mo 12 – 17, Di – Fr 10 – 17, Sa 10 – 16 Uhr. Infos: Das VVV befindet sich in Emmeloord und ist lediglich für Luttelgeest zuständig.*

Orchideenpracht

Im **Orchideenhof** herrscht bei einer konstanten Temperatur von 21 Grad eine exotische Atmosphäre. Hier wachsen und blühen 1200 Orchideenarten im nachgebauten Urwald. Besucher durchqueren einen Tropengarten, einen malaysischen Regenwald und einen taiwanesischen Garten. Seit einiger Zeit beherbergt die Orchideeën Hoeve das größte Schmetterlingshaus Europas. Dort leben auch Reptilien, Fische, Vögel und Schildkröten. Seit Oktober 2010 tummeln sich in dem neu eröffneten Papageiengarten 80 farbenfrohe Loris.

Für eine Rast bietet das Selbstbedienungs-Restaurant im Dschungelstil Erfrischungen an.

🕐 *Orchideeën Hoeve, Oosterringweg 34, 8315 PV Luttelgeest. ✆ 0031-527/202875. www.orchideeen-*

© Orchideeën Hoeve Luttelgeest

hoeve.nl. info@orchideeenhoeve.nl. **Bahn/Bus:** *Nur Mo – Fr ab Bhf Steenwijk Bus 76 Richtung Marknes-se bis Orchideeën Hoeve.* **Auto:** *A6 Richtung Emme-loord/Lemmer, Ausfahrt 16 Bant/Luttelgeest, rechts und dann 2 km geradeaus.* **Zeiten:** *Mo – Sa 9 – 18, So 11 – 18 Uhr.* **Preise:** *9,50 €; Kinder 5 – 10 Jahre 4,50 €; Senioren ab 65 Jahre 8,50 €.*

Eine Nacht im Kloster: Erholung für Körper, Geist und Seele

Das Kloster bietet unter bestimmten Voraussetzungen **Übernachtungsmöglichkeiten** für Pilger an. Es können höchstens vier Personen maximal zwei Nächte in der Pilgerunterkunft untergebracht werden. Dabei wird von den Gästen erwartet, dass sie an den Gottesdiensten teilnehmen und einen freiwilligen Betrag für ihren Aufenthalt zahlen. Interessenten nehmen am besten vorab telefonisch oder per eMail Kontakt mit *Vater Jewsewy* auf. Für interessierte Gruppen von mindestens acht Personen werden Führungen angeboten.

🔺 **Russisch Orthodox Klooster van de Heilige Niko-laas,** *Buorren 18, 8584 VC Hemelum.* ✆ *0031-514/ 581537. www.kloosterhemelum.nl. info@kloosterhe-melum.nl.* **Bahn/Bus:** *Ab Bhf Stavoren Bus 103 bis Hemelum.* **Auto:** *N359 Richtung Koudum, links auf Flinkeboskje, Walikkers, Hegewei.* **Preise:** *Ü freiwil-*

☀ *Wussten Sie schon? Es wird vermutet, dass die Verehrung des heiligen Niko-laus von Kreuzrittern in die Niederlande gebracht wurde.*

*liger Beitrag, Führung (max. 10 Pers) 30 Min 3,50 €
pro Person, Standardführung 1,5 Std inkl. Kaffee
oder Tee 6,50 € pro Person.* **Infos:** *Beim Besuch der
Kirche wird um angemessene Kleidung gebeten.*

WASSERSPORT PAR EXCELLENCE IN STAVOREN

FrieseVloot,
Stationsweg 5, ZH
Stavoren. ✆ 0031-514/
681161. www.frie-
sevloot.nl. nach Vereinba-
rung. 22 Segelschiffe,
buchbar für Gruppen,
Törns 510 – 6250 €.

Stavoren am Ostufer des *IJsselmeers* bildet auf
Grund seiner Lage einen wichtigen Zugang zum friesischen Seengebiet. Der Ort bietet Wassersportlern
dann auch eine hervorragende Infrastruktur. Im malerischen Ortskern steht das Standbild der **Frau von
Stavoren.** Der Sage nach handelt es sich um eine
reiche Kaufmannswitwe aus dem 13. Jahrhundert,
die ihr Geld mit vollen Händen ausgab und schließlich als Bettlerin endete.

❶ **TIP Stavoren,** *Stationsweg 7, 8715 ES Stavoren.
✆ 0031-514/682345. www.stavoren.nl/vvv.
vvv@stavoren.nl.* **Bahn/Bus:** *Am Bhf Stavoren.* **Auto:**
Beschilderung Haven/Station. **Zeiten:** *Mo – Sa
9.15 – 12, 13.30 – 18 Uhr, So 9.15 – 10.30, 13.30 –
14.30, 17.30 – 18 Uhr.*

*Erzeugen das charakte-
ristische Seglergeläut:
Hoch ragen die Maste
der Segelboote in den
IJsselmeerhimmel*

Nicht nur für Weinliebhaber:
Schlafen im Weinfass

Das Hotel **De Vrouwe van Stavoren** bietet nette Hotelzimmer für Übernachtungsgäste an. Der Clou sind jedoch vier überdimensionale, begehbare Weinfässer aus der Schweiz mit einem Fassungsvermögen von 15.000 Litern pro Fass. In diesen sehr ungewöhnlichen Übernachtungsmöglichkeiten stehen je zwei Einzelbetten, TV, Radio, Telefon sowie Dusche und WC zur Verfügung.

♠☒ *Hotel Vrouwe van Stavoren, Havenweg 1, 8715 EM Stavoren. ✆ 0031-514/681202. www.wijnvat.com. info@hotel-vrouwevanstavoren.nl. **Bahn/Bus:** Bhf Stavoren rechts auf Havenweg, links Noord, rechts Havenweg. **Auto:** Beschilderung Station/Haven. **Preise:** Ü 2 Pers im Weinfass mit Sitzecke, Dusche, WC 119,50 €.*

KOUDUM

Das Dorf gehört zu *Nijefurd,* liegt in landwirtschaftlich geprägtem Gebiet und zählt etwa 2700 Einwohner. Zu den Sehenswürdigkeiten gehört die Kirche **Hervormde Kerk** mit protestantischem Interieur. Das Gotteshaus in seiner heutigen Form wurde 1849 als vierte Kirche an derselben Stelle gebaut. Neben der **Kornmühle De Vlijt** in der Molenbuurt gibt es hier auch die amerikanische Windmühle **Hercules Metallicus** aus dem Jahr 1925. Sie liegt zwischen Koudum und Molkwerum, ist im Besitz der hiesigen Mühlenstiftung und kann nach Absprache besichtigt werden. Koudum ist überdies ein idealer Ausgangspunkt für **Wassersporturlaub.** Liegeplätze für Boote sind vorhanden.

🛈 *VVV Koudum, Hoofdstraat 10, 8723 BH Koudum. ✆ 0031-514/521294. www.friesekust.nl. info@friesekust.nl. **Bahn/Bus:** Bhf Hindeloopen Bus 44 Richtung Lemmer bis Centrum, Koudum. **Auto:** N359,* *links auf Tjalke van der Walstraat.* **Zeiten:** *Mo – Fr 8.30 – 12.30, 13.15 – 18, Sa 8.30 – 17 Uhr.* **Infos:** *Die Tourist-Info ist in einer Buchhandlung untergebracht.*

Das schwimmende Ferienhaus

Von offenen Schaluppen bis zu **Hausbooten** für zwei bis zwölf Personen vermietet Friesland Boating die

gesamte Palette an Booten und Schiffen. Die Wasserfahrzeuge sind führerscheinfrei zu bedienen. Jedoch bekommen Sie eine gründliche Einweisung und auf Wunsch auch eine begleitete Probefahrt. Die Hausboote sind komplett eingerichtet und ausgestattet. Lediglich Schlafsäcke und Handtücher müssen von zu Hause mitgebracht werden.

Die Ruhe genießen: Auf dem Hausboot perfekt

🔺 **Friesland Boating,** *De Tille 5 – 7, 8723 ER Koudum.* ℂ *0031-514/522607. www.friesland-boating.de. info@friesland-boating.nl.* **Auto:** *N359 Koudum, am nordwestlichen Dorfrand, kostenloser Parkplatz.* **Zeiten:** *März – Aug.* **Preise:** *Hausboot 517 – 2650 € je nach Schiffsgröße und Saison.* **Infos:** *Es muss eine Kaution von 600 € hinterlegt werden.*

BOLSWARD

Der 9700-Einwohner-Ort liegt 12 km westlich von *Sneek* und ist eine von elf Städten der berühmten friesischen **Eisschnelllaufroute.** In der historischen **Altstadt** mit ihren Grachten liegen das **Rathaus** aus den Jahren 1614 – 1617 sowie die sehenswerte Kirche **Martinikerk.** Sie ist bekannt für ihre Hinsz-Orgel und die hübschen Holzschnitzereien. Das Museum Gysbert Japicxhûs, in dem die Tourist-Info untergebracht ist, widmet sich der friesischen Sprache. An jedem Pfingstmontag ist Bolsward Start und

💥 *Die traditionelle* **Elfstedentocht** *ist eine fast 200 km lange Eislaufroute über zugefrorene Kanäle. Die Strecke führt an elf friesischen Städtchen entlang.*

Ziel einer **Elfstädtetour** auf dem Rad, www.11ste-den.nl.

🛈 **VVV Bolsward,** *Wipstraat 6, 8701 HZ Bolsward.*
℘ 0031-515/5739990. www.gysbertjapicx.nl.
ynfo@gysbertjapicx.nl. **Bahn/Bus:** *Bhf Harlingen Bus*
99 Richtung Heerenveen bis Bargefenne, Bolsward.
Auto: *Im Zentrum.* **Zeiten:** *Mo 13.30 – 17, Di – Fr 9 –*
12.30, 13.30 – 17, Sa 13.30 – 16 Uhr. **Preise:** *Muse-*
um 2 €.

Friesische Whiskybrennerei

Seit seinem Praktikum bei einer schottischen Whis-
kybrennerei im Jahr 1999 hat den **friesischen** Bier-
brauer *Aart van der Linde* die Leidenschaft für das
hochprozentige Getränk nicht mehr losgelassen.
Aus diesem Grund wird seit 2002 in Bolsward der
viel gelobte Single-Malt-Whisky mit dem klangvollen
Namen »Frysk Hynder« gebrannt. Nach zweimaligem
Destillationsprozess reift der Whisky in Wein-, Co-
gnac- oder Sherryfässern. Sie können die Brennerei
besichtigen und an einer Führung teilnehmen.

🕐 **Us Heit Distillery,** *Snekerstraat 43, 8701 XC Bols-*
ward. ℘ 0031-515/577449. www.usheitdistillery.nl.
contact@usheitdistillery.nl. **Bahn/Bus:** *Ab Bushalte-*
stelle/Metrostation Harlingen Bus 99 Richtung Hee-
renveen bis Busstation Bolsward. **Auto:** *A7 Ausfahrt*
18 Bolsward-Oost, rechts auf Kloosterlaan, Kreisver-
kehr 3. Ausfahrt Snekerstraat. **Zeiten:** *Do, Fr 15 – 18*
Uhr (Führung 16 Uhr), Sa 10 – 18 Uhr (mehrere Füh-
rungen). **Preise:** *Führung 8,50 € inkl. Getränk (für*
Whisky wird 2,75 € extra berechnet) oder Führung
inkl. Verkostung von 4 Whiskys 22,50 €. **Infos:** *Füh-*
rungen nur nach vorheriger Reservierung.

☀ *Der erste friesische*
Statthalter Graf
Willem Lodewijk (1560 –
1620) wird als Vater aller
***Friesen** angesehen und*
friesisch »Us Heit« (Un-
ser Vater) genannt.

MAKKUM

Das Ortsbild des traditionellen Fischerdorfes ist geprägt von historischen **Kaufmannshäusern** mit
prächtiger Fassade und Ornamenten. Bei **Wassersportlern** ist Makkum beliebt wegen der unzähligen
Möglichkeiten. Der Freizeit- und Bungalowpark **De**

Ferienpark De Holle Poarte, De Holle Poarte 2, HC Makkum.
☎ 0031-515/231344. www.hollepoarte.nl. März – Okt. Campingplatz 2 Pers Aug 21,50 €.

Holle Poarte liegt direkt am IJsselmeer und verfügt über einen Strand, einen Campingplatz, Ferienhäuser und einen Boulevard.

ℹ️ *VVV Makkum, Kerkstraat 2f, 8754 CS Makkum.
☎ 0031-515/231385. www.tip-makkum.nl.
Bahn/Bus: Bhf Hindeloopen Bus 102 Richtung Makkum bis Dominee L Touwenlaan. **Auto:** Makkum Zentrum. **Zeiten:** Mo – Do 14 – 18, Fr 14 – 20 Uhr. **Infos:** Die Tourist-Info befindet sich in der örtlichen Bibliothek.*

💥 *Auch Sie können sich an verschiedenen Stellen im Ort in dieser Tracht fotografieren lassen.*

Echt: Viele Volendamer tragen noch heute die traditionelle Tracht

VOLENDAM – FISCHERDORF MIT TRADITION

Das touristisch geprägte Fischerdorf gehört zu *Edam* und ist bekannt für seine **Trachten,** Holzhäuser und Klappbrücken. Geschäfte und Gastronomie sind in großer Zahl vorhanden. März – Oktober verkehrt ein **Ausflugsboot** zur ehemaligen Zuiderzeeinsel **Marken.** Vielerorts können Besucher sich in Volendamer Tracht fotografieren lassen.

ℹ️ *VVV Volendam, Zeestraat 37, 1131 ZD Volendam. ☎ 0031-299/363747. www.vvv-volendam.nl. info@vvv-volendam.nl. **Bahn/Bus:** Bhf Purmerend Bus 110 oder 118 Richtung Amsterdam CS bis Zeestraat Volendam. **Auto:** Am Ortseingang von Volendam liegt hinter dem 1. Kreisverkehr der Marinapark von Roompot. Dort kostenloser Autoparkplatz. **Zeiten:** Mitte März – Okt Mo – Sa 10 – 17, So 11 – 16, Nov – März Mo – Sa 10 – 15 Uhr.*

© NBT

Bierbrauerei Volendam

In der Brauerei aus dem Jahr 2000 wird auf althergebrachte Weise Gerstensaft hergestellt. Zur Zeit stehen sieben verschiedene Biere zur Auswahl. Sie werden in Flaschen von 75 cl abgefüllt. Auch Bierfässchen von 20, 30 oder 50 Liter sind erhältlich. Besichtigungen sind mit einer Führung inklusive Bierverkostung möglich.

🕐 *Bierbrouwerij 't Vø\len Volendam, Morseweg 12, 1131 PK Volendam. Handy 00316/53560875. www.bierbrouwerijvolendam.nl. kees.jonk@planet.nl. Auto: Am östlichen Ortsrand. Zeiten: Täglich 10 – 22 Uhr, nur nach Terminabsprache. Preise: Führung inkl. 2 Gläser Bier 8,50 €, mit 5 Gläsern Bier 11,50 €.*

➜ Mi um 14 Uhr findet ein geführter Spaziergang durch Volendam statt. Die Mindestteilnehmerzahl liegt bei 10 Personen, daher ist eine Reservierung nötig. 2,50 € pro Person.

Von Volendam nach Marken

Die Fahrt von Volendam zur Insel Marken dauert rund 30 Minuten. Am Ziel besteht die Möglichkeit, eine Marker Fischerhütte, ein Holzschuhmuseum, eine Käserei oder das **Marker Heimatmuseum** zu besuchen. In der **Inselkirche** sind Schiffsmodelle zu sehen, die von den Insulanern selbst angefertigt wurden. Die Rückreise nach Volendam ist alle 30 – 45 Minuten möglich.

➜ *Marken Express, Haven 39, 1131 EP Volendam. ✆ 0031-299/363331. www.markenexpress.nl. info@markenexpress.nl. Bahn/Bus: Bhf Purmerend Bus 110 oder 118 Richtung Amsterdam CS bis Zeestraat Volendam. Auto: Ab Zentrum Julianaweg in nördliche Richtung bis zum Deich, rechts auf Zeedijk und Noordeinde bis Haven. Zeiten: Mitte März – Okt, Abfahrten Volendam 11 – 17.30 Uhr alle 30 – 45 Min. Preise: 9,50 € (Hin- und Rückfahrt); Kinder 4 – 11 Jahre 6,50 €; Familie (2 Erw, 2 Kinder bis 16 Jahre) 27,50 €, Gruppen ab 25 Pers 7,75 €, Kinder 5 €.*

🅜 **Museum Marken,** Kerkbuurt 44 – 47, BL Marken. ✆ 0031-299/ 601904. www.markermuseum.nl. März – Okt Mo – Sa 10 – 17, So 12 – 16 Uhr. Heimatmuseum mit Lokalkolorit. 2,50 €, Kinder bis 12 Jahre 1,25 €.

Aalräucherei

Im Jahr 1856 gründete *Evert Smit-Bokkum* am Doolhofpad in Volendam eine Aalräucherei. Heute liegt der Betrieb direkt am Ufer des IJsselmeers, unmittelbar neben dem modernen Jachthafen *Het Marinapark*. Mittlerweile wird hier in der 5. Generation nach geheimem Familienrezept Aal geräuchert. Die

© Palingrokerij Smit-Bokkum

Räucherei hat aufgrund der Qualität ihrer Produkte landes- und weltweit eine große Bekanntheit erlangt. Für Gruppen ab 10 Personen werden 30-minütige Führungen angeboten. Am benachbarten **Muschelstrand** sind Skulpturen des Monnickendamer Künstlers *Rob Cerneüs* ausgestellt.

Aale, frisch aus dem Räucherofen

☒ **Paviljoen Smit-Bokkum,** Slobbeland 19, AA Volendam.
℡ 0031-299/363373.
www.smitbokkum.nl.
Di – Fr 10 – 23.30, Sa, So 10 – 0.30 Uhr.
Delikatessen aus dem Räucherofen.

◔ *Paviljoen Smit Bokkum, Slobbeland 19, 1131 AA Volendam.* ℡ *0031-299/363373. www.smitbokkum.nl. info@smitbokkum.nl. Bahn/Bus: Ab Bhf Edam Bus 316 Richtung Amsterdam CS bis Prinses Margrietstraat in Volendam. Auto: Beschilderung Slobbeland folgen, kostenloser Parkplatz. Zeiten: Führungen ab 10 Pers sind nach Absprache bis 16 Uhr möglich. Preise: 3,75 €.*

TV-STADT HILVERSUM

Hilversum ist umgeben von Wald, Heide, Wiesen und Seen. Die Stadt gilt als Rundfunk- und TV-Zentrum des Landes, denn zahlreiche Radio- und Fernsehstudios sind hier angesiedelt. Im Mediapark wurde 2005 ein Museum für Rundfunk und Fernsehen mit dem Namen Beeld en Geluid Experience (Bild und Ton Erfahrung) errichtet. Das **Rathaus,** erbaut 1928 – 1931 nach Plänen des Architekten *Dudok,* ist weit über die Stadtgrenzen hinaus bekannt. Die römisch-katholische Kirche **St. Vitus** mit ihrem 100 m hohen Turm ist ebenfalls einen Besuch wert.

Ⓜ **Beeld en Geluid Experience,** Sumatralaan 45, GP Hilversum.
℡ 0031-35/6775555.
www.beeldengeluid.nl.
Di – So 10 – 17.30 Uhr.
Interaktive Ausstellung zu den Themen Bild und Ton. 15,75 €, Kinder 6 – 12 Jahre 8 €.

❶ *VVV Hilversum, Kerkbrink 6, 1211 BX Hilversum.* ℡ *0031-35/6292810. www.vvvhilversum.nl. vvv@hilversum.nl. Bahn/Bus: Bhf Haarlem Bus 105 Richtung Bussum Station bis Kerkbrink. Auto: Ab N415 Soestdijkerstraatweg stadteinwärts, wird im Verlauf zur Emmastraat, rechts aus Achterom, links Kerklaan, 1. rechts Schapenkamp, links Bussumerstraat,*

*rechts Melkpad, links 's-Gravelandseweg, rechts Ou-
de Torenstraat, rechts Kerkstraat. **Zeiten:** Mo – Sa
10 – 17, So 12 – 17 Uhr.*

Botanischer Garten Costerus

Der 1200 qm große Garten ist nach seinem Grün-
der *Jan Costerus* (1849 – 1938), benannt. Der Bio-
logielehrer setzte sich aktiv für den Umweltschutz
ein, der zu jener Zeit noch kein vordergründiges Thema war. Vielmehr wurde ein Stück Land nach dem
agrarischen Nutzen, den man damit erzielen konnte, bewertet. Costerus zog nach seiner Pensionie-
rung 1920 von Amsterdam nach Hilversum und legte einen Garten mit einheimischen Pflanzen an. Der
Costerusgarten am Westrand der Stadt ist heute
Heimat vieler Pflanzen, Sträucher und Bäume, die
nach Familien angeordnet und mit Schildern versehen wurden. Diese informieren Besucher über den
Namen der Pflanzenfamilie und nennen überdies
den lateinischen und, falls bekannt, niederländischen Namen der betreffenden Pflanze.

🕐 *Stichting Botanische Tuin Dr. Costerus, Zonnelaan
4z, 1217 NG Hilversum. © 0031-35/6238479.
www.costerustuin.nl. info@costerustuin.nl. **Bahn/
Bus:** Bhf Hilversum Bus 105 Richtung Bussum bis
Koninginneweg, Hilversum. **Auto:** Stadtauswärts
Richtung Westen. **Zeiten:** Sonnenauf- bis -untergang
frei zugänglich. **Infos:** Der Eingang befindet sich links
neben dem Apartmentkomplex Schuttersheide.*

Flint-Stones's,
Hilvertsweg 104,
JK Hilversum. © 0031-
35/6231361. www.flint-
stones.nl. Mi – So
17.30 – 23 Uhr. Steingril-
len mit 12 Fleischsorten,
Beilagen.

ALMERE: MODERNE STADT AM WASSER

Die Stadt mit 185.000 Einwohnern wurde 1975 gegründet. Sie liegt 2 – 5 m unter dem Meeresspiegel
und besteht aus den sechs Stadtteilen *Almere Buiten, Almere Stad, Almere Haven, Almere Poort, Almere Pampus* und *Almere Hout.* Geplant ist eine Er-

☀ *Im Maritimen
Trainingszentrum
von Almere üben Offi-
ziere von internationalen
Kreuzfahrtschiffen das
richtige Verhalten in ge-
fährlichen Situationen
auf See.*

RUND UMS IJSSELMEER

Klare Luft: Winter-
spaziergang beim
Naturerlebniszentrum

☀ **Tipp:** Mai – Okt werden vom Museum Sa, So
10 – 17 Uhr Tagesausflü-
ge zur **Groene Kathedraal**
und weiteren Land Art
Projekten organisiert.
45 € inkl. Mittagessen.

weiterung um den Stadtteil *Almere Floriade* im Jahr
2022. Da Almere erst in den letzten Jahrzehnten
entstand, sind ausschließlich moderne Architektur-
stile im Ortsbild vertreten. Nordöstlich liegt das **Naturschutzgebiet Oostvaardersplassen,** eines der
bedeutendsten europäischen Feuchtgebiete.

ℹ **VVV Almere,** *Stadhuispromenade 1, 1315 XP Almere.*
℃ 0031-36/5485041. www.vvvalmere.nl. info@vvval-
*mere.nl. **Bahn/Bus:** Ab Bhf Almere Centrum von*
Busplein links auf Schoutplein, rechts auf Stations-
*straat bis Stadhuisplein. **Auto:** A6, Ausfahrt 5 Almere*
Stad, links auf S103, Kreisverkehr 2. Ausfahrt, Kreis-
verkehr 2. Ausfahrt, bei Schrijverstraat rechts, 1.
*links. **Rad:** LF20 Flevoroute. **Zeiten:** Mo 13 – 17, Di –*
*Sa 10 – 17, So 12 – 17 Uhr. **Infos:** Fahrradverleih.*

Moderne und zeitgenössische Kunst

Die silberfarbenen Gebäude **De Paviljoens,** Entwür-
fe der belgischen Architekten *Hilde Daeum* und *Paul
Robbrecht,* erinnern im Erscheinungsbild an Zugwaggons auf Stelzen. Ursprünglich wurden diese
Pavillons als Ausstellungsraum für die Documenta

1992 in Kassel entworfen. Nun beherbergen sie das Museum für moderne und zeitgenössische Kunst, Design, Architektur, Fotografie und Neue Medien. Renommierte Künstler wie *Marc Ruygrok, Tom Claassen* und *Yael David*s sind hier vertreten. Zum Museum gehören auch einige **Land Art** Projekte in der Provinz *Flevoland*.

🅼 *Museum De Paviljoens,* Odeonstraat 3, 1325 AL Almere. ✆ 0031-36/5450400. www.depaviljoens.nl. communicatie@depaviljoens.nl. *Bahn/Bus: Ab Bhf Almere Centrum über den Stationsplein auf Stationsstraat, dort Beschilderung folgen. Auto: Beschilderung De Paviljoens folgen. Zeiten: Mi – So 12 – 17 Uhr. Preise: 6 €; Kinder 13 – 17 Jahre 1 €.*

Das Zentrum für Architektur, Städtebau und Landschaft von Almere

Almere steht mit seiner jungen Stadtgeschichte und der damit verbundenen modernen Architektur im Fokus der nationalen und internationalen Aufmerksamkeit. Denn hier wurden aufsehenerregende Gebäude renommierter Architekten wie *Teun Koolhaas, Herman Hertzberger* und *Liesbeth van der Pol* errichtet. Das Zentrum für Architektur, Städtebau und Landschaft von Almere, **cASLa,** informiert Interessierte über die städtebauliche Vergangenheit und Zukunft. Zudem bietet es fachkundige **Stadtführungen** für Gruppen an. Die Stiftung cASLa hat eine eigene **Bibliothek.** Bücher und Zeitschriften aus der umfangreichen Sammlung können vor Ort eingesehen, jedoch nicht ausgeliehen werden.

🅑 *Casa cASLa,* Weerwaterplein 3, 1324 EE Almere. ✆ 0031-36/5386842. www.casla.nl. info@casla.nl. *Bahn/Bus: Bhf Almere Centrum Bus 1, 3 oder 156 bis Passage. Auto: Parkhaus Schippergarage, Brouwersstraat 1. Zeiten: Di – Sa 12 – 17 Uhr. Preise: Eintritt frei. Infos: Preise Stadtführung je nach Gruppengröße und gewünschtem Programm.*

cASLa verkauft im eigenen Geschäft Bücher und weiteres Infomaterial zu den Themen Architektur, Landschaft und Städtebau.

Orchideen-Pfau: Auf der Floriade gibt es Blumenkunst vom Feinsten zu sehen

Floriade

Die Floriade ist eine internationale Gartenausstellung gigantischen Ausmaßes, die seit den 1960er Jahren alle zehn Jahre April – Oktober in einer anderen niederländischen Stadt veranstaltet wird. Jede Gartenschau steht unter einem besonderen Motto, das sich wie ein roter Faden durch die verschiedene Themenbereiche zieht. Bisher fand diese farben- und duftintensive Veranstaltung in Rotterdam, Amsterdam, Den Haag mit Zoetermeer, Haarlemmermeer sowie im grenznahen Städtchen Venlo statt. Dorthin reisten 2012 über 2 Millionen Besucher aus dem In- und Ausland. Die nächste Floriade wird im Jahr 2022 von Almere ausgerichtet. Auf dem dortigen Floriadegelände wird nach Ablauf der Blumenschau ein neuer Stadtteil mit dem Namen *Almere Floriade* entstehen. Dieser ist als Kultur-, Natur- und Erholungspark geplant. Informationen gibt es bereits auf der Internetseite, die nach Fortschritt der Vorbereitungen aktualisiert wird.

🕐 *1324 EE Almere. © 0031-36/5277288. www.floriadealmere.nl. ebolat@almere.nl. Nächste: 2022.*

I am sailing

Am **Muiderzand,** dem größten **Katamaranstrand** Europas, befindet sich das Wassersportzentrum Sail-Today. Hier liegen sage und schreibe 450 Katamaransegelboote für Wassersportler bereit. Sie können Unterricht im Katamaransegeln nehmen oder, falls Sie schon versiert sind, ein solches mieten. Wer nur zusehen möchte, kann dies im mit Architekturpreisen ausgezeichneten Restaurant des **Beachclubs** tun. Der Panoramablick von dort lässt bei guter Sicht die Umrisse Amsterdams erkennen.

❷ *Sail-Today, IJmeerdijk 16, 1361 AA Almere. ℗ 0031-36/5369627. www.sail-today.nl. info@sail-today.nl. Bahn/Bus: Ab Bhf Almere Poort 14 Min Fußweg in südwestliche Richtung. Auto: An der N701. Zeiten: Sa und So, Juli und Aug täglich, zusätzliche Zeiten auf o.a. Internetseite unter Contact/Openingstijden. Preise: Privatunterricht 50 € pro Person, bei 2 Pers 37,50 €; Kinder 7 – 12 Jahre 5 Unterrichtsblöcke zu je 3 Std, 35 € pro Block.*

Sail-Today Beachclub, IJmeerdijk 20, AA Almere. ℗ 0031-36/5369627. www.sail-today.nl/beachclub.php. ↗ Webseite. Warme und kalte Speisen, dazu eine Auswahl an Getränken mit und ohne Alkohol.

Die Grüne Kathedrale

Der Künstler *Marinus Boezem* pflanzte 1987 im Wald des Waterlandse Bos bei Almere 178 italienische Pappeln exakt nach der Säulenordnung der gotischen Kathedrale Notre Dame von Reims. Ein in den Boden eingelassenes Rastersystem aus Stein spiegelt die einzelnen Kreuzrippengewölbe wider. Doch das Naturkunstwerk ist vergänglich. Die lombardische Pappel hat inzwischen ihre Maximalhöhe von 30 m erreicht und beginnt, langsam abzusterben. Direkt nebenan setzte der Künstler den gleichen Grundriss, jedoch als ausgesparte Fläche, in einen Fichenwald. Diese Negativform bleibt nach dem Verfall der Pappeln bestehen.

◐ *De Groene Kathedraal, Tureluurweg, 1349 CX Almere. ℗ 0031-36/5450400. www.depaviljoens.nl. communicatie@depaviljoens.nl. Auto: An der N305. Rad: ↗ Museum De Paviljoens. Preise: frei zugänglich.*

Naturerlebniszentrum

Das Naturgebiet de Oostvaarders in Almere liegt am Rand des Seengebietes **Oostvaardersplassen.** Es besteht aus struppigen Grasfeldern, unterbrochen von weitläufigen Wasserflächen. Das zugehörige **Naturerlebniszentrum,** ein modernes gelb-schwarzes Gebäude, steht direkt am Seeufer. Im Erdgeschoss ist ein nettes **Café** untergebracht. Der erste Stock beherbergt eine Dauerausstellung über Graugänse und widmet sich daneben dem natürlichen Gleichgewicht des Seengebiets.

Im Panoramaraum stehen für interessierte Naturliebhaber Ferngläser bereit, um die Tiere der Umgebung zu beobachten. Filme über das Naturgebiet werden im Auditorium gezeigt. Im obersten Gebäudeteil finden Sie das »Krähennest«, ein Aussichtspunkt, der weite Blicke ermöglicht.

🕐 *Naturbelevingcentrum de Oostvaarders, Oostvaardersbosplaats 1, 1336 RZ Almere. ✆ 0031-36/5296701. www.deoostvaarders.nl. info@deoostvaarders.nl. **Auto:** Ab Almere den braunen Schildern Oostvaarders folgen. **Zeiten:** Mi – Fr 10.30 – 16, Sa, So 10.30 – 17 Uhr. **Preise:** frei zugänglich.*

☕ **Café de Oostvaarders,** Oostvaardersbosplaats 1, RZ Almere. ✆ 0031-36/2020902. www.cafedeoostvaarders.nl. Mi – Fr 10.30 – 16, Sa, So 10.30 – 17 Uhr. Bio-Kaffee und Tee, Brötchen, Gebäck mit Aussicht.

Schräg in den Wind gestellt: Das Naturerlebniszentrum

© De Oostvaarders/Fotograf Jorn van Eck

AUF DEM TROCKENEN: LELYSTAD

Lelystad wurde 1967 gegründet und nach *Dr. Cornelis Lely* (1854 – 1929), dem Initiator der Trockenlegung der *Zuiderzee,* benannt. Die Stadt hat heute 75.000 Einwohner und liegt knapp 5 m unter dem Meeresspiegel. In unmittelbarer Nähe befindet sich das **Naturschutzgebiet Oostvaardersplassen.**

ℹ *VVV Lelystad, Café Bij Max (Stadshart Lelystad), De Promesse 4, 8232 VX Lelystad. ✆ 0031-320/ 0080729. www.vvvlelystad.nl. info@vvvlelystad.nl. Bahn/Bus: Ab Bhf Lelystad über Stationsplein ca. 80 m. Auto: A6, Ausfahrt 10 Richtung Lelystad, Beschilderung Centrum, Stadswinkel. Rad: LF15 Boerenlandroute, LF20 Flevoroute. Zeiten: Mo – Fr 10 – 17.30, Sa 10 – 17 Uhr.*

Auf dem Deich hockt der Eisenriese »Reus von Lelystad« und blickt auf das Wasser des IJsselmeers.

Kunstroute Lelystad

An jedem letzten Sonntag des Monats ist in Lelystad Tag der offenen Kunstateliers. Künstler verschiedener Stilrichtungen öffnen 14 – 17 Uhr die Pforten ihrer Ateliers für das interessierte Publikum. Das Angebot wechselt monatlich und ist daher sehr vielseitig. Porträts sind ebenso vertreten wie abstrakte Objekte, Keramik, Mosaiken und Holzschnitzereien.

➲ *Kunstliebhaber stellen sich ihre eigene Route zusammen auf www.kunstroutelelystad.com.*

Historischer Schiffsbau in der Bataviawerft

Die Bataviawerft zeigt auf eindrucksvolle Weise, wie der historische Schiffsbau der Niederlande funktionierte. Über einen Zeitraum von zehn Jahren wurde an dieser Stelle die »Batavia«, ein Handelsschiff der **Vereinigten Ostindischen Compagnie** (VOC), mit Materialien und Methoden wie vor 300 Jahren nachgebaut. Der 45 m lange Dreimaster ist seit seiner Fertigstellung im Jahr 1995 die Attraktion der ge-

🔒 **Bataviastad,** Bataviaplein 60, PN Lelystad. ✆ 0031-320/ 292900. www.bataviastad.nl. 10 – 18 Uhr. Outletcenter mit über 60 Geschäften.

© Bataviawerf

samten Region. Derzeit arbeiten die ambitionierten Schiffsbauer an der Reproduktion des historischen Kriegsschiffs »De Zeven Provinciën«. Fachkundige Werftmitarbeiter bieten Führungen in deutscher Sprache an.

ℳ *Bataviawerft, Oostvaardersdijk 1 – 9, 8249 PA Lelystad. ℂ 0031-320/ 261409. www.bataviawerf.nl. info@bataviawerf.nl. Bahn/Bus: Hbf Lelystad Zentrumsseite, 8 – 22 Uhr täglich Shuttlebus zu Bataviawerft und Outletcenter Batavia Stad. Auto: A6, Ausfahrt 11 Lelystad-Noord, Beschilderung Batavia Stad, Parken auf P4. Zeiten: Sep – Mai täglich 10 – 17 Uhr, Juni – Aug täglich 10 – 18 Uhr. Preise: Werft und Schiff inkl. Führung 11 €; Kinder 6 – 12 Jahre 5,50 €; Senioren ab 65 Jahre 9 €. Infos: Ins Navigationsgerät Bataviaplein 2 eingeben.*

Der Stolz der ganzen Region: Originalgetreuer Nachbau eines VOC-Dreimasters

✖ **Bataviahaven,** Bataviahaven 1, PR Lelystad. ℂ 0031-320/ 260833. www.restaurantbataviahaven.nl. Mi – So 16 – 23 Uhr. Restaurant am Hafen, 3-Gang-Menü 34,95 €.

Nationales Depot für Schiffsarchäologie

Der *Rijksdienst voor het Cultureel Erfgoed* in Lelystad ermöglicht Ihnen, die Arbeit seiner Schiffsarchäologen aus nächster Nähe zu erleben. Wird ein Wrack oder Wrackteil in die Halle gebracht, muss es feucht gehalten werden. Eine Austrocknung könnte fatale Auswirkungen auf den Zustand des Fundstücks haben. Es durchläuft die Abteilungen Modellbau, Konservierung und Restauration. Schließlich findet der Neuzugang seinen Platz im Depot. Die ausgestellten Teile lassen ahnen, wie der Alltag an Bord eines Schiffes aussah. Insgesamt werden hier über 33.000 konservierte und restaurierte Funde gezeigt: vom Wrack bis zur Kaffeetasse, vom Lederstiefel bis zum Schiffsruder.

ℳ *RCE-Scheepsarcheologie, Oostvaardersdijk 1 – 4, 8244 PA Lelystad. ℂ 0031-320/269700.*

*www.vvvlelystad.nl/over-lelystad/Batavia/Scheepsar-
cheologie.aspx. info@cultureelerfgoed.nl.* **Bahn/Bus:**
Bhf Lelystad Centrum Bus 7 Batavia Stad. **Auto:** *Ins
Navigationssystem Bataviaweg, Lelystad eingeben,
Parkplatz des Outletcenters Batavia Stad benutzen.
Vorzugsweise P1.* **Zeiten:** *Mo – Do 10 – 16 Uhr, Fr
10 – 14 Uhr.* **Preise:** *frei zugänglich.*

Pack die Badehose ein

Der größte Strand Lelystads ist der künstlich angelegte **Sandstrand Houtribhoek.** Es gibt ein
Schwimmbad im IJsselmeer und einen schicken
Beachclub mit Aussicht auf das Wasser. Für klei-
nere Kinder ist ein Planschbecken abgetrennt. Zum
Freizeitangebot gehören Trendsportarten wie Bos-
sa Ball und Zumba.

Das Restaurant des Beachclubs bietet Snacks und kleine Gerichte zu zivilen Preisen.

*Strand Houtribhoek, Strand Houtribhoek 1, 8221 RH
Lelystad. ℰ 0031-320/261753. www.beachcluble-
lystad.nl. info@beachclublelystad.nl.* **Bahn/Bus:** *Bhf
Lelystad Bus 9 Richtung Houtribhoek bis Albatros-
laan in Lelystad.* **Auto:** *An der N302, kostenlose Parkplätze.* **Preise:** *frei zugänglich.*

Landschaftskunst

Das Observatorium ist ein Paradebeispiel für **Land Art,** einer Kunst-
strömung der Bildenden Kunst.
Hierbei handelt es sich um eine
Kombination aus Kunst und Landschaftsarchitektur. Der amerikanische Künstler *Robert Morris* entwarf das Observatorium für die Ausstellung Sonsbeek buiten de
Perken im Jahr 1971. Es befand
sich damals zwischen Santpoort
und Velzen. Der Umzug an seinen
heutigen Platz erfolgte 1977. Das
Observatorium hat einen Durchmesser von 91 m und wurde aus Er-

*Allein schon Kunst:
Sonnenuntergang am
IJsselmeer*

RUND UMS IJSSELMEER

☀ **Tipp:** Im und um das
Observatorium findet
stets am längsten Tag
des Jahres das **Sunfest-
val Flevoland,** eine große
poetische Freilichtveran-
staltung, statt. www.festi-
valsunsation.nl.

de, Holz, Stahl und Granit kreiert, um Besuchern die
Möglichkeit zu geben, das Universum zu erleben.
Der erste Frühlingstag am 20./21. März und der
erste Herbsttag am 22./23. September werden mit
Hilfe eines Steins im Zentrum des Bauwerks genau
angezeigt.

🕐 *Observatorium, Houtribweg/Swifterringweg, 8219
PG Lelystad. **Auto:** Ab A6 Ausfahrt Lelystad-Noord,
N307. **Preise:** frei zugänglich.*

HARDERWIJK, STADT DER DELFINE

Harderwijk hat etwa 45.000 Einwohner. Das Fi-
scherei- und Hafenstädtchen mit gut erhaltener historischer Innenstadt ist wegen des dort ansässigen
Delfinariums sowie seiner gemütlichen Atmosphäre
im ganzen Land bekannt und ein beliebtes Ausflugsziel. Touristisch sind auch das Heimatmuseum
Stadsmuseum Harderwijk und die alljährlich statt-
findenden **Fischereitage** von großer Bedeutung.

ℹ *VVV-agentschap Harderwijk, Academiestraat 5, 3841
ES Harderwijk. ☎ 0031-341/552200. www.vvvhar-
derwijk.nl. info@vvvharderwijk.nl. **Bahn/Bus:** Bhf Harderwijk Bus 1, 103, 144, 147 bis Centrum. **Auto:** Unweit des Hortusparks, Beschilderung Bibliotheek
Noordwest Veluwe folgen. **Zeiten:** Mo 13.30 – 20.30,
Di – Do 10 – 18, Fr 10 – 20.30, Sa 10 – 16 Uhr.*

Meerestierpark für Flipperfans

☀ **Tipp:** Das Programm
»In het water bij de dol-
fijnen« bietet die Möglichkeit, Kontakt mit Delfinen
aufzunehmen. Sie befin-
den sich zeitweise im
Wasser der Odiezee, es
wird jedoch nicht mit den
Tieren geschwommen.
150 €, Kinder 8 – 12
Jahre 125 €.

Der größte Meerestierpark Europas kombiniert auf
beispielhafte Weise spektakuläre Shows von Delfinen, Seelöwen und Walrossen mit artgerechter Tierhaltung. Denn dem Park geht es um Unterhaltung
und Wissensvermittlung, keinesfalls um eine Zur-
schaustellung der Tiere. Neben der halbstündigen
Delfinshow und lustigen Walross-Vorführungen werden weitere kurzweilige Programme angeboten. Bei
Onder Odiezee können Sie Walrosse und Delfine unter Wasser hinter einer riesigen Glaswand beob-

© Dolfinarium Harderwijk

achten. Nicht selten werden auch Sie von den intelligenten Tieren neugierig beäugt.

🔵 *Dolfinarium, Strandboulevard Oost 1, 3840 GC Harderwijk. ℂ 0031-341/467467. www.dolfinarium.nl. info@dolfinarium.nl. Bahn/Bus: Ab Bhf Harderwijk Bus 144, 147 oder 148 bis Dolfinarium. Auto: Ab Lelystad N302, N305, Parken Tageskarte 7,50 €. Rad: LF21/22/23 Zuiderzeeroute. Zeiten: Mitte Feb – Okt täglich 10 – 17 Uhr, März nur Fr – So, Juli, Aug täglich 10 – 18 Uhr. Preise: 27,50 €; Kinder bis 2 Jahre frei, 3 – 11 Jahre 25 €; Senioren ab 65 Jahre und Behinderte 25 €, Gruppen ab 15 Pers 20 €, Klassenfahrten ab 10 €.*

Ⓜ **Stadsmuseum,** Donkerstraat 4, AB Harderwijk. ℂ 0031-341/414468. www.stadsmuseum-harderwijk.nl. Di – Fr 10 – 17, Sa 13 – 16 Uhr. Heimatmuseum, Erw 3 €, Kinder 13 – 18 Jahre 2,25 €.

Kornmühle

In dieser Mühle wird noch heute von einem echten Müller Korn gemahlen. Der achteckige **Galerieholländer** hat einen steinernen Unterbau und ein Dach

✳ Ein Galeriehol-länder *ist eine Windmühle mit einer umlaufenden Galerie. Von dort wird das Flügelkreuz in den Wind gedreht.*

aus Riet. Ein kurzer Film informiert über den Wiederaufbau der Mühle an der heutigen Stelle, nachdem die frühere Harderwijker Mühle am Strandboulevard im Jahr 1969 bei einem Brand fast vollständig vernichtet wurde.

🕐 *Molen De Hoop, Havendijk 9, 3846 AC Harderwijk. ✆ 0031-341/429153. www.harderwijksemolen.nl. info@harderwijksemolen.nl. **Bahn/Bus:** Bhf Harderwijk Bus 103, 144, 148 oder 159 bis Dolfinarium. **Auto:** N302 in nördliche Richtung, links auf Burgemeester de Meesterstraat, Havenkade, rechts Havendijk. **Zeiten:** Mai, Juni, Sep Mi und Sa 12 – 17, Juli, Aug Mi – Sa 12 – 17, Okt – April Sa 12 – 17 Uhr. **Preise:** 1,50 €; Kinder bis 6 Jahre frei; Senioren ab 65 Jahre 1 €, Gruppen ab 15 Pers 1,25 €.*

DER BESONDERE TIPP Restaurant Bonanza

Das Restaurant liegt am Boulevard, neben dem Stadttor *Vischpoort* und unweit des Delfinariums. In gemütlicher **Westernatmosphäre** genießen Sie Fleisch, Fisch, Hühnchen oder vegetarische Gerichte. Der Service ist überaus freundlich und aufmerksam. Bei schönem Wetter ist ein Platz auf der Terrasse vor dem Haus zu bevorzugen. Von dort haben Sie einen herrlichen Blick aufs Wasser und können vielleicht sogar Sonnenuntergänge beobachten.

Restaurant Bonanza, Strand Boulevard Oost 6, 3841 AB Harderwijk. ✆ 0031-341/419292, www.bonanza.nu. info@bonanza.eu. **Bahn/Bus:** Bhf Harderwijk Bus 103 oder 148 bis Dolfinarium. **Auto:** Parken Boulevard oder Parkplatz De Harder. **Zeiten:** Mo – Fr 16 – 21 Uhr, Sa – So 16 – 22 Uhr. **Preise:** Spareribs 15,50 €.

© snack_pigs.de

SCHÄTZE IN UTRECHT & NORDBRABANT

Mühle am Wegesrand:
Auch in Brabant ein
häufiges Bild
© pmv, Foto Monika Diepstraten

DAS HERZ AM RECHTEN FLECK

Die Provinzen Nordbrabant und Utrecht bilden das Herz der Niederlande. Utrecht ist die kleinste Provinz der Niederlande, seine gleichnamige Hauptstadt ist mit knapp 320.000 Einwohnern aber die viertgrößte Stadt des Landes. Darunter befinden sich viele junge Leute aus aller Welt, denn die von Grachten durchzogene Stadt verfügt mit der Universität Utrecht über eine bedeutende Universität, eine Musik- (Conservatorium) und eine Fachhochschule (Hogeschool).

In der Stadt haben die *Niederländischen Eisenbahnen* (Nederlandse Spoorwegen, kurz NS) ihren Sitz, was schon darauf hindeutet, dass Utrecht ein wichtiger Verkehrsknotenpunkt ist. In der Umgebung finden aktive Besucher zahlreiche **Wander- und Fahrradwege.** Das hügelige Sandgebiet im Nordosten ist als *Nationalpark Utrechtse Heuvelrug* (Utrechter Hügelrücken) bekannt. Im Süden liegt an Belgien angrenzend die zweitgrößte Provinz **Nordbrabant.** Dort gibt es ausgedehnte Wald- und Heidegebiete. *'s-Hertogenbosch,* meist nur kurz *Den Bosch* genannt, ist die Hauptstadt dieser für Genuss und Lebensart bekannten Region.

FESTKALENDER

Pfingsten:	's-Hertogenbosch: **Jazz in Duketown,** das größte kostenlose Jazzfestival des Landes.
Juli:	Tilburg: **Kirmes,** 10 Tage, größte Kirmes des Landes.
September:	Tiel: 2. Sa, **Obstcorso,** www.fruitcorso.nl.
Oktober:	Ende/Anfang Nov, Utrecht: **KreaDoe,** Messe für Hobby und kreative Freizeitgestaltung im Messegebäude Jaarbeurs, www.kreadoe.nl.
Dezember:	bis Anfang Jan, 's-Hertogenbosch: Lebensgroße **Weihnachtskrippe** in der St.-Jans-Kathedrale.

TRADITION TRIFFT MODERNE: UTRECHT

Die Stadt wurde von den Römern im Jahr 47 n.Chr. gegründet. Im Mittelalter war Utrecht bereits die größte Stadt und das religiöse Zentrum der nördlichen Niederlande. Heute leben hier rund 316.000 Einwohner. Die Stadt ist Sitz der größten Universität des Landes. Das Wahrzeichen ist der **Domturm,** mit 112 m der höchste Kirchturm des Landes. **Hoog Catharijne** war bis in die 1980er Jahre das größte überdachte Einkaufszentrum Europas.

🛈 *VVV Utrecht, Domplein 9, 3512 JC Utrecht. ℂ 0031-30/2333036, www.bezoek-utrecht.nl. infovvv@toeris-me-utrecht.nl. Bahn/Bus: Hbf Utrecht Bus 2 Ringlijn Museumkwartier bis Domplein. Auto: Parkhaus Springweg am Strosteeg 83, Ausgang Oudegracht, dort nach links, durch Einkaufsstraße (Lijnmarkt), 1. Straße rechts, beschildert. Zeiten: Mo 12 – 17, Di – Sa 10 – 17, So 12 – 17 Uhr.*

Die Spur des Lichts

Trajectum Lumen ist eine Entdeckungsreise im Dunkeln. Eine Lichtspur führt ab der zentral gelegenen **Vredenburg** durch die Utrechter Innenstadt an einer stetig wachsenden Zahl von Werken renommierter Lichtkünstler entlang. Dabei werden Objekte, Gebäude, Straßen, Grachten und Brücken auf zauberhafte Weise beleuchtet und dadurch stimmungsvoll hervorgehoben. Sie erzählen dem Betrachter eine inspirierende Geschichte über die Stadt. Die Route steht als App für Smartphone auf der Internetseite zum kostenlosen Herunterladen bereit oder ist als Plan beim ➚ *VVV Utrecht* oder

Vorm Kultur- und Kulinarik-Warenhaus De Winkel van Sinkel, www.dewinkelvansinkel.nl

🔓 **Hoog Catharijne,** Stationsplein 69, ED Utrecht. ℂ 0031-30/2346461. www.hoogca-tharijne.nl. Mo 11 – 18, Di, Mi, Fr, Sa 9.30 – 18, Do 9.30 – 21 Uhr. Einkaufszentrum neben dem Hbf, 150 Geschäfte auf 42.000 qm.

🔓 **Holland Souvenir Gift Shop,** Lichte Gaard 1, KT Utrecht. ℂ 0031-30/2231831. www.utrechtsouvenir-shop.nl. Mo 12 – 18, Di – Fr 11 – 18, Sa 11 – 17.30, So 12 – 17 Uhr. Typische Holland-Souvenirs.

dem *Apollo Hotel City Centre,* Vredenburg 14 gratis erhältlich. Wer die Tour lieber mit einem Führer aus Fleisch und Blut unternimmt, hat samstags abends diese Möglichkeitn (über VVV reservieren!). Dort ist auch der Treffpunkt. In angenehmem Tempo dauert der Stadtspaziergang etwa 1,5 Std.

> *Trajectum Lumen, 3512 JC Utrecht. © 0031-30/ 2360036. www.trajectumlumen.nl. infovvv@toeris-me-utrecht.nl. Länge: 3 km. Bahn/Bus: Hbf Utrecht Bus 2 Ringlijn Museumkwartier bis Dom-plein. Auto: Parkhaus Springweg am Strosteeg 83, Ausgang Oudegracht, dort nach links, durch Ein-kaufsstraße (Lijnmarkt), 1. Straße rechts. Zeiten: Ab Einbruch der Dunkelheit bis Mitternacht. Preise: mit App gratis, Führung 10 € pro Pers.*

☀ **Tipp:** Im Dom werden schon seit über 30 Jahren jeden Sa 15.30 – 16.30 Uhr frei zugängliche Konzerte gegeben.

Der Domturm von Utrecht

Höchster Kirchturm des Landes: Der Domturm zu Utrecht

Der Dom *St. Martinus* im Zentrum der Stadt ist eins der bedeutendsten gotischen Bauwerke der Niederlande. Die Kirche ist täglich für Besucher geöffnet.

Dafür gibt es eine eigene Bezeichnung, der **Open Dom.** Bei den regelmäßig abgehaltenen Gottesdiensten spielt Musik eine wichtige Rolle. Der 112 m hohe Domturm ist der höchste Kirchturm des Landes. Er kann mehrmals täglich im Rahmen einer **Führung** besichtigt werden. Dazu sind 465 Treppenstufen zu erklimmen. Auf halber Strecke befinden sich die eindrucksvollen Glocken mit einem Gesamtgewicht von 32.000 kg. Oben angekommen, bietet sich dem Besucher eine spektakuläre Aussicht über die Stadt und die Provinz Utrecht.

> 🕐 *Domtoren, Domplein 9, 3512 JC Utrecht. www.domtoren.nl. infovvv@ toeris-me-utrecht.nl. Bahn/Bus: Hbf Utrecht*

Bus 2 Ringlijn Museumkwartier bis Domplein. **Auto:**
Parkhaus Springweg am Strosteeg 83, Ausgang Oudegracht, dort nach links, durch Einkaufsstraße
(Lijnmarkt), 1. Straße rechts. **Zeiten:** Mai – Sep täglich 10 – 17, Okt – April täglich 11 – 16, Sa ganzjährig bis 15.30 Uhr, So ganzjährig 14 -16 Uhr. **Preise:**
Turmführung 9 €; Kinder 4 – 12 Jahre 7,50 €; Gruppen bis 30 Pers 210 €. **Infos:** Info, Kartenverkauf und
Treffpunkt ↗ VVV Utrecht.

Das Haus des (bisher) einzigen nieder-
ländischen Papstes

Das prächtig ausgestattete **Paushuize** wurde 1517
für *Adriaan Boeyens* (1459 – 1523) gebaut, der als
Papst Hadrian VI. bekannt wurde. Zur Zeit des Baus
saß der Sohn eines Schiffszimmermanns zwar noch
nicht auf dem Stuhl Petri, hatte aber Verbindungen
zum Hofe *Karls V.* in Spanien. Er hoffte, einst von
dort nach Utrecht zurückkehren zu können. 1552
wurde er jedoch zum Papst gewählt und starb bereits ein Jahr später im Alter von 64 Jahren in Rom.
Gerüchten zufolge wurde er vergiftet. Das palastar-
tige Gebäude diente im 19. Jahrhundert dem Utrechter Kommissar der Königin als Residenz. Es
wird seit 2012 für Versammlungen und Feierlich-
keiten für bis zu 350 Personen vermietet. Sie können sich das Paushuize sonntags morgens im Rahmen einer 45-minütigen **Führung** und am **Tag des
Offenen Denkmals** (www.openmonumentendag.nl)
ansehen. Eine kostenlose Besichtigung ohne Führung ist am letzten Sonntag eines Monats von
9.30 – 12.30 Uhr möglich. Dazu wird der Seiten-
gang am Pausdam 10 geöffnet. Einen Eindruck von
der Pracht der Räume und Säle vermittelt auch der
virtuelle Rundgang auf der Webseite des Hauses.

🕐 **Paushuize,** *Kromme Nieuwegracht 49, 3512 HE Utrecht.* ℗ *0031-30/2310347. www.paushuize.nl.
info@paushuize.nl.* **Bahn/Bus:** *Hbf Utrecht Centraal
Bus 2/22 Museumlijn bis Domplein.* **Auto:** *Parkhaus*

*Papst Johannes
Paul II. besuchte
im Rahmen seines Auf-
enthalts in den Nieder-
landen im Jahr 1985 das
Haus seines Vorgängers.*

SCHÄTZE IN UTRECHT & NORDBRABANT

Parkeergarage Springweg am Strosteeg 84, ins Navigationssystem Mariaplaats eingeben.
Zeiten: Letzter So im Monat 9.30 – 12.30 Uhr Besichtigung ohne Führung und Voranmeldung. **Preise:** Eintritt frei, Führung 70 € bei Gruppen bis 25 Teilnehmer. **Infos:** Treffpunkt Führung am VVV.

Eisenbahnmuseum

Das Museum residiert stilecht in einem ehemaligen Bahnhof und ist für jeden Eisenbahnfreund ein Pflichtbesuch. An den Bahnsteigen stehen die Loks und Zugwaggons wie zur sofortigen Abfahrt bereit. Da ist ein Postsortierwaggon ebenso vertreten wie Wagen der Holz- und Luxusklasse. Im weitläufigen Außenbereich befindet sich eine Kindereisenbahn mit dem Namen »Jumbo Express«, die durch eine Miniaturwelt fährt sowie ein altes Rangiergelände. Besucher können sich über die Anfänge der Dampfmaschinen informieren und den eleganten *Orient-Express* kennen lernen. Ein nostalgischer Zug mit dem melancholischen Namen »Heimwee Express« verlässt an jedem zweiten Wochenende des Mo-

So schön möchte man's bei der DB auch mal haben: Warteraum für Ihre Majestäten

nats den museumseigenen Bahnhof **Maliebaansta-tion.** Die 40-minütige **Rundreise** führt über Utrecht-Lunetten und Utrecht CS nach Bilthoven und von dort zurück zum Museum. Karten sind im **Museumsladen** erhältlich.

🅼 *Nederlands Spoorwegmuseum, Maliebaanstation 16, 3581 XW Utrecht. ✆ 0031-30/2306206. www.spoorwegmuseum.nl. info@spoorwegmuseum.nl. Bahn/Bus: Stündlicher Zug 9.46 – 16.46 Uhr vom Hbf Utrecht CS bis zum Eisenbahnmuseum. Am Kartenautomat bei Actie Kombiticket für Fahrt und Eintritt 16 €. Auto: Beschilderung Spoorwegmuseum folgen, 200 eigene Parkplätze, Parken 5,50 €/Tag. Zeiten: Di – So 10 – 17 Uhr. Preise: 16 €, Rundfahrt 3,50 €; Kinder 4 – 12 Jahre 2,50 €; Gruppen ab 12 Pers 12,80 €.*

❎ Im »Restauratie-zaal« gibt es Kaffee, Tee und Gebäck. Ein belegtes Brötchen oder einen Snack bekommen Sie im kleinen Museumsrestaurant »De Remsie«.

O sole mio auf den Utrechter Grachten

Die beiden original venezianischen Gondeln für bis zu 6 Personen wurden aufwändig restauriert. Und *Arjen Heida* ging nach Venedig, um die Kunst des Gondelfahrens zu erlernen. Der niederländische **Gondoliere** bringt seine Gäste seit nunmehr sechs Jahren während einer 60-minütigen Grachtenrundfahrt mit Muskelkraft vom Start an der *Oudegracht a/d Werf 177* durch die Oudegracht vorbei an den sehenswertesten Gebäuden von Utrecht. Eine 90-minütige Gondelfahrt führt durch die Oude- und die Nieuwegracht.

↪ *De Gondelier van Utrecht, Linnaeusstraat 35 (Büro), 3553 CC Utrecht. Handy 00316/51998519. www.degondeliervanutrecht.nl. info@degondeliervanutrecht.nl. Bahn/Bus: Hbf Utrecht Bus 2 Riinglijn Museumkwartier bis Hamburgerstraat, dann zu Fuß über die Brücke Hamburgerstraat rechts auf Oude Gracht. Preise: Miete Gondel und Gondoliere 60 Min 100 €, 90 Min 140 €, Zusatzleistungen wie Musik, Prosecco, italienische Häppchen sind zubuchbar; Sa 30 Min pro Pers 12,50 € (nach Verfügbarkeit). Infos: Start an der Oudegracht a/d Werf 177.*

Speisen im Grachtenkeller

Das gemütliche Restaurant im urigen Grachtenkeller mit Gewölbedecke bietet eine ansprechende Küche. Sie können aus der kleinen, aber feinen Speisekarte wählen oder sich ein dreigängiges Menü zum Festpreis zusammenstellen. Wer möchte, erhält eine kompetente und freundliche

© Aal Restaurant

Blick auf das Aal Restaurant an der Oudegracht

Weinberatung. Im Sommer stehen einige Tische vor der Tür, direkt an der Gracht. Schräg gegenüber befindet sich ein im Dunkeln kunstvoll beleuchteter Tunnel, der Teil des Lichtkunst-Spaziergangs ↗ Tjectum Lumen ist.

✠ **Aal Restaurant,** *Oudegracht a/d Werf 159, 3511 AL Utrecht. ✆ 0031-30/2334826. www.aalrestaurant.nl. info@aalrestaurant.nl. **Bahn/Bus:** Hbf Utrecht CS Fußgängerbrücke auf Vredenburg, rechts Drieharingstraat, rechts Oudegracht-Weerdzijde. **Auto:** Parkhäuser am Hbf. **Zeiten:** Di – Sa 17 – 23 Uhr. **Preise:** 3-Gang-Menü 23,50 €.*

Das Rietveld-Schröder-Haus

Das Rietveld-Schröder-Haus ist ein Entwurf des niederländischen Architekten *Gerrit Rietveld* aus dem Jahr 1924. Er entstand in enger Zusammenarbeit mit der Bauherrin und Innenarchitektin *Truus Schröder-Schräder*. Die herausragendsten Merkmale sind fließende Übergänge vom Außen- in den Innenbereich, der Einsatz der Grundfarben weiß, schwarz und grau sowie eine ebenso verspielte wie ausgeklügelte Flächenverteilung. Das Gebäude zählt zu

Gerrit Thomas Rietveld wurde am 24. Juni 1888 in Utrecht geboren und starb dort am 25. Juni 1964. Der Architekt und Designer war Mitglied der bedeutenden niederländischen ünstlervereinigung De Stijl.

den wichtigsten Bauwerken der avantgardistischen **De Stijl-Bewegung,** welche Parallelen zum deutschen Bauhausstil aufweist. Das würfelförmige Häuschen wurde im Jahr 2000 in die UNESCO-Liste des Welterbes aufgenommen. Heute steht das Haus unter der Obhut des *Centraal Museums.* Ein Ticketbüro für Last-Minute-Karten liegt an der Prins Hendriklaan 50a, ✆ 00330/2362310, gleich neben dem Rietveld-Schröder-Haus.

🕐 *Rietveld Schröderhuis, Prins Hendriklaan 50a, 3583 EP Utrecht. ✆ 0031-30/2362362. www.rietveld-schroderhuis.nl. rhreserveringen@centraalmuseum.nl.* ***Bahn/Bus:*** *Hbf Utrecht Bus 4 Richtung Fockema Andreaelaan bis Prins Hendriklaan.* ***Auto:*** *Ende A28 links Richtung Centrum, Waterlinieweg, Ausfahrt Centrum-West, Laan van Minsweerd, 4 x rechts (Stadionlaan, A van Ostadelaan, J van Scorelstraat.* ***Rad:*** *Fragen Sie beim Centraal Museums nach einem Rietveld-Leenfiets (Leihfahrrad).* ***Zeiten:*** *Mi – So 11 – 17 Uhr, Standardbesuch mit Audiotour in deutscher Sprache.* ***Preise:*** *14 €; Kinder bis 12 Jahre 3 €, 13 – 17 Jahre 8 €, ab 65 Jahre 12 €, Gruppen ab 10 Pers 11 €.* ***Infos:*** *Führung für Gruppen bis 10 Pers 75 € plus Eintritt, Reservierung ✆ 0031-30/2362310.*

Berlin Chair: Gerrit Thomas Rietveld war im ersten Beruf Schreinermeister

© NBT

Botanischer Garten mit Fort

Die Botanischen Gärten der *Universität Utrecht* liegen auf dem Universitätsgelände *De Uithof.* Sie wurden rund um das trutzige Fort Hoofdijk aus dem 19. Jahrhundert angelegt. Auf einer Gesamtfläche von 7 Hektar sind unter anderem ein Steingarten und ein Themengarten zu finden. Für den Steingarten, einen der größten seiner Art in Europa, wurden Felsen aus den Ardennen hierher gebracht. Sein höchster Punkt liegt 12 m über dem Niveau des Wassergrabens von **Fort Hoofddijk.** Im *Themengarten* werden all Ihre Sinne angeregt. Riechen, sehen, fühlen, schmecken und hören Sie! Der *Diertjestuin* (Garten der kleinen Tiere) wurde so gestaltet, dass sich Frösche, Libellen, Schmetterlinge und Bienen

Im Eingangsgebäude des Forts Hoofddijk sind ein **Gartengeschäft** und ein kleines **Gartencafé** untergebracht.

SCHÄTZE IN UTRECHT & NORDBRABANT

wohl fühlen. Im Gewächshaus herrscht eine konstante Temperatur von 21 Grad. Die Luftfeuchtigkeit beträgt tagsüber etwa 55 und nachts 95 % – optimal für exotische Pflanzen aus den Tropen und Subtropen.

Um Utrecht liegen acht Forts aus dem 19. Jahrhundert. Infos und Wanderrouten gibt es beim VVV und auf www.utrechttevoet.nl.

🕐 *Botanische tuinen Fort Hoofddijk, Budapestlaan 17, 3584 CD Utrecht. ✆ 0031-30/2531890. www.uu.nl/ nl/botanischetuinen/geschiedenis/pages/fort-hoofddijk.aspx. botanische.tuinen@uu.nl. Bahn/Bus: Hbf Utrecht CS Bus 11 Richtung De Uithof WKZ bis Botanische Tuinen. Auto: In der Umgebung gibt es Parkplätze, deren Nutzung am Wochenende kostenlos ist. Zeiten: März – Nov täglich 10 – 16.30 Uhr. Preise: 6,50 €; Kinder bis 12 Jahre frei; Senioren ab 65 Jahre oder Gruppen ab 15 Pers 5 €.*

DER BESONDERE TIPP Hotel Mitland

Das Hotel liegt am Ortsrand, direkt an einem kleinen See und bietet einen wunderschönen Blick auf Fort De Bilt. Die 139 luxuriös eingerichteten Zimmer und Suiten sind mit Kingsizebett oder zwei bis vier Einzelbetten, Klimaanlage, Sitzecke, Safe, Minibar, Kaffeemaschine und Flat-TV ausgestattet. Es steht ein behindertengerechtes Zimmer zur Verfügung. Die Nutzung der Sauna, des Fitnessraums und des Hallenbades ist gratis. Das Hotel vermietet Fahrräder und stellt auf Wunsch interessante Fahrradrouten zur Verfügung.

Hotel Mitland✶✶✶✶**, Ariënslaan 1, 3573 PT Utrecht. ✆ 0031-30/2715824, www.mitland.nl. info@mitland.nl. Bahn/Bus:** Ab Zentrum Janskerkhof Bus 4, 11 oder 77 bis Oorsprongpark. **Auto:** A27 Ring Utrecht und Hoograven, Lunetten, Houten folgen, Ausfahrt auf Waterlinieweg, Kreisverkehr geradeaus auf Satreweg, 3 x rechts. **Preise:** Ü DZ ab 80 €. **Infos:** Reichhaltiges Frühstücksbuffet 15,80 € pro Person.

BAARN: ORT MIT BEZUG ZUM KÖNIGSHAUS

Baarn wurde bereits im 12. Jahrhundert an einem Handelsweg nach Amsterdam gegründet. Die Stadt am Fluss *de Eem* hat heute rund 24.500 Einwohner. Hier steht das **Schloss Soestdijk,** die frühere Residenz von *Prinzessin Juliana* und *Prinz Bernhard,* den Großeltern von König *Willem-Alexander.* Im Ortsteil Lage Vuursche befindet sich das Schlösschen **Drakensteyn.** Dort lebt die Mutter des Königs, *Prinzessin Beatrix,* seit ihrer Abdankung im April 2013.

ℹ️ *VVV-ANWB Baarn, Brinkstraat 12, 3741 AN Baarn. ✆ 0031-35/5413226. www.vvvbaarn.nl. info@vvvbaarn.nl. Bahn/Bus: Bhf Baarn Bus 72 Richtung Soest bis Eemstraat, Baarn. Auto: A1 Ausfahrt 11 Eembrugge, Richtung Baarn, Kreisverkehr 1. Ausfahrt N 414 Bisschopsweg, Kreisverkehr 2. Ausfahrt Eemweg, rechts Kerkstraat, links Brinkstraat. Zeiten: Di – Fr 10 – 17, Sa 10 – 16, Mai – Aug auch Mo 13 – 17 Uhr.*

Bahnhof mit königlichem Warteraum

Der Bahnhof von Baarn hat eine Besonderheit aufzuweisen. Da es sich um den Hausbahnhof der Königsfamilie handelte, gibt es in dem stilvollen Gebäude einen königlichen Warteraum mit Blick auf den **Amaliapark.** *Prinz Hendrik der Seefahrer,* seinerzeit Bewohner des ↗ **Schlosses Soestdijk,** stellte zum Bau der Eisenbahnlinie zwischen Amsterdam und Amersfoort ein großes Areal zur Verfügung. Dabei wurde gleichzeitig vereinbart, dass in Baarn ein Bahnhofsgebäude mit einem Wartezimmer für die königliche Familie gebaut werden solle. Dieses wurde 1874 in Betrieb genommen. Zwar hat die königliche Familie ihren Warteraum seit 1980 nicht mehr genutzt, dennoch wird er für den Fall des Falles instand gehalten und gepflegt. An **Tagen des Offenen Denkmals** kann er besichtigt werden. Die **Niederländischen Eisenbahnen** zeigen Fotos der

💥 *Infos zum Tag des Offenen Denkmals: www.openmonumenten-dag.nl.*

königlichen Warteräume in den Bahnhöfen Amsterdam, Den Haag und Utrecht bereits auf der Internetseite http://koninklijkewachtkamers.ns.nl/site. Baarn soll in Kürze folgen.

🕐 *Koninklijke Wachtkamer,* Stationsplein 66a, 3743 KM Baarn. www.stationsweb.nl/station.asp?station=baarn. **Bahn/Bus:** Bhf Baarn. **Auto:** A1, Ausfahrt 11 Baarn, Beschilderung Baarn.

Königlicher Wohnsitz: Schloss Soestdijk

Prinzessin Juliana und ihr Ehemann *Prinz Bernhard*, die Großeltern des heutigen Königs, bewohnten den Palast mit Unterbrechungen von 1937 bis zu ihrem Tod im März bzw. Dezember des Jahres 2004. Eine Statue in der weitläufigen Anlage erinnert an das Paar. Soestdijk kann im Rahmen einer Führung besichtigt werden. Dabei werden die Wohnräume von Mitgliedern der Königsfamilie, die Säle »Waterloozaal« und »Leuvenzaal«, die Küche, einige Arbeitszimmer sowie die Wein- und Waffenkeller gezeigt. Karten für den Besuch des Palastes und/

Aus dem Landhaus von 1638 wurde Palais Soestdijk: Der Stucksaal des Schlosses

© Ministerie van Binnenlandse Zaken, Fotograf Luuk Kramer

oder des Parks werden an der Kasse und über die Internetseite des Palastes verkauft.

🔵 *Paleis Soestdijk, Amsterdamsestraatweg 1, 3744 AA Baarn.* ✆ *0031-35/5412841. www.paleissoest-dijk.nl. info@paleissoestdijk.nl.* **Bahn/Bus:** *Bhf Hilversum Bus 70 bis Paleis Soestdijk.* **Auto:** *A1, Ausfahrt 10 Soest/Baarn-Noord, Beschilderung Soestdijk folgen, Parkmünze 4 €.* **Zeiten:** *Fr – So 9.15 – 17.30 Uhr.* **Preise:** *Park und Schlossführung 13,50 €, nur Park 5 €; Kinder 4 – 12 Jahre 10 €, nur Park 2 €; Arrangements für Gruppen, Besichtigung mit High Tea 38,45 € pro Person, Führung (auch deutschsprachig) zusätzlich 150 € pro 15 Pers.* **Infos:** *Der Aufzug im Palast hat die Maße 90 x 120 cm. Nur Rollstuhlfahrer, deren Rollstühle dort hinein passen, können an der Führung teilnehmen.*

💥 *Während der französischen Besatzung um das Jahr 1795 wohnten Offiziere der Armee und der neue König Louis Bonaparte, ein Bruder des berühmten Napoleon, im Palast.*

Die Pyramide von Austerlitz

Da behaupte noch mal jemand, Pyramiden gäbe es nur in Ägypten und Südamerika! Die Pyramide von Austerlitz wurde 1804 von *Napoleons* Soldaten unter der Leitung *General Marmonts* in nur 29 Tagen zu Ehren des französischen Feldherrn in den Wäldern des Utrechter Hügelrückens errichtet. Als Baumaterial dienten Sand und Erde. Napoleons Bruder *Louis Bonaparte* (1778 – 1846), zu jener Zeit König von Holland, gab dem Bauwerk den Namen Pyramide von Austerlitz. Dies geschah als Erinnerung an eine erfolgreiche Schlacht im früheren Tschechien. Die einzige Pyramide auf niederländischem Boden ist 36 m hoch. Ursprünglich stand auf ihrer Spitze ein 13 m hoher Obelisk aus Holz. Dieser wurde 1894 durch einen Steinobelisken ersetzt. Am Fuß der Pyramide wartet ein einfaches **Selbstbedienungsrestaurant** mit Kinderspielplatz auf hungrige Besucher.

🔵 *Pyramide Austerlitz, Zeisterweg 98, 3931 MG Woudenberg (bei Utrecht).* ✆ *0031-343/491421. www.pyramidevanausterlitz.nl. info@pyramidevan-austerlitz.nl.* **Bahn/Bus:** *Bhf Driebergen-Zeist Bus 81*

➡️ Die Wanderroute mit dem Namen Pyramide ist auf etwa 45 Min ausgelegt und mit viereckigen, blauen Pfählen markiert. Fahrradrouten werden mit sechseckigen Schildern angezeigt. Informationen gibt es im Besucherzentrum der Pyramide.

© Landschaperfgoedutrecht, Fotograf M. Veenhof

*Richtung Woudenberg bis De Pyramide. **Auto:** An der N224. **Zeiten:** Juli und Aug täglich 10 – 18 Uhr, Sep – Juni So 10 – 18 Uhr. **Preise:** 2,50 €; Kinder bis 12 Jahre 1,50 €. **Infos:** Es gibt eine informative Broschüre deutscher Sprache.*

Kaapse Bossen, die ruhigste Stelle der Niederlande

Geräusche gibt es praktisch überall. Doch Sie können fernab von Wegen und Orten eine Stille erfahren, die nur vom Rauschen des Windes unterbrochen wird. Umweltorganisationen haben im Rahmen des Projekts *Stilte* (Stille) in den Niederlanden nach der ruhigsten Stelle des Landes gesucht. Und sie sind fündig geworden. Die ruhigste Stelle des Landes liegt im **Nationalpark Utrechts Heuvelrug** im *Waldgebiet Kaapse Bossen* bei Maarn. Dort lädt eine »Stille-Bank« zum Verweilen ein.

➲ Niederländische Infos inkl. Karte zu einer 12 km langen Wanderroute durch die Kaapse Bossen: www.wandelzoekpagina.nl/groene_wissels/pdfs/Maarn_Huis_te_Maarn_en_Kaapse_bossen.pdf.

➲ ***Bahn/Bus:** Hbf Utrecht Bus 50 bis Sandenburgerlaan. **Auto:** An der N225 zwischen Doorn und Leersum. **Infos:** Eine 1,7 km lange Wanderroute für Rollstuhlfahrer, markiert mit dem bekannten Symbol auf gelben Pfählen, beginnt am Parkplatz an der N225.*

HOUTEN

Das Städtchen mit 48.000 Einwohnern liegt etwa 10 km von Utrecht entfernt. Sehenswert ist das Jagdschloss **Huis Heemstede** aus dem Jahr 1645. Es wird umringt von einem Schlossgraben und weist eine bauliche Besonderheit auf. An allen vier Ecken des Bauwerks steht ein Turm, der den Eindruck erweckt, in das Hauptgebäude eingearbeitet zu sein. Im Untergeschoss ist ein **Restaurant** untergebracht. Die übrigen Räumlichkeiten dienen einer Baufirma als Büro. Zudem ist in Houten das moderne, aus Aluminium und Glas errichtete **Aluminium Centrum** zu bewundern. In dem futuristisch anmutenden Flachbau hat die Branchenorganisation Aluminium ihren Sitz.

ℹ️ *VVV-Agentschap Houten, Onderdoor 80, 3995 DX Houten. ✆ 0031-30/6342857. www.welkominhouten.nl. **Bahn/Bus:** Schräg gegenüber vom Bhf Houten. **Auto:** Beschilderung Station folgen. **Zeiten:** Mo 13 – 17, Di – Sa 10 – 16 Uhr.*

Gartenarchitekturpark

Auf dem Gelände des Parks wird präsentiert, was die Niederlande auf dem Gebiet der Garten- und Landschaftsarchitektur zu bieten haben. Renommierte Gartenarchitekten haben an der Gestaltung mitgewirkt. Jeder der Gärten hat seinen eigenen Charakter: von experimentell bis spannend, von streng mit geometrischen Formen bis klassisch und farbenfroh.

🕐 *Tuinarchitectuurpark Makeblijde, Oud Wulfseweg 3, 3992 LT Houten. ✆ 0031-30/6365272. www.makeblijde.nl. park@makeblijde.nl. **Bahn/Bus:** Bhf Houten 12 Min Fußweg in nördliche Richtung. **Auto:** In Houten Beschilderung Sportpark Oud Wulven/ Begraafplaats Oud Wulven folgen. **Rad:** Fahrradfahrer und Fußgänger nehmen den Eingang Lobbendijk. **Zeiten:** Mo – Fr 10 – 17 Uhr. **Preise:** frei zugänglich.*

 **Kasteel Heemstede,** Heemsteedseweg 20, LS Houten. ✆ 0031-30/2722207. www.restaurant-kasteelheemstede.nl. Di – Sa 12 – 14.30 und 18 – 21.30 Uhr. Gehobenes Restaurant mit Terrasse am Wassergraben. 3-Gang-Menü 45 €, 7-Gang-Menü 85 €.

'S-HERTOGENBOSCH, KURZ DEN BOSCH

Offiziell heißt die Provinzhauptstadt 's-Hertogenbosch, jedoch wird meist die Kurzform Den Bosch verwendet. Auf dem **Marktplatz** der historischen Altstadt steht vor dem im klassizistischen Stil erbauten Rathaus eine **Bronzestatue** des Malers *Hieronymus Bosch* (1450 – 1516). Hauptsehenswürdigkeiten der Stadt sind die **St. Jans-Kathedrale,** eine spätgotische Kreuzbasilika, sowie das älteste **Backsteinhaus** der Niederlande. Dort ist heute das Fremdenverkehrsbüro untergebracht. Eine weitere Attraktion ist die **Binnendieze,** ein teilweise unterirdisches Kanalsystem, auf dem Rundfahrten durchgeführt werden. Die Stadt hat die höchste Gaststättendichte des Landes. Alljährlich im Frühling findet das internationale Jazzfestival **Jazz in Duketown** mit kostenlosen Freiluftkonzerten statt.

ⓘ *VVV Den Bosch,* Markt 77, 5211 JX 's-Hertogenbosch. ℰ 0031-73/6149986. www.vvvdenbosch.nl. info@vvvshertogenbosch.nl. *Bahn/Bus:* Bhf 's-Hertogenbosch, Stationsplein, dann Stationsweg, geradeaus auf Visstraat, rechts auf Hoge Steenweg, wird geradeaus Pensmarkt, links abbiegen zum Markt. *Auto:* Beschilderung Parkhaus Q-Park Tolbrug, Burgemeester Loeffplein 70, 5211 RX 's-Hertogenbosch folgen. *Zeiten:* April – Okt Mo 13 – 18, Di – Fr 10 – 18, Sa 10 – 17, Nov – März Mo 13 – 17, Di – Sa 10 – 17 Uhr.

✕ **Lunch- & Dinercafé Van Puffelen,** Molenstraat 4 – 6, DR 's-Hertogenbosch. ℰ 0031-73/6890414. www.lunchdinervanpuffelen.nl. Di, Mi 17 – 22, Do, Fr, So 12 – 22, Sa 11 – 22 Uhr. Gemütliches Restaurant in historischem Gebäude. 3-Gang-Menü 24,50 €.

Bootsrundfahrt auf der Binnendieze

Im Zuge der Ausbreitung der Stadt wurden mehrere Bäche, die gemeinsam Binnendieze heißen, mit Gebäuden überbaut. Die dabei entstandenen Kanäle zogen Ratten und weiteres Ungeziefer an, was erhebliche Probleme verursachte. Seit einer gründlichen Sanierung, die im Jahr 1998 abgeschlossen wurde, wird die Binnendieze nun für ungewöhnliche Bootsrundfahrten genutzt. Im Angebot sind verschiedene Themen-Routen. Die 45-minütige Fes-

*Romantik pur: Rund-
fahrt auf der Binnen-
dieze*

tungsroute führt unter der Stadt hindurch zur Sin-
gelgracht und entlang der historischen Festungs-
mauer. Bei der **Bastion Oranje** steht ein Besuch
des unterirdischen Museums **Bastionder** auf dem
Programm, wo ein kurzer Film über die Entstehungsgeschichte der Stadt in niederländischer
Sprache gezeigt wird. Gegen Ende der Fahrt geht es
durch das *Hellegat*. Klaustrophobiker fühlen sich in
dem schmalen, dunklen Tunnel nicht wohl.

❯ *Rondvaart Binnendieze, Molenstraat 15a, 5211 DR
's-Hertogenbosch. ✆ 0031-73/6122334. www.bin-
nendieze.nl. algemeen@kringvrienden.nl. **Bahn/Bus:**
Bhf Den Bosch über Stationsweg, Visstraat, rechts
auf Sint Janssingel, links Walpoort, links Molenstraat.
Auto: Parkhaus Q-Park Tolbrug, Burgemeester Loeffplein 70. **Zeiten:** Abfahrt April – Okt Di – So 10.45,
12.30, 14.15, 16 Uhr, Mo 14.15 und 16 Uhr. **Preise:**
7 €; Kinder 4 – 12 Jahre 3,50 €. **Infos:** Kartenverkauf
und Treffpunkt Molenstraat 15a. Mo 13.30 – 17.15,
Di – So 9.30 – 17.15 Uhr.*

Die bedeutende Kathedrale St. Jan

Die Ursprünge der Kathedrale **Basiliek van Sint-Jan Evangelist,** kurz *Sint Jan* genannt, reichen bis in das Jahr 1220 zurück. Letzte Überreste aus jener Zeit sind noch heute sichtbar. Ab 1380 wurde mit dem Bau der gotischen Kathedrale nach einem Entwurf des Baumeisters *Willem van Kessel* begonnen. Bis zur Fertigstellung vergingen 150 Jahre. Einer der zahlreichen Kirchenschätze ist die Marienstatue *Zoete lieve moeder,* die seit 1380 an dieser Stelle verehrt wird. Zur bekannten Weihnachtskrippe mit lebensgroßen Figuren reisen alljährlich im Advent zahlreiche Besucher aus Nah und Fern an. Der 73 m hohe **Turm** kann im Rahmen einer Führung besichtigt werden und bietet eine prachtvolle Aussicht. Zur Kirche gehört das benachbarte **Museum De bouwloods.** Was zur Restaurierung ansteht, wird hier gezeigt. Statuen und Baufragmente sind daher regelmäßig zu sehen. Zudem beherbergt dieses Museum das Kirchenarchiv.

🕐 *Sint Janskathedraal,* Torenstraat 16, 5211 KK 's-Hertogenbosch. © 0031-73/6144170. www.sint-jan.nl. info@sint-jan.nl. *Bahn/Bus:* Hbf 's-Hertogenbosch Bus 31 Richtung Aawijk oder Bus 66 Richtung Vlijmen bis Parade. *Auto:* Die Innenstadt ist weitgehend autofrei. Parkeergarage Sint Josephstraat, Sint Josephstraat 1, 5211 NH Den Bosch. *Zeiten:* Führungen Kirche Mo – Sa 10 – 11.30 und 13.30 – 16 Uhr (nicht im Jan, Mai, Dez) Museum April – Okt Di – So 13 – 17 Uhr. *Preise:* Turm 5 €, Museum 3 €; Kinder 4 – 12 Jahre Turm 2,50 €, Museum 3 €. *Turm:* April, Mai, Okt Mi, Sa, So sowie Juni – Sep Di – So 13.30 und 15 Uhr ab Eingang Torenstraat (Karten sind beim Sint-Jansmuseum erhältlich).

Kunstgalerie MPV

Die stilvolle **Galerie Mark Peet Visser** im historischen Stadtzentrum präsentiert auf drei Etagen zeitgenössische figurative Kunst internationaler Künstler und vielversprechender Nachwuchstalen-

---

☀ *Im Kirchturm hängen 59 Glocken. Die größte Glocke, de Noteman, wiegt stolze 5500 kg!*

☕ **Grand Café Silva Ducis,** Parade 6 – 7, KL 's-Hertogenbosch. © 0031-73/6130405. www.silva-ducis.com. So – Mi 10 – 1, Do 10 – 2, Fr, Sa 10 – 4 Uhr. Speisen und Getränke in stilvollem Ambiente.

te. Die Werke der Malerei, Bildhauerei und Fotografie sind überwiegend von musealer Qualität. Überdies werden in den Räumlichkeiten etwa sieben Einzelausstellungen pro Jahr organisiert. Die Galerie ist auf zahlreichen bedeutenden Kunstmessen im In- und Ausland vertreten.

🕐 *Mark Peet Visser, Parade 29, 5211 KL 's-Hertogenbosch. © 0031-73/6125774. www.markpeevisser.com. info@markpeetvisser.com. Bahn/Bus: Hbf 's-Hertogenbosch Bus 61 Richtung Aawijk oder Bus 63 Richtung Rosmalen bis Parade. Auto: Parkhaus Arena, Arena 119, 5211 XT Den Bosch. Zeiten: Do – So 12 – 18 Uhr. Preise: Eintritt frei.*

Das Karnevalsmuseum: Oeteldonk alaaf!

's-Hertogenbosch ist eine der wenigen niederländischen Karnevalshochburgen. Wie in den närrischen Zentren des Landes üblich, trägt der Ort während der tollen Tage einen anderen Namen. Aus 's-Hertogenbosch wird *Oeteldonk*. Das **Oeteldonks Gemintemuzejum** (Oeteldonker Gemeindemuseum) widmet sich der Geschichte des karibischen, rheinischen und einheimischen Karnevals. Zur eindrucksvollen Sammlung gehören Kostüme, Plakate, Fotos, Drucke und Karnevalsorden. Es gibt sogar einige Gemälde zum Thema. Der Besucher kann

💥 *Karneval wird in den Niederlanden traditionell in den überwiegend katholischen Provinzen Limburg und Nordbrabant gefeiert.*

SCHÄTZE IN UTRECHT & NORDBRABANT

© NBT

Famile Maja & Willi: Ihr Schlachtruf ist Alaaf!

sich Karnevalsmusik aus verschiedenen Gegenden dieser Welt anhören. Doch Vorsicht, bei eingefleischten Karnevalisten besteht umgehend akuter Schunkelalarm!

M **Oeteldonks Gemintemuzejum,** Zusters van Orthenpoort 27, 5211 ND 's-Hertogenbosch. © 0031-73/6130199. www.gemintemuzejum.org. info@gemintemuzejum.org. **Bahn/Bus:** Bhf 's-Hertogenbosch Bus 62, 63, 64, 66, 68, 74 bis Zuid Willemsvaart. **Auto:** Parkhaus St Josephstraat 1b. **Zeiten:** Di – So 13.11 – 17.11 Uhr. **Preise:** 5 €; Kinder 6 – 12 Jahre 2,50 €; Gruppen ab 10 Pers 4,50 €.

Hieronymus Bosch

In einer ehemaligen Kirche samt Nebengebäuden zeigt das **Art Center** eine einzigartige Sammlung von Werken des berühmtesten Sohnes der Stadt. Reproduktionen all seiner Bilder, in denen es von himmlischen Wesen und höllischen Monstern nur so wimmelt, sind in Originalgröße zu bestaunen. Gerade bei Werken von **Bosch** ist dem Betrachter anzuraten, auf die Details mit Symbolcharakter zu achten. Der Nachbau des Künstlerateliers aus dem 15. Jahrhundert im Keller des Gebäudes vermittelt Ihnen einen Eindruck von den Arbeitsbedingungen des Malers. In der Bibliothek können Sie Einsicht in Bücher, digitalisierte Artikel, Zeitschriften, Zeitungsausschnitte, CDs und DVDs nehmen.

M **Jheronimus Bosch Art Center,** Jeroen Boschplein 2, 5211 ML 's-Hertogenbosch. © 0031-73/6126890. www.jheronimusbosch-artcenter.nl. info@jheronimusbosch-artcenter.nl. **Bahn/Bus:** Bhf Den Bosch Bus 66 Richtung Vlijmen bis Antoniegaarde. **Auto:** Parkhaus Parkeergarage St Josephstraat in der Sint Josephstraat 1bParkeerterrein Hekellaan: Ingang tegenover Hekellaan 24, 5211 LX. **Zeiten:** Di – Fr 10 – 17, Sa, So 12 – 17 Uhr (April – Okt jeweils bis 17.30 Uhr). **Preise:** 6 €; Kinder 5 – 12 Jahre 3 €. **Infos:** Lediglich der Keller und die Bibliothek sind nicht zugänglich für Rollstuhlfahrer.

✸ *Jheronimus Bosch (1450 – 1516), entstammte der Künstlerfamilie van Aken. Er nannte sich nach seiner Geburtsstadt, deren Kurzform Den Bosch lautet. Bekannt ist er für seine fantasievollen Figuren, wie Fliegende Fische.*

✗ **In de Keulse Kar,** Hinthamerstraat 101, MH Den Bosch. © 0031-73/6136129. www.indekeulsekar.nl. Mo 12 – 2, Di – So 10 – 2 Uhr. 3 Satéspieße 10,25 €, Tapas.

Freizeitpark Efteling

Der größte Freizeitpark der Niederlande wurde 1952 als Märchenwald gegründet. Das 72 Hektar große, parkartige Gelände ist in die vier Themenbereiche Sagenland (Marerijk), Reiseland (Reizenrijk), Andersland (Anderrijk) und Abenteuerland (Ruigrijk) gegliedert. Das spannende Spukschloss, mehrere spektakuläre Achter- und Wasserbahnen, das verrückte Haus Villa Volta, ein 3D-Kino, verschiedene Karussells, der gemütliche Märchenwald, das bezaubernde Feenreich, imposante Shows und viele andere Attraktionen locken alljährlich über vier Millionen Gäste aus Nah und Fern in den kleinen Ort zwischen Waalwijk und Tilburg. Anlässlich des 60. Jahrestags am 1. Juni 2012 eröffnete der Park seine neueste Attraktion *Aquanura*. Bei diesem faszinierenden Zusammenspiel von Wasser, Feuer, Musik und Licht handelt es sich um das größte Fontänenspektakel Europas.

© De Efteling

Spektakuläre Wasserachterbahn: Der fliegende Holländer

🕐 *De Efteling, Europalaan 1, 5171 KW Kaatsheuvel (bei Tilburg). ℂ 0800/5500070. www.efteling.com. kontakt@efteling.de. Bahn/Bus: Bhf 's-Hertogenbosch Bus 136 oder 300 Richtung Tilburg bis Horst, Kaatsheuvel. Auto: A65 Richtung Tilburg-Noord, Beschilderung Kaatsheuvel/Efteling folgen. Parken 10 €. Rad: Bewachte Fahrradständer 1 €. Zeiten: täglich 10 – 18 Uhr, weitere Öffnungszeiten auf www.efelting.com. Preise: Pers ab 4 Jahre 32 €; Senioren ab 60 Jahre 30 €, spezielle Ermäßigungen für Schulklassen. Infos: Auf dem Parkplatz gibt es zwei kostenlose Ladestationen für Elektroautos. Die dazu benötigte Chipkarte ist am Haupteingang beim Gästeservice erhältlich.*

🔵 **Efteling Hotel,** Horst 31, RA Kaatsheuvel. ℂ 0031-416/ 282000. www.eftelinghotel.nl. 102 Komfortzimmer, 20 Themensuiten.

✴ *De Efteling wurde im April 2012 mit vier Preisen bei der Wahl der »Diamond Theme Park Awards« ausgezeichnet. Dabei wurde »De Vliegende Hollander« zur besten Wasserattraktion gekürt.*

TILBURG, DAS HERZ VON BRABANT

Die 207.000 Einwohner zählende Universitätsstadt hat in der ersten Etage der **Bibliothek Koningsplein** ein typisches Tilburger Wohnzimmer eingerichtet. In der warmen und gemütlichen Atmosphäre dieser *huiskamer* ist eine Sammlung von Publikationen über Tilburg in früheren und heutigen Zeiten ausgestellt. Dazu gehören u.a. Bücher und Videos. In Tilburg findet an zehn Tagen im Juli die größte **Kirmes** des Landes statt.

Bibliotheek Tilburg Centrum, Koningsplein 10, WG Tilburg. ✆ 0031-13/4648500. www.bibliotheekmb.nl. Mo – Fr 9 – 21, Sa 9 – 17 Uhr. Okt – März So 13 – 17 Uhr. Öffentliche Bibliothek mit Informationen zu Tilburg in einem typischen Tilburger Wohnzimmer.

VVV Tilburg, Nieuwlandstraat 34, 5038 SN Tilburg. www.vvvtilburg.nl. vvv@tilburg.nl. *Bahn/Bus:* Bhf Tilburg, Spoorlaan rechts, links Stationsstraat bis Nieuwlandstraat. *Auto:* A58 Ausfahrt 11 Goirle Richtung Tilburg-West/Turnhout, Beschilderung Tilburg folgen, links auf N630 Blaakweg, Ringbaan West nehmen, rechts Hart van Brabantlaan, rechts auf Noordstraat bis Nieuwlandstraat. *Zeiten:* Mo 13 – 18, Di – Fr 9.30 – 18, Sa 10 – 16 Uhr.

☀ *Die Tilburger Textilindustrie benötigte 1600 – 1840 menschlichen Urin. Dieser wurde von Arbeitern in Krügen gesammelt. Seitdem werden Tilburger scherzhaft »Kruikenzeikers« (Krugpinkler) genannt.*

Die Natur im Fokus

In diesem **Museum** gehen Sie auf eine interaktive Reise durch die Natur. Entdecken Sie Pflanzen, Tiere, Mineralien und Fossilien. In der *OO-Zone* haben Sie die Möglichkeit, aus rund 2000 Exponaten in meterlangen Vitrinen eine Auswahl zu treffen und diese Objekte zu untersuchen. Neben der Dauerausstellung werden regelmäßig Wechselausstellungen mit höchst unterschiedlichen Themen aus dem Bereich Natur präsentiert.

Kaas & Delicatessen, Stadhuisplein 325, TH Tilburg. ✆ +31-13/5440160. www.prinsheerlijktilburg.nl. Mo 12 – 18, Di, Mi, Fr 9.30 – 18, Do 9.30 – 21, Sa 9.30 – 17 Uhr. Delikatessenladen. Käse, Nüsse, Oliven etc.

Ⓜ *Natuurmuseum Brabant,* Spoorlaan 434, 5038 CH Tilburg. ✆ 0031-13/5353935. www.natuurmuseumbrabant.nl. info@natuurmuseumbrabant.nl. *Bahn/Bus:* Gegenüber Hbf Tilburg. *Auto:* Beschilderung Centraal Station folgen. *Zeiten:* Di – Fr 10 – 17, Sa und So 12 – 17 Uhr. *Preise:* 9 €; Kinder und Jugendliche 4 – 17 Jahre 6,50 €; Senioren ab 65 Jahre 6,50 € (Fr frei!), Gruppen ab 10 Pers 8 €, Kinder und Senioren 5,50 €.

Wo van Gogh malen lernte

Vincent van Gogh ging in Tilburg einige Zeit zur Schule. Die *Rijks Hoogere Burgerschool* ist in einem früheren Palast König *Willems II.* untergebracht. Das Klassenzimmer, in welchem der 13-Jährige seine ersten Maltechniken erlernte, gehört zum **Stadtmuseum Tilburg** und steht nicht nur zur Besichtigung offen: Hier können Sie Ihr eigenes künstlerisches Talent unter Beweis stellen.

Schulbankdrücken: Hier erhielt Vincent van Gogh seinen ersten Malunterricht

 **Vincents Tekenlokaal,** *Stadhuisplein 128, 5038 TC Tilburg.* ✆ *0031-13/5429197. www.vincentstekenlokaal.nl. info@stadsmuseumtilburg.nl.* **Bahn/Bus:** *Bhf Tilburg Bus 1, 3, 4, 8 oder 11 bis Stadhuisplein, Tilburg.* **Auto:** *Parkhaus am Koningsplein.* **Zeiten:** *Di – So 13 – 16 Uhr.* **Preise:** *2,50 €; Kinder bis 12 Jahre frei.* **Infos:** *Der Eingang zu Vincents Klassenraum befindet sich an der Rückseite des Paleis-Raadhuis.*

BREDA: STADT MIT GESCHICHTE

Breda wurde 1125 erstmals urkundlich erwähnt. In der pittoresken **Altstadt** stehen viele historische Gebäude. Ein Teil der Befestigungsanlagen aus dem 14. Jahrhundert ist ebenfalls gut erhalten ge-

*✳ Bei Breda fließen die Flüsse Mark und Aa of Weerijs zusammen. Dies gab der Stadt ihren Namen: **Brede Aa** bezeichnet die Stelle, an der sich der Fluss verbreitert.*

blieben. Der große **Marktplatz** mit Cafés und Restaurants bildet den Mittelpunkt der Stadt. Hier steht auch das alte **Rathaus**. Die Fassade aus dem Jahr 1768 verbirgt, dass es sich um drei Häuser handelt, die zusammengelegt wurden. In den Prachtsälen finden nur noch Hochzeiten und offizielle Empfänge des Bürgermeisters statt. Alle anderen Verwaltungsangelegenheiten werden im neuen Rathaus in der *Claudius Prinsenlaan* erledigt.

➔ Eine Karte mit der 45 km langen Fahrradroute Natuurlijk fietsen door de Baronie ist zum Preis von 2 € beim VVV erhältlich.

ⓘ *VVV Breda, Willemstraat 17 – 19, 4811 AJ Breda. www.vvvbreda.nl. info@vvvbreda.nl. **Bahn/Bus:** Gegenüber Bhf Breda. **Auto:** A16 Ausfahrt Breda-Noord Richtung Prinsenbeek, Beschilderung Breda-Noord folgen, Backer en Ruebweg, Crogtdijk, rechts auf Terheijdenseweg, rechts auf Delpratsingel, bei Gabelung links halten, dann rechts auf Meerten Verhoffstraat, links Stationsplein. **Zeiten:** Mo 13 – 17.30, Di – Fr 9.30 – 17.30, Sa 10 – 16 Uhr. **Infos:** Am Grote Markt 38 gibt es ein weiteres VVV-Büro. Mo 13 – 17.30, Di – Fr 9.30 – 17.30, Sa 10 – 16 Uhr.*

Stadtrundfahrt mit der Pferdekutsche

Eine Stadtrundfahrt der anderen Art wird in Breda angeboten. In einem von zwei Pferden gezogenen, geschlossenen Wagen führt die einstündige Fahrt entlang der schönsten Sehenswürdigkeiten der historischen Innenstadt. Das Fuhrwerk ist geeignet für bis zu 24 Personen. Buchung und Abfahrt erfolgen beim VVV Breda in der Willemstraat.

➔ *Paardentram, Willemstraat 17 – 19, 4811 AJ Breda. ✆ 0031-76/5228530. www.vvvbreda.nl. info@vvv-breda.nl. **Bahn/Bus:** ↗ VVV. **Auto:** ↗ VVV. **Zeiten:** April – Mitte Okt, Mo 13 – 17.30, Di – Fr 9.30 – 17.30, Sa 10 – 16 Uhr. **Preise:** 9 €; Gruppen 180 €.*

Wo einst die Beginen wohnten

Der **Begijnhof** ist eine städtische Wohnanlage, die sich um einen Innenhof gruppiert. Sie wird von einer Mauer mit Pforte umschlossen. Zur Anlage gehören ein Garten mit 150 verschiedenen Kräutern, eine kleine Kirche aus dem Jahr 1838, ein Pfarrhaus und ein Saal, der den Beginen als Aufenthaltsraum diente. Dort finden heute kulturelle und religiöse Veranstaltungen statt. Das **Beginenmuseum** ist im Häuschen Nr. 29

Einem wohltätigen Leben verpflichtet: Statue der Beginen

untergebracht. Es zeigt das Leben und Wirken der Beginen von Breda auf anschauliche Weise. Im Erdgeschoss sind ein Wohnzimmer mit Bettnische und eine kleine Küche aus jener Zeit zu sehen. Eine Ausstellung über die Beginen sowie ein audiovisuelles Programm mit dem Titel »Bruiden van Christus« (Bräute Christie) warten im ersten Stock auf die Besucher. Die 31 Wohnungen des Begijnhofs von Breda werden in heutiger Zeit von Mietern bewohnt, die den Charakter der Anlage bewahren.

Beginen waren fromme, katholische Frauen, die ab dem Ende des 12. Jahrhunderts in einer klosterähnlichen Gemeinschaft lebten, jedoch keinem Orden angeschlossen waren. Sie widmeten sich der Krankenpflege, der Handarbeit und der Unterrichtung von Kindern.

Ⓜ *Begijnhof Breda,* Catharinastraat 45, 4811 XE Breda. ✆ 0031-76/5211276. www.begijnhofbreda.nl. info@begijnhofbreda.nl. **Bahn/Bus:** Ab Bhf Breda etwa 500 m Fußweg über Stationsplein, Willemstraat, Sophiastraat und John F. Kennedylaan. **Auto:** Im Zentrum Beschilderung Begijnhof folgen. **Zeiten:** Täglich 9 – 18 Uhr, Museum Di – So 12 – 17 Uhr. **Preise:** Begijnhof frei, Museum 1 €. **Infos:** Das Museum ist nicht rollstuhlgeeignet.

Miniaturen und Puppenhäuser

Das **Museum 't Duvelke** ist stilvoll im Torgebäude des Beginenhofs untergebracht. Es zeigt Puppen und bis ins kleinste Detail eingerichtete Puppenhäuser aus den vergangenen 100 Jahren. Auf diese Weise bekommen Sie einen authentischen Ein-

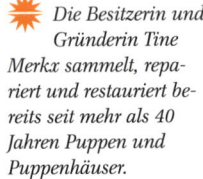

Die Besitzerin und Gründerin Tine Merkx sammelt, repariert und restauriert bereits seit mehr als 40 Jahren Puppen und Puppenhäuser.

druck vom Alltag in diesen vergangenen Zeiten. In Miniaturform nachgestellt sind ein Waschtag aus den 1950er Jahren, eine Bibliothek mit über 900 Büchern, das Häuschen einer Begine mit ihrem klitzekleinen Kochherd, eine gemütliche Kneipe und viele andere Szenen.

Ⓜ ***Poppen en Poppenhuis Museum 't Duvelke,*** *Catharinastraat 23, 4811 XD Breda.* ℂ *0031-76/5138753. www.bredapromotions.nl. info@bredapromotions.nl.* ***Bahn/Bus:*** *↗ Begijnhof.* ***Auto:*** *↗ Begijnhof.* ***Zeiten:*** *So, Mo 13 – 16.30, Di – Sa 10 – 16.30 Uhr.* ***Preise:*** *3,50 €; Kinder bis 12 Jahre frei.* ***Infos:*** *Im Eintrittspreis ist eine Tasse Kaffee, Tee oder ein Beginengetränk enthalten.*

Burg von Breda

Graf *Hendrik III. von Nassau* (1483 – 1538) gab dem berühmten Architekten *Thomas Vincidor da Bologna* (1493 – 1536) im 16. Jahrhundert den Auftrag, die aus dem 12. Jahrhundert stammende Burg von Breda in ein prachtvolles Schloss zu verwandeln. Fortan bewohnten die *Herren von Breda,* Nachfahren aus dem Fürstenhaus *Oranien-Nassau,* das von einem Wassergraben umschlossene Gebäude. Seit 1826 dient es der *Königlichen Militärakademie* (KMA) als Ausbildungszentrum für junge Offiziere.

Die Burg, die ein Wasserschloss ist: Kasteel van Breda

© NBT

◐ ***Kasteel van Breda,*** *Kasteelplein 10, 4800 RG Breda.* ℂ *0031-76/5273438. www.kasteelvanbreda.nl. info@vvvbreda.nl.* ***Bahn/Bus:*** *Bhf Breda über Willemstraat, Sophiastraat, rechts Cingelstraat, links Kasteelplein.* ***Auto:*** *Beschilderung Breda-Zentrum folgen.* ***Zeiten:*** *nur für Gruppen nach Absprache über VVV.* ***Preise:*** *7,95 €; Kinder 4 – 13 Jahre 6,95 €.*

Gehobene Küche im Zentrum Bredas

Das moderne, stimmungsvolle Restaurant liegt direkt am Marktplatz von Breda. Wechselnde Lichteffekte tauchen den Gastraum in eine stets andere Atmosphäre. Die Küche zaubert aus frischen Produkten delikate Gerichte mit französisch-mediterranem Einschlag. Dazu wird eine hervorragende Weinberatung geboten. Ein Tipp für Autofahrer ist der hausgemachte Eistee.

✖ *Flinstering, Grote Markt 23, 4811 XL Breda. ☎ 0031-76/5140141. www.flinstering.nl. info@flinstering.nl. Bahn/Bus: Bhf Breda Bus 115, 315 Richtung Zundert oder Etten-Leur bis Centrum. Auto: Parkhaus De Barones, Nieuweweg. Zeiten: 12 – 17 und 18 – 21.30 Uhr. Preise: Hauptgericht ab 22,50 €.*

Fünf Sterne in Breda

In einem historischen Gebäude der Altstadt, nahe der Grote Kerk, ist ein modern eingerichtetes Fünf-Sterne-Hotel untergebracht. Alle neun Themen-Suiten sind mit offenem Kamin, DVD-Spieler, Flachbild-TV, Musikanlage, Internetanschluss und komfortablen Badezimmern ausgestattet.

♠ *Bliss Hotel✶✶✶✶✶, Torenstraat 9, 4811 XV Breda. ☎ 0031-76/5335980. www.blisshotel.nl. info@blisshotel.nl. Bahn/Bus: Bhf Breda Bus 115 Richtung Wernhout oder Bus 311 Richtung Oud Gastel bis Vlaszak. Auto: Parkhaus de Barones, Nieuweweg 79. Preise: Ü pro Suite ab 180 €, verschiedene Arrangements ab 240 €.*

Friedhof mit Geschichte

Zuylen ist mit einer Fläche von 13 Hektar der größte Friedhof im westlichen Teil von Nord-Brabant. Seit seiner Gründung am 17. Mai 1826 fanden hier viele Bredaer Bürger ihre letzte Ruhestätte. Auch die Großeltern von *Vincent van Gogh* liegen auf dem parkähnlichen Friedhof begraben. Der Maler selbst und sein Bruder Theo wurden im französischen Au-

☀ **Tipp:** Am *Tag des Offenen Denkmals,* (2. Sa im Sep) werden manchmal Führungen durch die Burg und den Garten angeboten. www.openmunumentendag.nl.

✖ **Chocolat,** Torenstraat 9, XV Breda. ☎ 0031-76/5335975. www.restaurantchocolat.nl. Mo – Sa 11 – 22 Uhr. Hotelrestaurant, gehobene Küche.

@ Ein Plan ist hier zu finden: www.zuylen.nl/uploads/documenten/plattegrond-begraafplaats-zuylen.pdf.

vers-sur-Oise beerdigt. Zuylen hat seit 1978 ein Krematorium, dessen modernes Gebäude von architektonischem Interesse ist. Die Wege und Pfade tragen seit 1983 Straßennamen. Sie wurden nach Blumen und Bäumen benannt.

🕐 *Begraafplaats Zuylen, Tuinzigtlaan 11, 4813 XH Breda. © 0031-76/5219453. www.zuylen.nl. info@zuylen.nl. Bahn/Bus: Bhf Breda Bus 119 bis Tuinzigtlaan. Auto: Ab VVV Willemstraat auf Delpratsingel, rechts Academiesingel, weiter Tram- und Weerijsingel, rechts Vincent van Goghstraat und Ettensebaan. Zeiten: 9 – 17 Uhr. Preise: frei zugänglich.*

Museum für Bierwerbung

Das Museum beherbergt die größte Sammlung von Bierwerbung in Westeuropa. Gezeigt werden niederländische, belgische, englische, irische, nordfranzösische und deutsche Werbeutensilien aus der Zeit von 1900 bis 1960. Dazu gehören über 1000 Emailleschilder, zahlreiche Plakate, Brauereiapparatur, Gläser, Bierdeckel und sogar ein alter Lastwagen, der einst Bier transportierte. In der museumseigenen **Kneipe** haben Sie die Wahl zwischen 40 verschiedenen Bieren. Bei schönem Wetter können Sie draußen im nostalgischen Biergarten Platz nehmen. Na dann Prost!

➡️ Die Radfahrer- und Fußgängerfähre *'t Markpontje* verkehrt April – Okt zwischen dem Naturgebiet *Haagse Beemden* und *Terheijden*. Preis 0,50 € ab 5 Jahre. www.voortuinvandebiesbosch.nl/WandelenFietsen/veerpont_terheijden.php.

Ⓜ *Bierreklame Museum, Haagweg 375, 4813 XC Breda. © 0031-76/5220975. www.bierreclamemuseum.nl. bierreklamemuseum@online.nl. Bahn/Bus: Bhf Breda Bus 4 Richtung Princenhage bis Nieuwe Heilaarstraat. Auto: Ab Zentrum Richtung Transferium Breda, auf der Höhe von Zuylen Begraafplaats. Zeiten: So 11 – 23 Uhr, übrige Zeit für Gruppen ab 25 Pers nach Absprache. Preise: Eintritt frei.*

VOM GRENZLAND INS GELDERLAND

Spiel mit Licht und Schatten im National-park De Hoge Veluwe

© pmv, Foto Monika Diepstraten

FELDER UND WIESEN SO WEIT DAS AUGE REICHT

Der mittlere und nördliche Teil der Provinz Limburg ist überwiegend landwirtschaftlich geprägt. Neben Ackerbau wird Hühner- und Schweinezucht in größerem Umfang betrieben. Die Gegend bietet viel Natur, Ruhe und zahlreiche Wander- und Fahrradwege. Das »Fahrrad-Knotenpunktsystem« ermöglicht ein unkompliziertes Ausarbeiten einer individuellen Radroute.

Nördlich von Limburg befindet sich **Gelderland,** mit 5137 qkm flächenmäßig die größte Provinz des Landes. Namensgeber war das historische *Herzogtum Geldern,* das sich heute auf deutschem Boden befindet. Neben der Provinzhauptstadt **Arnheim** sind **Nimwegen** und **Apeldoorn** bedeutende Städte der Region. Zu den lohnenden Zielen gehören der *Burgers' Zoo* in Arnheim, der Nationalpark *De Hoge Veluwe* mit dem *Kröller-Müller Museum* sowie der *Affenpark Apenheul* in Apeldoorn. Weiterführende Informationen sind im Internet unter www.dasandereholland.de und www.lustauflimburg.de zu finden.

Infos zum Fahrrad-Knotenpunktsystem finden Sie hier: www.limburgtourismus.de/aktiv/radwege-karten.aspx.

FESTKALENDER

Pfingsten:	Landgraaf: **Pinkpop,** großes Musikfestival, dessen Erlös an *Amnesty International* geht. www.pinkpop.nl.
März:	1. So, 7 – 16 Uhr: Apeldoorn: **Vlooienmarkt,** Flohmarkt in der Americahal, Laan van Erica 50, werden Kunsthandwerk, Antikes und Kuriositäten feilgeboten. 4 € Eintritt.
April:	29., 19 – 1 Uhr, Apeldoorn, Marktplein: **Prinsennacht** mit vielen Live-Bands.
Juni:	Fr – So Ende des Monats, Apeldoorn: Drachenbootrennen.
Juli:	Nimwegen, **Nijmeegse 4daagse,** Viertagesmarsch alljährlich in der 3. Juliwoche, Volkswandertage in vier Etappen.
August:	Lottum, 2. Wochenende: **Rosenfestival**

APELDOORN, DIE GRÜNE STADT

Die Stadt ist vor allem bekannt für ihre zahlreichen **Parks** und Grünanlagen. Ein weiterer Höhepunkt ist die Kirche **Grote Kerk,** aus dem Jahr 1892, die auch *Koninginnekerk* genannt wird. Dieses Gotteshaus hat gleich zwei Königinnenfenster, Geschenke der früheren Königinnen *Wilhelmina* und *Beatrix.* Hier fand am 29. Mai 1998 der ökumenische Traugottesdienst von *Prinz Maurits van Oranje-Nassau van Vollenhoven* und *Prinzessin Marilène* statt.

🛈 **VVV-Agentschap Apeldoorn,** *Marktplein 24, 7311 LR Apeldoorn. ℂ 0031-55/5260200. www.vvvapeldoorn.nl. info@vvvapeldoorn.nl. **Bahn/Bus:** Bhf Apeldoorn Bus 7 Richtung Zuidbroek oder 203 Richtung Zwolle bis Markt, Apeldoorn. **Auto:** A50 Ausfahrt 24, N345 Richtung Teuge, rechts N345 Zutphensestraat, wird im Verlauf Deventerstraat. **Zeiten:** Mo – Mi, Fr 9.30 – 17.30, Do 9.30 – 21, Sa 9 – 17 Uhr.*

❌ **Eetafé Fijn,** Raadhuisplein 8, LK Apeldoorn. ℂ 0031-55/5222091. www.eetcafefijn.nl. Mo 9 – 18.30, Do – Sa 9 – 24, So 13 – 20 Uhr. Gemütlich, anspruchsvolle kleine Gerichte, Menüs.

Affenpark Apenheul

In dem weltweit einzigartigen Tierpark leben die meisten der über 30 verschiedenen Affenarten in geschickt angelegten Gehegen ohne Gitterabsperrungen. Totenkopf- oder Berberaffen tummeln sich in diesen begehbaren Anlagen, die Mensch und Tier die Möglichkeit der unmittelbaren Begegnung geben. Gorillas, Orang-Utans und Bonobos haben ihre eigenen Inseln und sind für Besucher dennoch gut zu sehen. Jeder Gast erhält zu Beginn des Besuchs eine affensichere Tasche, um Dinge wie mitgebrachten Proviant oder Medikamente sicher aufzubewahren. Zu den angegebenen Fütterungszeiten informieren die Tierpfleger von Apenheul gerne und ausführlich über ihre Schützlinge. Die artgerechte Tierhaltung im Affenpark ist beispielgebend für viele Zoos und Tierparks weltweit.

💥 *Apenheul hat einen eigenen Naturschutzfond (APCT) gegründet. Dieser engagiert sich weltweit mit verschiedenen Projekten für den Schutz von Umwelt und Natur.*

🕐 **Apenheul,** *J.C. Wilslaan 21, 7313 HK Apeldoorn. ℂ 0031-55/3575757. www.apenheul.de. office@apenheul.nl. **Bahn/Bus:** Bhf Apeldoorn Bus 2 oder 3*

bis Apenheul. *Auto:* Beschilderung Apenheul folgen, Parken 6,60 € pro Tag. *Zeiten:* Ende März – Okt 10 – 17, Juli – Aug 10 – 18 Uhr. *Preise:* Pers ab 13 Jahre 19,50 €; Kinder 3 – 12 Jahre 17,50 €; Behinderte und eine Begleitperson je 17,50 €, Gruppen ab 20 Pers 2,50 € Ermäßigung pro Person.

© Hans Zaglitsch

Familienbande: Gorillas im Affenpark von Apeldoorn

De Brugwachter, Molenstraat 625, XN Apeldoorn. ✆ 0031-55/3600696. www.debrugwachter.nl. 17 – 23 Uhr. Restaurant mit niveauvoller Küche, auch vegetarische Gerichte.

Picknick im Oranjepark: Den gut gefüllten Korb mit Geschirr und Decke gibt es für 17,50 € pro Person bei Uitjes in Apeldoorn. Reservierungen: info@uitjesinapeldoorn.nl.

Königliches Schloss

Paleis Het Loo war rund 350 Jahre der Wohnsitz des niederländischen Königshauses. Königin *Wilhelmina,* die Urgroßmutter des heutigen Königs *Willem-Alexander,* nutzte den Palast viele Jahre als Sommerresidenz. Im Hauptgebäude erinnern 35 kostbar eingerichtete Säle, Kammern und Gemächer an die einstigen Bewohner. Die Wohn- und Arbeitszimmer der Königinnen Emma und Wilhelmina sind im ursprünglichen Zustand erhalten geblieben. Vom Palast führen U-förmige Wandelterrassen in den berühmten **Schlosspark,** der mit symmetrisch angelegten Beeten, Pergolas, Fontänen und Kunstobjekten ein Paradebeispiel der barocken Gartenkunst des 17. Jahrhunderts darstellt. Die ebenfalls sehenswerten Stallungen beherbergen Kutschen und Fahrzeuge des königlichen Fuhrparks.

🕐 *Paleis Het Loo, Koninklijk Park 1, 7315 JA Apeldoorn. ✆ 0031-55/5772400. www.paleishetloo.nl. info@paleishetloo.nl. Bahn/Bus: Bhf Apeldoorn Bus 102 bis Paleis Het Loo. Auto: A50, Ausfahrt 25 Paleis Het Loo, Beschilderung folgen. Rad: Am Haupteingang gibt es eine kostenlose Ladestation für elektrische Fahrräder. Zeiten: Di – So 10 – 17 Uhr. Preise: 14,50 €; Kinder 6 – 17 Jahre 5 €; Familie (2 Erw, 3 Kinder bis 17 Jahre) 35 €, Gruppen ab 20 Pers 12 € pro Person.*

Schlafen im schmucken Häuschen

Das charakteristische Fachwerkgebäude wurde 1904 im Jugendstil erbaut. In der Nähe befinden sich der ⬈ *Paleis Het Loo,* der ⬈ *Affenpark* sowie der beliebte *Oranjepark.* Die zehn Nichtraucherzimmer verfügen über Dusche oder Badewanne und WC, Telefon, Internet und Kabelfernsehen. Ein Fahrradverleih gehört zum Service des Hauses.

🏨 **Hotel Abbekerk,** *Canadalaan 26, 7316 BX Apeldoorn. ☎ 0031-55/5222433. www.hotelabbekerk.nl. info@hotelabbekerk.nl.* **Bahn/Bus:** *Bhf Apeldoorn Stadsbus 5 bis Canadalaan.* **Auto:** *N344 Jachtlaan überqueren, geradeaus auf Loolaan, an der Kreuzung links auf Kerklaan, links auf Meester van Rhemenslaan, noch 2 x links.* **Preise:** *ÜF DZ 85 €; Mo – Sa bei Buchung von 3 Ü zahlen Sie nur 2 Ü.* **Infos:** *Fahrradverleih 7,50 € pro Tag.*

HOENDERLOO AM NATIONALPARK

Das Dorf liegt südwestlich von Apeldoorn am **Nationalpark De Hoge Veluwe.** Dieser ist zugleich die größte Attraktion der Gegend. Erwähnenswert ist die gute touristische Infrastruktur mit Campingplätzen, Bungalowparks, Hotels, Restaurants und Geschäften.

ℹ️ **VVV Veluwespecialist Hoenderloo,** *Apeldoornseweg 16, 7351 AB Hoenderloo. ☎ 0031-55/5260200. www.develuwe.nl. info@vvvhoenderloo.nl.* **Bahn/Bus:** *Bhf Apeldoorn Bus 108s Richtung Ede bis Centrum, Hoenderloo.* **Auto:** *An der N804.* **Zeiten:** *Jan – Feb Mo – Fr 8 – 18, Sa, So 8 – 17 Uhr, März – Dez Mo – So 8 – 18 Uhr.* **Infos:** *Das in einer Bäckerei untergebrachte Fremdenverkehrsbüro nimmt nur begrenzte Aufgaben wahr.*

☀ **Tipp:** Am *Hotel Golden Tulip Victoria* am Woeste Hoefweg 80 steht eine Informationssäule der Tourist-Information.

Nationalpark mit Kunstsammlung

De Hoge Veluwe ist einer der ältesten und größten Nationalparks der Niederlande. Auf einer Gesamtfläche von 5500 Hektar tummeln sich Füchse, Mufflons, Wildschweine und Rotwild. Die abwechs-

In den Niederlanden gibt es 20 Nationalparks, die gemeinsam etwa 3 Prozent der gesamten Fläche einnehmen. Sie liegen verteilt über alle Provinzen mit Ausnahme von Flevoland. Die Oosterschelde ist der größte, Veluwezoom in Gelderland der älteste Nationalpark.

Insgesamt stehen 1700 weiße Fahrräder an folgenden Stellen im Park kostenlos zu Ihrer Verfügung: an den drei Eingängen in Hoenderloo, Otterlo und Schaarsbergen, am Marchantplein, am Kröller-Müller Museum und beim Jagdhaus Sint Hubertus. Eigene Fahrräder können natürlich ebenfalls kostenlos mit in den Park genommen werden.

lungsreiche Landschaft besteht aus Kiefernmischwald, Heideflächen, Moorland und Flugsand. Berühmtheit haben die 1700 weißen Fahrräder erlangt, die zur kostenlosen Nutzung bereitstehen. Immerhin hat der Park **Radwege** mit einer Gesamtlänge von 43 km zu bieten. In begrenzter Zahl stehen auch Kinder- und Rollstuhlfahrräder zur Verfügung. Inmitten dieses Nationalparks finden Sie das Naturmuseum **Museonder,** das **Jagdschloss St. Hubertus** mit seinem auffallenden Turm, einen viel beachteten **Skulpturenpark** und das bekannte **Kröller-Müller Museum** (www.kmm.nl) mit der weltweit größten privaten **Van-Gogh-Sammlung** sowie Werken von anderen namhaften Künstlern.

*De Hoge Veluwe mit Kröller-Müller Museum, Houtkampweg 13, 7352 TC Hoenderloo. ☎ 0031-55/ 3788116. www.hogeveluwe.nl. informatie@hogeveluwe.nl. **Bahn/Bus:** Bhf Apeldoorn Bus 108 bis Hoenderloo, dann Bus 106 Richtung Otterlo bis Besucherzentrum. **Auto:** ausgeschildert, Parken 3 €. **Rad:** Mitnahme des eigenen Fahrrads kostenlos. **Zeiten:** Jan – März, Nov – Dez 9 – 18, Okt 9 – 19, April, Sep 9 – 20, Mai, Aug 9 – 21, Juni, Juli 9 – 22 Uhr. **Preise:** Park 8,40 €, inkl. Kröller-Müller Museum 16,80 €; Kinder 6 – 12 Jahre 4,20 €, inkl. Museum 8,40 €; Gruppenermäßigung ab 20 Pers 10 %. **Infos:** Auto/ Motorrad 6 €, Reisebus 27,50 €, Pferd 3 €.*

Per Drahtesel durch die Natur zur Kunst

Mit einem kostenlosen weißen **Park-Fahrrad** oder einem kostenpflichtigen blauen **Leih-Fahrrad** führt die Fahrradroute mit der Nummer 1 durch den *Nationalpark de Hoge Veluwe* zum **Jagdschloss Sint Hubertus**, dessen Zufahrt im Frühsommer von blühenden Rhododendren gesäumt ist. Das Backsteingebäude mit dem hohen Turm wurde von 1915 bis 1920 im Auftrag der Eheleute *Kröller-Müller* nach einem Entwurf des Architekten *Hendrik Petrus Berlage* (1856 – 1934) gebaut. Entlang dem Weiher wird die Route fortgesetzt. Nun erreichen Sie das offene Heide- und Sandgebiet **Otterlose Zand.** Dort begegnen Sie der Statue von *Christiaan de Wet,* einem südafrikanischen General und Freund der Familie Kröller-Müller. Im weiteren Verlauf erreichen Sie das ↗ **Kröller-Müller Museum** mit seiner weltberühmten Kunstsammlung. Wenn Sie nun Ihre Fahrradtour fortsetzen, haben Sie nach einigen hundert Metern die Gelegenheit, versteckt hinter einer Wand, Wild zu beobachten. Anschließend kehren Sie zum Besucherzentrum zurück.

➲ *Bezoekerscentrum De Hoge Veluwe,*
Apeldoornseweg 250, 7351 TA Hoen
derloo. **Länge:** *etwa 13 km.* **Preise:**
Blaues Fahrrad 3,50 €. **Infos:** *Die*
kostenpflichtigen blauen Fahrräder
bekommen Sie bei der Fahrradwerkstatt neben dem
Besucherzentrum. **Jagdschloss:** *www.rgd.nl/onder*
werpen/de-gebouwen/jachthuis-sint-hubertus.

Der Abendsonne
entgegen: Die Routen
sind leicht zu radeln

Auf der Pferderanch

Inmitten des prächtigen Naturgebiets der **Veluwe** fühlen Sie sich auf dieser Ranch wie im Wilden Westen. Sie können selbstverständlich Ihr eigenes Pferd mitbringen. Es gibt gepflegte Stallungen, eine Reithalle, ausreichend Parkmöglichkeiten für Autos mit Trailer sowie einfache, saubere Unterkünfte in Einzel- oder Gruppenschlafräumen. Überdies besteht die Möglichkeit, **Reitstunden** zu nehmen oder an geführten Ausritten teilzunehmen.

🏠✉🕐 *Krimhoeve Veluwe Ranch, Krimweg 92, 7351*
AW Hoenderloo. ✆ *0031-55/3781192. www.veluwe*
ranch.nl. info@veluweranch.nl. **Bahn/Bus:** *Ab Bhf*
Apeldoorn Bus 108s bis Miggelenbergweg. **Auto:** *Ab*
Zentrum Hoenderloo auf Krimweg in östliche Rich
tung. **Preise:** *Ü DZ 2 Pers 90 €.* **Infos:** *Pferdebox im*
Stall ab 15 € pro Tag.

ARNHEIM, DIE STADT MIT DER BEKANNTEN BRÜCKE

*☀ Bei der größten Luftlandeoperation des Zweiten Weltkriegs kam es zum Kampf um die **Rheinbrücke von Arnheim**. Die Wehrmacht verhinderte die Einnahme der Brücke durch die alliierten Streitkräfte.*

🔒 Verkaufsoffene Sonntage in Arnheim finden Sie hier: www.koopzondagen.net/koopzondag/arnhem.html.

Die Provinzhauptstadt von Gelderland heißt im Niederländischen Arnhem. Viele **Parks** und Grünanlagen prägen das Stadtbild, was Arnheim den Beinamen *Parkstad* einbrachte. Einer Umfrage zufolge zählt die geschichtsträchtige Stadt am Rhein bei den Niederländern zu den sieben beliebtesten Einkaufsstädten. Darüber hinaus wurde das Zentrum zur schönsten Innenstadt des Landes gewählt.

ℹ **VVV Arnhem**, *Stationsplein 13, 6811 KG Arnhem. www.vvvarnhem.nl. info@vvvarnhem.nl.* **Bahn/Bus:** *Gegenüber Hbf Arnhem.* **Auto:** *A12 Ausfahrt 26, Richtung Apeldoornseweg/N784, Beschilderung Arnhem und Station folgen.* **Zeiten:** *Mo – Fr 9.30 – 17.30 Uhr, Sa 9.30 – 17 Uhr.* **Infos:** *kostenpflichtige Servicenummer 09001904022 für 0,45 €/Min, funktioniert meist nur in Holland.*

Auf der Route der Befreier

Auf der **Liberation Route** erfahren Sie, was während des Zweiten Weltkriegs 1944 – 1945 in **Arnheim** und **Nimwegen** geschah. In dem betreffenden Gebiet liegen an 49 Standorten markierte Findlinge, sogenannte Hörstellen. An jeder dieser Hörstellen wird eine beeindruckende Geschichte aus jener Zeit erzählt. Zusätzlich wurden die Findlinge mit dreisprachigen Infotafeln ausgestattet. Beim *VVV Arnheim, VVV Nimwegen/Nimwegener Uitburo, Airborne Museum Hartenstein* und beim *Nationalen Befreiungsmuseum 1944 – 1945* werden MP3-Spieler ausgegeben, auf denen die Informationen zu hören sind. Noch einfacher ist es, die Geschichten der Hörstellen von der Internetseite der Liberation Route herunterzuladen und auf Ihren eigenen MP3-Spieler oder ein Smartphone zu überspielen. Klicken Sie rechts unten auf die deutsche Flagge.

*☀ Die **Liberation Route** folgt dem Weg der Alliierten bei der Befreiung Europas von der deutschen Besatzung. Sie beginnt in der Normandie und verläuft über Nimwegen und Arnheim nach Berlin.*

➲ **Liberation Route**, *6811 KG Arnhem. www.liberationroute.com.* **Infos:** *Unweit des ⤢ VVV befindet sich die*

Hörstelle mit der Nr. 41. Dort können Sie Ihre Route beginnen.

Arnheim unterirdisch

Unter der Innenstadt von Arnheim befinden sich über 30 historische Keller aus dem 13. bis 15. Jahrhundert, die durch Gänge miteinander verbunden sind. Im Laufe der Jahrhunderte dienten sie als Vorratsräume für Handelswaren, dann als Kohlenkeller, vor der Erfindung der Kühlschränke als Kühlkeller und zuletzt als Aufbewahrungsort für Baumaterialien aller Art. Nach einer aufwändigen Restaurierung sind die historischen Gewölbe seit 2003 für Besichtigungen geöffnet. In dem unterirdischen Komplex finden Veranstaltungen und Aktivitäten statt.

*Historische Kelders Arnhem, Oude Oeverstraat 4a, 6811 JX Arnhem. ℰ 0031-26/4455778, 4421092, Handy 00316/26778791. www.historischekelders.nl. info@historischekelders.nl. **Bahn/Bus:** Bhf Arnhem Stationsplein, über Willemsplein, Roermondspleinbrug, Oude Oeverstraat. **Auto:** Ab N225 Nelson Mandelabrücke auf Eldenseweg (N225), Roermondseplein. **Zeiten:** Di – Sa und verkaufsoffene Sonntage 12 – 17 Uhr, Führung Mi und Fr 14 Uhr (Dauer 1 Std). **Preise:** 4 €, mit Führung 5 €; Kinder 4 – 12 Jahre 2,50 €, mit Führung 3,50 €. **Infos:** Führungen 5 €, Kinder 4 – 12 Jahre 3,50 €. Karten erhältlich beim ↗ VVV.*

Es grünt so grün in Arnheim

Das **Besucherzentrum Sonsbeek** ist in der Kornscheune der Wassermühle **Witte Watermolen** untergebracht. Dort werden regelmäßig Veranstaltungen und Ausstellungen organisiert. Zu den Hauptaufgaben gehört die Beratung zu Ausflügen, geführten **Wanderungen** sowie Wanderungen auf eigene Faust im Park Sonsbeek. Überdies werden Fahrrad- und Wanderkarten verkauft. Der hügelige Park Sonsbeek ist reich an Buchen. Zudem finden

Café de Kroeg, Nieuwstraat 27, HV Arnheim. ℰ 0031-26/4433271. www.cafedekroeg.nl. Di – So 17 – 22.30 Uhr. Wechselnde Monatsmenüs, Livemusik.

Jeden So um 13.30 Uhr startet eine kostenlose Wanderung mit einem kundigen Parkführer.

VOM GRENZLAND INS GELDERLAND

M Watermuseum, Zijpendaalseweg 26 – 28, CL Arnhem. ✆ 0031-26/4452548. www.watermuseum.nl. Di – So 10 – 17 Uhr. Wassermuseum. 9 €, Kinder 4 – 12 Jahre 5,50 €.

Sie Weiher, Springbrunnen und zwei Wasserfälle vor. Zu den interessanten Gebäuden auf dem Gelände zählen das Wassermuseum **Watermuseum** in der früheren *Begijnenmolen,* die Wassermühle, ein Eiskeller und ein Aussichtsturm mit dem klangvollen Namen **Belvédère.**

🕐 *Bezoekerscentrum Sonsbeek, Zijpendaalseweg 24a, 6814 CL Arnhem. ✆ 0031-26/4450660. www.bezoekerscentrumsonsbeek.nl. info@bezoekerscentrumsonsbeek.nl. Bahn/Bus: Bhf Arnhem Bus 2 Richtung Hoogkamp oder Schaarsbergen bis Zypendaalseweg. Auto: Sehr begrenzte Parkmöglichkeiten im Umkreis des Parks. Zeiten: Di – Sa 10 – 17, So 11 – 17 Uhr. Preise: Turmbesteigung 1 €.*

In vino veritas: Weinmuseum Arnheim

Das Museum befindet sich in alten Weinkellern unter der Weinhandlung **Robbers & van den Hoogen.** Gezeigt werden die Geschichte und Kultur des Weines vom Weinstock über die Lese bis zum Reifeprozess. Sie haben hier die Möglichkeit, sich über die Champagnerproduktion und Weinanbaugebiete der Welt zu informieren. In den stilvollen Gewölbegängen und mit holzig-feuchtem Geruch in der Nase wähnen Sie sich in einem imposanten Château in *Bordeaux.* Gebrauchsgegenstände aus dem Winzerhandwerk, Flaschen in vielen Formen und Größen, Weinreben und eine besondere Sammlung Korkenzieher sind in Vitrinen ausgestellt. Daneben werden spannende Wechselausstellungen rund um das zentrale Thema Wein organisiert.

☀ *»Château« bedeutet auf Deutsch Schloss. Die Weingüter im französischen Anbaugebiet Bordeaux nennt man jedoch auch Château.*

🍴 **Wijncafé Le Jardin,** Velperweg 23, BC Arnhem. ✆ 0031-26/4424042. www.robbersenvandenhoogen.nl/wijnmuseum. Sa 10 – 17 Uhr. Ausgesuchte Weine, Kaffee.

M *Nederlands Wijnmuseum Arnhem, Velperweg 23, 6824 BC Arnhem. ✆ 0031-26/4424042, 4455912. www.wijnmuseum.nl. info@wijnmuseum.nl. Bahn/Bus: Bhf Arnhem – Velperpoort, am Ausgang links, durch Bahnunterführung, nach 300 m links. Auto: Ab E35 Europaweg auf Velperweg, kostenlose Parkplätze. Zeiten: Sa 10 – 17 Uhr, Führung mit Weinverkostung 13.30 und 15 Uhr 15 €. Preise: 5 €; Kinder bis 12 Jahre 2,50 €; Gruppen nach Absprache.*

Der Zoo der Superlative: Burgers' Zoo

Der Tierpark erstreckt sich über eine Fläche von 45 Hektar, wobei der eigentliche Zoo mit 3000 Tieren nur 18 Hektar groß ist. Der größte Teil des Geländes ist von der Savanne belegt. Diese wird, im Gegensatz zu anderen Safariparks, nicht von Fahrzeugen befahren. Stattdessen erhalten Besucher von verschiedenen Aussichtspunkten und Brücken Einblick in die auf diese Weise ungestörte Tierwelt Ostafrikas. In einer 1,5 Hektar großen Halle, dem *Burgers' Bush,* lädt der Regenwald mit feucht-warmem Klima und der entsprechenden Tier- und Pflanzenwelt zur Erkundung ein. *Burgers' Desert* heißt die Halle, in der die nordamerikanische Sonorawüste und die mexikanische Mojavewüste nachgebildet wurden. Zwischen Kakteen und Agaven leben Tiere wie Geier, Schlangen, Füchse und farbenprächtige Vögel.

Das begehbare Aquarium **Burgers' Ocean** ist eine Salzwasseranlage, die aus elf Becken mit 8 Millionen Litern Wasser besteht. Besucher können die

Der Zoo ist seit 2004 Träger des goldenen »Green Key«. Dabei handelt es sich um ein europäisches Qualitätssiegel für umweltfreundliche und energiesparende Betriebsführung.

Dschungel sprichwörtlich: Im Burgers' Zoo von Arnheim

© Burgers' Zoo

De Chinese Muur, Schelmseweg 50, SH Arnhem. ✆ 0031-26/ 4423185. www.dechine-semuur.net. Di – So 15 – 22 Uhr. Chinesische Menüs oder à la carte.

faszinierende Unterwasserwelt durch eine 20 m breite und 5 m hohe Glasscheibe beobachten.

🕐 **Burgers' Zoo,** *Antoon van Hoofplein 1, 6816 SH Arnhem. ✆ 0031-26/4424534. www.burgerszoo.nl. info@burgerszoo.nl. Bahn/Bus: A12, Ausfahrt 26 Waterberg, Beschilderung Openluchtmuseum/Burgers' Zoo. Auto: Bhf Arnheim Bus 3 bis Oremusplein. Zeiten: März – Okt 9 – 19 Uhr, Nov – Feb 9 – 17 Uhr. Preise: 19 €; Kinder 4 – 9 Jahre 17 €; Gruppen ab 20 Pers 17,50 €.*

Freilichtmuseum

Neben dem ↗ **Burgers' Zoo** gelegen, präsentiert das **Freilichtmuseum** 80 historische Gebäude. Sie kommen aus allen Teilen des Landes und wurden hier wieder aufgebaut. Spazieren Sie von Bauernhöfen zu Mühlen, von Kaufmannshäusern zur Schiffswerft. Eine kleine Straßenzeile aus Amsterdam und eine zeeländische Kirche laden ebenfalls zum Besuch ein. Zwischen den Gebäuden und der umliegenden Natur finden Sie den Kräutergarten, eine Gärtnerei und grünes Weideland. Straßenbah-

Verwirrspiel: Die Westerstraat von Amsterdam – aufgebaut im Freilichtmuseum Arnheim

© Nederlands Openluchtmuseum, Fotograf Wim de Knegt

nen aus vergangenen Zeiten drehen ihre Runden über das weitläufige Gelände und nehmen Sie gerne mit. Für das leibliche Wohl ist ebenfalls gesorgt. Vom Pfannkuchen bis zum Komplettmenü bieten die verschiedenen **Restaurants** und Cafés für jeden Geschmack das Passende an.

🅼 *Nederlands Openluchtmuseum, Schelmseweg 89, 6816 SJ Arnhem. ✆ 0031-26/3576111. www.openluchtmuseum.nl/de. info@openluchtmuseum.nl. Bahn/Bus: Bhf Arnheim Bus 3 bis Oremusplein. Auto: A12, Ausfahrt 26 Waterberg, Beschilderung Openluchtmuseum/Burgers' Zoo. Zeiten: April – Okt täglich 10 – 17 Uhr. Preise: 15,30 €; Kinder 4 – 12 Jahre 10,75 €; Gruppen ab 20 Pers 13,45 €. Infos: Am Schalter ist eine Routenempfehlung für Rollstuhlfahrer erhältlich.*

🔒 **'t Goeye Goet,** Schelmseweg 89, SJ Arnhem. ✆ 0031-26/3576111. www.openluchtmuseum.nl. April – Okt 10 – 17 Uhr. Produkte aus der Herstellung des Museums wie Öl, Bier, Brot, Käse.

HANSESTADT NIMWEGEN

Die Hansestadt Nimwegen hat 160.000 Einwohner. Sie heißt im Niederländischen **Nijmegen** und streitet mit Maastricht darum, die älteste Stadt des Landes zu sein. Sehenswert sind die gotische **St.-Stevenskerk** aus dem 13. Jahrhundert, die **Stadtwaage** auf dem Grote Markt sowie das Museum **Het Valkhof** für Kunst und Archäologie.

ℹ️ *VVV Nijmegen, Keizer Karelplein 32h, 6511 NH Nijmegen. www.vvvnijmegen.nl. info@vvvnijmegen.nl. Bahn/Bus: Bhf Nijmegen Centraal. Auto: A325 bis Nijmegen, Brücke Waalbrug überqueren, Durchgangsverkehr folgen bis Keizer Karelplein. Zeiten: Mo – Fr 9.30 – 17.30, Sa 10 – 16 Uhr.*

Sehen oder nicht sehen: MuZieum

Das **Museum** bringt Ihnen das Wunder des Sehens und die Erfahrung des Nichtsehens näher. Sie begeben sich bei der spannenden Entdeckungsreise in völlige Dunkelheit. Begleitet werden Sie in kleinen Gruppen bis 6 Personen von einem blinden

💥 *Der Name des Museums beinhaltet ein Wortspiel: muZieum (deutsch = mu-Seh-um).*

Führer, der Ihnen hilft, Ihre übrigen Sinne zu schärfen. Eine einzigartige Erfahrung für jeden! In der Abteilung *Practicum* wird das Sehen mit den Händen und den Ohren, etwa über Blindenschrift oder Hörspiele vorgestellt. Im *Opticum* entdecken Sie, was im Auge und im Gehirn passieren muss, damit ein Bild entsteht. Im *Retrospectrum* bekommen Sie einen Eindruck davon, wie Blinde zur Römerzeit und im Mittelalter lebten. Das empfohlene Mindestalter ist 8 Jahre. Wegen des großen Andrangs ist eine Reservierung erforderlich.

🅜 *muZieum,* *Keizer Karelplein 32h, 6511 NH Nijmegen.* ✆ *0031-24/3828181. www.muzieum.nl. info@muzieum.nl.* *Bahn/Bus:* *Hbf Nijmegen, Ausgang Richtung Centrum.* *Auto:* *Das Museum befindet sich mit Theater und Fremdenverkehrsbüro VVV im Gebäude Stadsschouwburg.* *Zeiten:* *Mo – Fr 9.30 – 17, Sa, So 11 – 18 Uhr.* *Preise:* *15 €; Kinder 8 – 12 Jahre 10 €.*

Stadsbrouwerij De Hemel, Franseplaats 1, VS Nijmegen. ✆ 0031-24/3606167. www.brouwerijdehemel.nl. Do – So 13 – 17 Uhr. Führung mit Verkostung von 6 Bieren 10 €.

Het Nieuwe Poortwachtershuys, Kelfkensbos 57, TB Nijmegen. ✆ 0031-24/3220377. www.hetnieuwepoortwachtershuys.nl. Mo – Fr 12 – 14, Mo – Sa 18 – 22 Uhr. Französisch inspirierte Speisekarte.

Kaffeerösterei mit Probierstube

Im ersten Stock der Kommandantur von St. Jan aus dem 12. Jahrhundert hat die Kaffeerösterei ihren Sitz. Hier werden verschiedene Kaffees unter eigener Marke geröstet. Trinken Sie eine leckere Tasse Kaffee aus eigener Röstung in der modernen, gemütlichen Kaffeestube. Genießen Sie dabei den herrlichen Blick auf den Fluss *Waal.* Im Winter spendet ein Kaminfeuer behagliche Wärme. Führungen mit anschließender Verkostung sind möglich.

🅲 *Coffyn,* *Franseplaats 1, 6511 VS Nijmegen.* ✆ *0031-24/3294740. www.coffyn.nl. info@coffyn.nl.* *Bahn/Bus:* *Hbf Nijmegen, Bus 8, 31 oder 300 bis Burchtstraat.* *Auto:* *N325 auf Walkade.* *Zeiten:* *Di – So 10 – 18 Uhr.* *Preise:* *Eintritt frei, Führung nach Absprache 8 – 19,50 €.*

Ein Museum für Velofahrer

Im Fahrradland Niederlande darf ein solches Museum natürlich nicht fehlen. Das **Velorama** entstand

1981 aus der Privatsammlung des Gründers und Eigentümers *Gert-Jan Moed.* Im Mittelpunkt der Ausstellung steht die Entwicklung des Drahtesels vom ersten Laufrad aus dem Jahr 1817 bis zum modernen Fahrrad von heute. Die Sammlung umfasst inzwischen 250 Fahrräder, die teilweise 100 bis 150 Jahre alt sind. Darunter befinden sich Hochräder, Zwei- Drei- und Vierräder. Zubehör wie Lampen, Schaltungen und Plakate wird ebenfalls gezeigt.

© NBT

Steht hanseatisch stolz da: Die Stadtwaage von Nimwegen ist heute ein Café-Restaurant

🅜 *Velorama Nationaal Fietsmuseum, Waalkade 107, 6511 XX Nijmegen. ✆ 0031-24/3225851. www.velorama.nl/duits/museum. info@velorama.nl.* **Bahn/Bus:** *Hbf Nijmegen alle Busse Richtung Centrum bis Burchtstraat.* **Auto:** *Beschilderung Waalkade folgen. Parkhaus parkeergarage Kelfkensbos.* **Rad:** *Am 1230 km langen Rheinradweg www.rheinradweg.eu.* **Zeiten:** *Mo – Sa 10 – 17, So 11 – 17 Uhr.* **Preise:** *5 €; Kinder bis 14 Jahre 3 €; Familie (2 Erw, 2 Kinder) 12 €, Senioren ab 65 Jahre und Behinderte 4 €, Rabatt und kostenlose Führung für Gruppen ab 20 Pers.* **Infos:** *Das Museum ist mit Ausnahme der 3. Etage rollstuhlzugänglich.*

Im gemütlichen Museumscafé **Velocitas** warten leckere Kleinigkeiten und Getränke auf Sie.

Museum für Kunst und Archäologie

Het Valkhof ist der Name des Parks auf einem kleinen Hügel am Rande des Stadtzentrums mit Blick auf den Fluss *Waal.* In früheren Zeiten befand sich an dieser Stelle ein römisches Armeelager, später ließ *Karl der Große* eine Burg bauen. Heute steht dort das Museum für Kunst und Archäologie. Ein großer Teil der Sammlung umfasst Funde aus der

Mit ihnen hat alles angefangen: Römer im Museum Het Valkhof

Römerzeit und dem Mittelalter. Die Abteilung für Alte Kunst zeigt Gemälde, Zeichnungen, Skulpturen und Gegenstände aus Silber. Moderne Kunst ist mit Werken der Pop Art und des zeitgenössischen Expressionismus vertreten. Spannende Wechselausstellungen bereichern das Kulturangebot des Hauses.

M **Museum Het Valkhof,** *Kelfkensbos 59, 6511 TB Nijmegen.* ✆ *0031-24/3608805. www.museumhetvalkhof.nl. info@museumhetvalkhof.nl.* **Bahn/Bus:** *Bhf Nijmegen Bus 1, 3, 4, 31, 33, 57, 80 oder 300 bis Kelfkensbos.* **Auto:** *Beschilderung Centrum und Museum Het Valkhof folgen, Parkhaus Kelfkensbos.* **Zeiten:** *Di – So 11 – 17 Uhr.* **Preise:** *8 €; Kinder 6 – 18 Jahre 4 €; Familie (2 Erw, 3 Kinder) 20 €, Gruppen ab 15 Pers 5,50 €.*

Entspannen in den Thermen

Das **Spa & Wellness Hotel Scandic Sanadome Nijmegen** verfügt über eine 2500 qm große Thermenlandschaft mit weitläufigen Thermalbädern im

Innen- und Außenbereich, 340 qm Whirlpools mit Sauerstoff- und Kohlensäurezusatz, Kräuterwhirlpools, Solebad, Warmwasserbädern, Dampfraum, Solarium und einer Liegewiese. Zahlreiche medizinische oder Beauty-Behandlungen sind zubuchbar.

Sanadome, Weg door Jonkerbos 90, 6532 SZ Nijmegen. © 0031-24/3597280. www.sanadome.nl. info@sanadome.nl. **Bahn/Bus:** Hbf Nijmegen, Bus 3, 4, 8 oder 11 Richtung Canisius Wilhelmina Ziekenhuis (CWZ) bis Sanadome. **Auto:** Ab Zentrum ANWB-Beschilderung Sanadome folgen. **Zeiten:** Therme Mo – So 9 – 23.30 Uhr. **Preise:** Tageskarte Therme 29,50 €; Abendkarte (17 – 23.30 Uhr) 23,50 €, Senioren 65+ Tageskarte 26,55 €. **Scandic Sanadome**✶✶✶✶: Arrangements ab 70 € pro Nacht inkl. Frühstück und 2 x Therme. Mehrere Restaurants.

Tee im Garten de Millinger Theetuin

Im Naturschutzgebiet De Millingerwaard, wo Gallowayrinder und Konikponys grasen, liegt die hübsch angelegte **Gartenanlage de Millinger Theetuin.** Mediterrane Bäume und Pflanzen wie Bananen, Feigen und Palmen verbreiten eine exotische Atmosphäre. Verschlungene Pfade führen Sie zu lauschigen Plätzen mit gemütlichen Sitzecken. Wie es sich für einen Teegarten gehört, steht auf dem Gelände ein maurischer Teepavillon mit Veranda. Der marokkanische Platz mit zauberhaftem Wasserspiel und nordafrikanischen Dekorationen lädt zum Verweilen ein. Ein weiteres Teehaus ist im fernöstlichen Stil gehalten. Im Millinger Teegarten holen sich Gartenliebhaber von nah und fern Anregungen für ihre grüne Oase daheim.

Millinger Theetuin, Klaverland 9, 6566 JD Millingen a/d Rijn. © 0031-481/431885. www.millingertheetuin.nl. contact@millingertheetuin.nl. **Bahn/Bus:** Bhf Nijmegen Bus 80 oder 82 bis Kekerdom, dann zu Fuß über Weverstraat. **Auto:** Ins Navigationssystem Duffeltdijk in Kekerdom eingeben. Parken in Kekerdom, dann 2 km zu Fuß oder per Rad durch das Na-

Verschiedene Restaurants, wovon einige nur an Wochenenden geöffnet sind, stehen den Gästen zur Verfügung.

Eine Fahrradroute führt durch Kekerdom und De Millingerwaard bis Nimwegen. Die gesamte Strecke ist 35 km lang. Infos und Routenkarte finden Sie auf www.routeyou.com/route/view/140739/fietsroute-millingerwaard.nl.

Der **High Tea** wird in der feinen englischen Gesellschaft zwischen 17 und 19 Uhr am hohen Tisch zelebriert und nicht am niedrigen Teetisch. Gereicht werden hierzulande z.B. Quiche, Sandwichs mit Thunfisch- und Eiersalat, Lachs-Röllchen mit Gartenkräutern und Gebäck.

Modellgärten Appeltern

In Europas größtem Modellgarten-Park mit einer Gesamtfläche von rund 22 Hektar sind über 200 verschiedene Gärten zu besichtigen. Jeder Mustergarten hat sein eigenes Thema. Es gibt Stadtgärten, Bauerngärten, Balkongärten, Wassergärten, Pergola-Gärten, englische und japanische Gärten sowie viel Wasser in Form von Kanälen und Teichen.

*☀ Im März 2011
filmte die ARD für
ihre Sendung »ARD-Ratgeber: Heim + Garten«
in den Modellgärten von
Appeltern.*

✕ 't Sprookjeshof,
Maasdijk 12, KB
Appeltern. ✆ 0031-487/
541156. www.t-sprook-
jeshof.nl. Fr 16 – 20 Uhr,
Sa, So 12 – 20 Uhr.
Pfannkuchen ab 4,75 €,
Müslipfannkuchen.

*Wer viel Platz hat, kann
seinen Garten mit ihnen
schmücken: Tellerseerosen*

© Hans Zaglitsch

🕐 **Tuinen van Appeltern,** *Walstraat 2a, 6629 AD Appeltern. ✆ 0031-487/541732. www.appeltern.nl.
info@appeltern.nl. **Auto:** Beschilderung Tuinen van
Appeltern folgen, Parken 3 €. **Zeiten:** März täglich
10 – 17 Uhr, April – Sep täglich 10 – 18 Uhr, Okt –
Nov 10 – 17 Uhr. **Preise:** 12,50 €; Kinder 6 – 12 Jahre 6,25 €; Senioren ab 65 Jahre und Gruppen ab 20
Pers 2 € Ermäßigung. **Infos:** Führung zum Preis von
40 € buchbar ab 15 Pers.*

Historisches Dampfpumpwerk

Das Dampfschöpfwerk wurde zwischen 1916 und
1918 errichtet. Es entwässerte bis 1967 das Poldergebiet zwischen *Maas* und *Waal*. In unseren mo

dernen Zeiten geschieht dies elektrisch. Daher ist es wenig verwunderlich, dass **De Tuut** das einzige erhaltene von einst 18 Dampfschöpfwerken in Gelderland ist. Das Pumpwerk ist im Rahmen einer Führung zu besichtigen, an einigen Tagen ist es in Betrieb (Termine auf der Internetseite unter: Openingstijden/prijzen/Stoomdagen). Die frühere Kohlenscheune beherbergt heute das Informationszentrum. Dort wird mittels Animationen an Computerbildschirmen anschaulich demonstriert, wie die Trockenlegung vonstatten geht.

◼ **Stoomgemaal De Tuut,** *De Tuut 1, 6629 AA Appeltern. ℂ 0031-487/541156. www.de-tuut.nl. info@de-tuut.nl.* **Auto:** *A15, Ausfahrt 34 Echteld, N32, N322, N329.* **Zeiten:** *April – Okt Do 10 – 15 Uhr, in ungeraden Wochen zusätzlich Sa 10 – 15 Uhr.* **Preise:** *2,50 €, an Betriebstagen 4 €; Kinder bis 12 Jahre frei; Führung Gruppen ab 15 Pers 2,50 €.*

✕ **De Gruyterij,** Blauwe Sluis 1b, KK Appeltern. ℂ 0031-487/541872. www.moeke-mooren.nl. Mo – Sa 11 – 21, So 12 – 21 Uhr. Saisongerichte.

DER BESONDERE TIPP Hotel Moeke Mooren

▲ *Moeke Mooren* war die Fährfrau, die ihre Passagiere mit einer kleinen Fähre ans andere Ufer der Maas brachte. Das Hotel am Fluss hat ein gemütliches Restaurant, eine große Terrasse, auf der es sich mit Blick auf den Fluss herrlich Kaffeetrinken lässt, und Bowlingbahnen. Alle 16 Zimmer sind modern und komfortabel eingerichtet, Internetanschluss inklusive. Das Hotel veranstaltet Schiffsrundfahrten und vermietet Boote und Motorroller.

Hotel Restaurant Moeke Mooren, Blauwe Sluis 1b, 6629 KK Appeltern. ℂ 0031-487/541872. www.moekemooren.nl. info@moeke-mooren.nl. **Auto:** N329 auf Munsedijk, wird im Verlauf Blauwe Sluis. **Preise:** ÜF ab 50 € DZ.

© NBT

HORST AAN DE MAAS

Gemeinsam mit Broekhuizen und Grubbenvorst bildet Horst die neu entstandene Gemeinde Horst aan de Maas. Der Ort mit seinen 12.000 Einwohnern ist international bekannt für die dort ansässige **Champignonzucht** und **Erdbeerfelder.**

ℹ️ *VVV Horst, Steenstraat 2, 5961 EV Horst. © 0031-77/3976180. www.buitengewoonlimburg.nl. info@vvv-horstaandemaas.nl. **Bahn/Bus:** Bhf Venlo Bus 60 Richtung Venray bis Doolgaardstraat, Horst. **Auto:** A73 Ausfahrt 11 Horst Richtung Melderslo, links Melderloseweg, Kreisel 1. Ausfahrt Venloseweg über Hoofdstraat und Sint Lambertusplein bis Steenstraat. **Zeiten:** Mo – Fr 9.30 – 18, Sa 10 – 16 Uhr.*

Das Erdbeer-Paradies

Das **Erdbeerland** ist ein einzigartiger **Themenpark** im Norden der Provinz Limburg. Hier dreht sich alles um die Königin der Beerenfrüchte. So gibt es auf dem Gelände ein Erdbeermuseum, einen Erdbeerladen, ein Gewächshaus voller Erdbeeren, einen Erdbeerwald, das Erdbeerhaus und natürlich Erdbeerfelder. Im **Erdbeerterrassencafé** werden beerige Spezialitäten angeboten. Hier ist auch ein Erdbeerpicknick mit Korb voller Erdbeer-Leckereien zum Preis von 23,50 € pro Person erhältlich. Der Eintritt in den Themenpark ist dabei inbegriffen.

🕐🕐🏕️ *Het Aardbeienland, Kreuzelweg 3, 5961 NM Horst. © 0031-77/3970216. www.aardbeienland.nl. info@aardbeienland.nl. **Bahn/Bus:** Bhf Horst-Sevenum, Bus 60 Richtung Venray bis De nieuwe lind, dann 800 m Fußweg bis zur riesigen Erdbeere. **Auto:** A73 Ausfahrt 10 Horst-Noord/Tienray, Richtung Tienray bis zur riesigen Erdbeere. Kostenloser Parkplatz. **Zeiten:** April – Okt Di – So 11 – 17 Uhr, Erdbeeren pflücken für Besucher Juni – Aug Di – So 13.30 – 15.30 Uhr. **Preise:** 9,80 €; Kinder 3 – 11 Jahre 6,80 €; Behinderte 7,80 €, angemeldete Gruppen erhalten je nach Gruppengröße und Saison Ermäßigung. **Infos:** Laden, Gastronomie und Themengebäude sind frei zugänglich.*

© Aardbeienland Horst

Spargel- und Champignonmuseum

In der Scheune eines historischen Bauernhofs von 1859 befindet sich seit 1993 das Museum für die beiden landwirtschaftlichen Produkte, die in dieser Gegend die Hauptrolle spielen: Spargel und Champignons. Besucher können sich über die Zucht und den Wachstumsprozess bis zum Endprodukt informieren. Mit 3,11 m ist hier die längste Spargelstange der Welt ausgestellt. Im Hauptgebäude befindet sich das **Heimatmuseum.** Dort wird ein Eindruck vom Leben in dieser Gegend zu früheren Zeiten vermittelt. Sie können eine komplette Einrichtung mit gemütlicher Küche, der guten Stube mit einer Bettnische und den Vorratsraum sehen. In den Ställen sind landwirtschaftliche Geräte ausgestellt.

M *De Locht,* Koppertweg 5, 5962 AL Horst-Melderslo. ℂ 0031-77/3987320. www.delocht.nl. info@de-locht.nl. *Auto:* A73, Ausfahrt 11 Horst/Melderslo, Richtung Melderslo, kostenloser Parkplatz. *Rad:* An der Radroute Peel- en Maasroute. www.bikely.com/

»Ich bin so wild nach deinem Erdbeer-mund …« dichtete einst Paul Zech – ob die Erd-beerkönigin des Erd-beerlandes Horst das lüsterne Lied kennt?

VOM GRENZLAND INS GELDERLAND

Bierkneipe Cambrinus, Venrayseweg 94, AJ Horst. ✆ 0031-77/3983009. www.cafe-cambrinus.nl. Fr, Sa 19 – 2 Uhr, So 15 – 1 Uhr, Mo 19 – 1 Uhr. 150 Spezialbiere, davon 8 Biere vom Fass.

*maps/bike-path/peel-maas-route. **Zeiten:** Nov – März Mi, Sa, So 11 – 17, April – Okt täglich 11 – 17 Uhr. **Preise:** 6 €; Kinder 4 – 12 Jahre 3 €; Gruppen ab 20 Erw 5 €, ab 20 Kinder 2,50 €.*

Baden in gesundem Wasser

Das Wasser des **Thermalbads** kommt aus einer Tiefe von 892 m. Es enthält Fluor, Jod und Eisen. Die angenehme Temperatur von 35 bis 36 Grad Celsius sowie diverse Unterwassermassagestrahlen sorgen für Entspannung und ein wohliges Gefühl. Es gibt ein Hallenbad und vier Außenbäder sowie verschiedene Saunen, ein Beautyzentrum und ein Kurzentrum für rheumatische Beschwerden.

*🌊 **Thermalbad,** Klein Vink 11, 5944 EX Arcen. ✆ 0031-77/4732424. www.thermaalbad.nl. info@thermaalbad.nl. **Bahn/Bus:** Bhf Venlo Bus 83 Richtung Nijmegen bis Klein Vink/Thermaalbad Arcen. **Auto:** N271, rechts auf Klein Vink. **Zeiten:** Thermalbad 8 – 23 Uhr, Beautyzentrum Mo – Fr 9 – 17.30 Uhr, Sa, So 9 – 18 Uhr. **Preise:** Thermalbad 2,5 Std Mo – Fr 12,80 €, Tageskarte 27 € (Wochenende je 1 € mehr).*

Besichtigung der Kornbrennerei

De IJsvogel brennt Jenever, Kräuterbitter und Liköre. Die beliebten Spirituosen werden an den Großhandel, Wein- und Spirituosenhändler, das Gaststättengewerbe und Privatleute geliefert. Eine Besichtigung der Brennerei ist für bis zu 15 Personen ohne Führung möglich. Ab 15 Personen wird nach Absprache eine Führung angeboten. De IJsvogel organisiert verschiedene **Rad- und Wandertouren.**

Schenkerij De IJsvogel, Schans 20a, AG Arcen. ✆ 0031-77/4731240. www.ijsvogel.com. März, Okt, Nov Sa, So 11 – 18, April – Sep 11 – 18 Uhr. Schänke mit Außenterrasse.

*⏱ **Graanbranderij De IJsvogel,** Schans 20a, 5944 AG Arcen. ✆ 0031-77/4731240. www.ijsvogel.com. info@ijsvogel.com. **Bahn/Bus:** Bhf Venlo Bus 83 Richtung Nijmegen bis Maasstraat/Koestraat Arcen. **Auto:** N271, am Ortseingang links auf Schans, Parkplatz bei Kasteeltuinen. **Zeiten:** März, Okt, Nov Sa, So 11 – 18 Uhr, April – Sep täglich 11 – 18 Uhr. **Preise:** 4,50 €, mit Führung 6 € inkl. 1 Verkostung, 8,50 €*

© Graanbranderij De Ijsvogel

inkl. 3 Verkostungen; Kinder bis 16 Jahre 2,25 €, mit Führung 3 € inkl. 1 alkoholfreie Verkostung.

Die urige Probierstube der Kornbrennerei De IJsvogel

DAS ROSENDORF LOTTUM

Im Jahr 1900 brachte Pfarrer *Lichteveld* die ersten Rosen von Frankreich nach Lottum. Heute werden in dem limburgischen Dorf etwa 20 Millionen Rosen pro Jahr gezüchtet. Das entspricht 70 Prozent der Landesproduktion dieser Edelblumen. Juli – September erwartet den Besucher eine überwältigende Blütenpracht und betörende Düfte ziehen durch das Dorf. Alle zwei Jahre, jeweils in den geraden Jahren, findet am 2. Wochenende im August ein viel besuchtes **Rosenfestival** statt. Dazu werden Millionen von Rosen zu Mosaiken, Blumengestecken und anderen Kunstwerken verarbeitet und über den ganzen Ort verteilt. In den dazwischen liegenden Jahren organisieren Rosenzüchter Tage der Offenen Tür.

➊ *Lottum, Konijnskampstraat 10, 5973 NM Lottum.* ✆ *0031-77/4631688. www.rozendorp.nl. Bahn/Bus: Bhf Venlo Bus 20 Richtung Lottum bis Markt, Lottum.*

➔ Die 35 km lange Rosen-Radroute ist mit grünen Sechsecken beschildert.

➔ **Fahrradverleih Kellenaers,** De Steegh 13, PZ Lottum. ✆ 0031-77/4632893. www.gkbikes.com. Mo 13 – 18, Di – Fr 9 – 12, 13 – 18, Sa bis 16 Uhr. 9,50 € pro Tag.

VOM GRENZLAND INS GELDERLAND

Auto: A73 Ausfahrt 11 Horst Richtung Sevenum auf Meldersloseweg, wird im Verlauf Lottumseweg, Horsterdijk. *Infos:* Derzeit keine Tourist-Information.

Die Königin der Blumen

Der **Rozenhof** in Lottum ist eine Mischung aus Informationszentrum und Rosengarten. Im Garten blühen auf einer Gesamtfläche von 6000 qm nahezu alle Rosen, welche die niederländische Auszeichnung *Toproos* und die deutsche Qualitätsbezeichnung *ADR-Rose* tragen. Informieren Sie sich bei einer Tasse Kaffee oder Tee über das Thema Rosen. Sie können hier Präsentationen beiwohnen und haben die Gelegenheit, Fragen zu stellen.

Rozenhof, Markt 2, 5973 NR Lottum. © 0031-77/4631688. www.rozendorp.nl/dagje-lottum/de-rozenhof/s/82. info@rozenhoflottum.nl. Bahn/Bus: Direkt am Markt. Auto: Parkplatz Markt. Zeiten: Mai – Sep täglich, Okt Sa und So 10 – 17 Uhr. Preise: frei zugänglich.

☀ *Der Rosenhof arbeitet ohne chemische Schädlingsbekämpfungsmittel.*

🔒 Besondere Delikatessen wie Rosenkonfitüre, Rosenpralinen und Rosenwein werden zum Verkauf angeboten.

Campingplatz im Zeichen der Rose

Der **Rosengarten des Maashofs** ist kostenlos zu besichtigen. In der rosigen Teestube können Sie einen englischen High Tea genießen. An einem stilvoll gedeckten Tisch werden Ihnen Tee mit Scones, Teabread, Rosentorte und herzhafte Häppchen serviert. Zum Landhaus gehört ein **Campingplatz** mit 40 Saison- und 25 touristischen Stellplätzen.

✉ ⛺ *De Maashof, Veerweg 9, 5973 NS Lottum. © 0031-77/4631924. www.demaashof.nl. info@demaashof.nl. Bahn/Bus: Bhf Venlo Bus 29 Richtung Venray bis Markt, Lottum. Auto: A73, Ausfahrt 11 Richtung Horst, ab Zentrum Horst Richtung Fähre Veerpont Lomm und Arcen, kurz vor der Maas links. Zeiten: Campingplatz April – Sep, Teehaus April – Aug täglich 10.30 – 18 Uhr, Sep – Okt Sa, So 10.30 – 18 Uhr. Preise: Campingstellplatz für 2 Pers je nach Platz 9,30 – 20 €.*

Rosen körbeweise: Lottum ist das Rosendorf

MAASTRICHT &
DER HÜGELIGE SÜDEN

Die Maastrichter pflegen ihre Kaffeekultur auf Straßen und Plätzen
© Ilona Zaglitsch

STERNEREICHES HÜGEL- & LUKULLUSLAND

Im Süden der Niederlande liegt Südlimburg. Die Region kommt völlig untypisch, weil hügelig daher. Der Vaalserberg ist mit beachtlichen 322,7 m die höchste Erhebung der Niederlande auf europäischem Boden. (Der höchste Berg des Landes ist ein 800 m hoher Vulkan auf der niederländischen Karibikinsel Saba.)

Das Gebiet zwischen **Vaals** und **Gulpen** wurde 2005 von der Stiftung Natur und Umwelt zur schönsten Landschaft der Niederlande gewählt. Dabei wurden fünf Sterne für Erlebniswert, ökologischen und kulturhistorischen Wert, die Möglichkeit zur Erholung mit und in der Natur sowie für den einzigartigen Charakter des Gebiets verliehen.

In der Hauptstadt der Provinz Limburg, **Maastricht,** versteht man etwas von Speis und Trank. Zurzeit sind neun Restaurants dieser Stadt mit mindestens einem Michelin-Stern ausgezeichnet. Ausflugsmöglichkeiten gibt es in ebenfalls reichlich. Eindrucksvoll ist ein Besuch der **Mergelgrotten** in Valkenburg. Die historischen Städtchen **Roermond** und

FESTKALENDER

März:	Maastricht: **Tefaf,** The European Fine Art Fair, die weltgrößte Messe für Kunst und Antiquitäten im MECC, www.tefaf.com.
April:	um 15.: **Amstel Gold Race,** 250 km langes Radrennen nahe Maastricht, mit Touristik-Version am Vortag.
Pfingsten:	Landgraaf: **Pinkpop,** großes Musikfestival, dessen Erlös an *Amnesty International* geht, www.pinkpop.nl.
Sommer:	Maastricht: **André Rieu** gibt jedes Jahr in seiner Geburtsstadt Sommerkonzerte unter freiem Himmel auf dem Vrijthof, www.andrerieu.com.
August:	Maastricht: letztes Wochenende, **Peuvenemint,** kulinarisches Fest auf dem Vrijthof, www.preuvenemint.nl, und Feiern mit Bezug zur Fischerei.
Dezember:	Valkenburg: **Weihnachtsmarkt** in den Gemeindgrotten. www.kerststadvalkenburg.nl.

Thorn sind überaus lohnenswerte Ziele für Tages-
touren.

WASSERSPORT UND EINKAUFS-BUMMEL IN ROERMOND

Das Zentrum der früheren Garnisonsstadt ist reich
an historischen Bauwerken. In der direkten Umgebung der Stadt befindet sich das Wassersportge-
biet **Maas-Seen.** Beim Jachthafen *Marina Oolderhuuske* liegt ein **Ferienpark** mit Ferienhäusern und einem Campingplatz.

 In Roermond sind
die Geschäfte jeden
Sonntag 13 – 17 Uhr ge-
öffnet.

ℹ *VVV Roermond, Markt 17, 6041 EL Roermond.
☎ 0031-475/335847. www.vvvmiddenlimburg.nl.
roermond@vvvmiddenlimburg.nl. Bahn/Bus: Bhf
Roermond 850 m Fußweg über Stationsplein rechts
auf Godsweerdersingel, links auf Stationsplein, wird
Veldstraat, weiter über Dionysusstraat und Bethle-
hemstraat, links Swalmerstraat geradeaus bis Markt.
Auto: N280 Hornerweg stadteinwärts, links auf Bui-
tenop, links Kraanpoort, links Markt. Zeiten: Nov –
März Mo 13 – 17, Di – Sa 9.30 – 17, So 12 – 16, April –
Okt Mo – Fr 9.30 – 17.30, Sa 9.30 – 16, So 11 – 16 Uhr.*

**Resort Marina Ool-
derhuuske,** Oolder-
huuske 1, TR Roermond.
☎ 0031-475/588686.
www.oolderhuuske.nl/
497/Vakantiewoningen.
Ganzjährig. Ferienhäuser
am und auf dem Wasser.
4 Pers Wochenpreis
350 – 775 €.

Monumentenroute

Eine gute Möglichkeit, die Stadt kennen zu lernen,
ist der beschilderte Stadtrundgang *Monumentenroute.* Er führt zu den sehenswertesten Plätzen und
Gebäuden der Altstadt und ist auch für Rollstuhlfahrer geeignet. Der Spaziergang beginnt beim
Fremdenverkehrsbüro VVV am Markt 17 in Roermond. Unterwegs sehen Sie bedeutende Bauwerke
wie die **St. Christoffelkathedrale,** die frühere Hand-
werkerschule *Teekenschool,* den *Prinsenhof-Palast,*
verschiedene Kirchen, die *Maria-Theresia-Brücke*
sowie das *Rathaus* aus dem Jahre 1700. Die Broschüre der Monumentenroute ist zum Preis von
1,55 € beim VVV erhältlich.

➲ *Markt 17, 6041 EL Roermond. Länge: 3,5 km.*

☀ **Tipp:** Kinder unter 7 Jahre dürfen den Kirchturm aus Sicherheitsgründen nicht besteigen.

🔒 **Designer Outlet,** Stadsweide 2, TD Roermond. ✆ 0031-475/351777. www.mcarthurglen.com. Mo – Mi, Fr 10 – 19, Do, Sa, So 10 – 20 Uhr. 100 Läden, reduzierte Markenware.

Kathedrale St. Christoffel

Der Sakralbau aus dem 15. Jahrhundert steht für Besichtigungen offen. Sehenswert ist der aus Naturstein gefertigte Sakramentsaltar im Renaissancestil. Prächtige Gemälde und Kirchenfenster mit religiösen Darstellungen gehören zu den Kunstschätzen des Gotteshauses. Der 86 m hohe Turm trägt eine mit Blattgold verzierte Christophorusstatue auf seiner Spitze. April – Oktober können schwindelfreie Besucher auf einer Höhe von 75 m die Turmspitze umrunden und einen atemberaubenden Blick über die Stadt und die Region genießen.

🕐 *St. Christoffelkathedraal, Grote Kerkstraat bei 29, 6041 CR Roermond. ✆ 0031-475/331455. www.kathedraal-roermond.nl. Bahn/Bus: Bhf Roermond 900 m Fußweg über Veld-, Bethlehem- und Swalmerstraat oder Bus 11, 73, 74, 75, 76, 77 bis Wilhelminasingel. Auto: Im Zentrum unweit des Markts. Zeiten: Di – So 13 – 17 Uhr, Turm April – Okt Sa 14.30 und 15.30 Uhr. Preise: Eintritt Kirche frei, Turmbesteigung 2,50 €; Kinder 7 – 12 Jahre 1,50 €; Gruppen ab 10 Pers 1,50 € pro Person. Infos: Führungen für Gruppen ab 10 Pers möglich. Gezahlt wird ein freiwilliger Beitrag (erwartet wird min. 1 € pro Person).*

Bootsverleih Maas-Seen

Die Maas-Seen mit einer Gesamtoberfläche von 3000 Hektar sind unterirdisch durch die *Maas* mit einander verbunden. Vermietet werden hier verschiedene Segelboote, Motorboote und Kanus. Die angeschlossene Segelschule bietet Segelkurse mit abschließenden Diplom.

➲ *Watersportschool Frissen, Oolderhuuske 1, 6041 TR Roermond. ✆ 0031-475/327873. www.watersport-school.nl. info@watersportschool.nl. Auto: Braune Hinweisschilder Oolderhuuske oder Watersportschool Frissen. Zeiten: April – Okt täglich 10 – 13 und 13.30 – 17.30 Uhr, Mitte Mai – Aug Fr, Sa bis 21 Uhr. Preise: Segelkurse 300 €, Vermietung Kanadier-Ka-*

nu für 2 – 3 Pers ab 15 € pro Std, Segelboot ab 50 € pro Tag, Motorboot ab 60 € pro Tag.

THORN, DAS WEISSE STÄDTCHEN

Der idyllische Ort mit rund 2500 Einwohnern wird auch das *Weiße Städtchen* genannt, denn die meisten Häuser sind in dieser Farbe gestrichen. Genießen Sie die einzigartige Atmosphäre im **denkmalgeschützten Ortskern.** Dort sind die Wege übrigens mit Steinen aus der *Maas* gepflastert.

🛈 ***VVV Thorn,*** *Wijngaard 8, 6017 AG Thorn.* ℰ *0031-475/561085. www.vvvmiddenlimburg.nl. info@vvvmiddenlimburg.nl.* ***Bahn/Bus:*** *Bhf Roermond Bus 72 Richtung Ittervoort oder Bus 73 Richtung Weert bis Wal, Thorn.* ***Auto:*** *A2 Ausfahrt 41 Grathem, N273 Richtung Ittervoort/Thorn, links N273 Napoleonsweg, links auf Thornerstraat auf Ittervoortweg, rechts Wilhelminalaan und Hoogstraat, rechts Vinkenstraat, links Wijngaard.* ***Zeiten:*** *April – Okt Mo 13 – 17, Di – Fr 10 – 17, Sa, So 10 – 16, Nov – März Di – Fr 11 – 16, Sa, So 11 – 15 Uhr.*

Heimatmuseum

In dem Museum mit mittelalterlicher Ausstrahlung dreht sich alles um die reiche Geschichte des Or-

Das Heimatmuseum in Thorn

© VVV Middenlimburg

tes. In der gegen Ende des 10. Jahrhunderts gegründeten **Abtei** lebten und wirkten bis zur Auflösung 1797 32 Äbtissinnen und zahlreiche adelige Stiftsdamen. Den frommen Frauen widmet das Museum große Aufmerksamkeit. Besuchen Sie auch die **gotische Abteikirche,** in deren Krytpa ein auf natürliche Weise mumifizierter Leichnam in einem gläsernen, klimatisierten Sarkophag liegt. **Archäologische Funde** aus der Gegend wie Fossilien und primitive Geräte aus Feuerstein werden ebenfalls gezeigt.

🅼 *Het Land van Thorn,* Wijngaard 14, 6017 AG Thorn. ✆ 0031-475/561380. www.museumhetlandvanthorn.nl. info@museumhetlandvanthorn.nl. *Bahn/Bus:* Bhf Roermond, Bus 73 Richtung Weert bis Haltestelle Wal in Thorn. *Auto:* A2, Ausfahrt 42 Wessem/Panheel, Beschilderung Thorn folgen. *Zeiten:* April – Okt Mo 12 – 17, Di – So 10 – 17 Uhr, Nov – März Di – So 11 – 16 Uhr. *Preise:* 5 €; Kinder 6 – 16 Jahre 2,50 €; Familienkarte (2 Erw, bis zu 4 Kinder) 15 €, Gruppen ab 15 Pers 4 €.

Fletcher Hotel

Das historische Gebäude, in dem einst Stiftsdamen lebten, ist heute ein Hotel-Restaurant mit einer urigen Kellerbar. Die 23 komfortablen Gästezimmer verfügen über Bad oder Dusche, WC, Radio, TV und Minibar. Im zugehörigen Restaurant stehen neben anspruchsvollen Fleisch- und Fischgerichten auch vegetarische Speisen auf der Karte.

⌂✉ *La Ville Blanche* ✳✳✳, Hoogstraat 2, 6017 AR Thorn. ✆ 0031-347/750423. www.hotellavilleblanche.nl. info@hotellavilleblanche.nl. *Bahn/Bus:* Bhf Roermond Bus 73 Richtung Weert bis Meers 5. *Auto:* A2, Ausfahrt 42 Wessem/Panheel, Beschilderung Thorn folgen. *Preise:* 2 Pers DZ 54 – 83 €. *Infos:* Der historische Ortskern von Thorn ist autofrei. Vermeiden Sie das Parken auf Anwohnerparkplätzen (vergunninghouders)!

Pferdetaxi

Ein nostalgisches Pferdegespann transportiert zwei bis fünf Fahrgäste innerhalb der Ortsgrenzen auf stilvolle Weise zum Ziel. Der Passagierteil der Kutsche ist mit einem durchsichtigen Regenschutz ausgestattet, um den Blick auf den Ort und die Landschaft nicht zu behindern. Da die Wartezeit bis zu einer Stunde betragen kann, ist es ratsam, rechtzeitig telefonisch vorzubestellen.

❯ *Hippisch centrum Thorn,* Ittervoorterweg 49, 6017 BX Thorn. ✆ 0031-475/564601, Handy 00316/22971709. www.hippischcentrumthorn.nl. de.nachtegaal@hetnet.nl. *Bahn/Bus:* Bhf Roermond Bus 73 Richtung Weert bis Ittervoorterweg, Thorn. *Auto:* N273 auf Thornerstraat, wird im Verlauf Ittervoorterweg. *Preise:* Rundfahrt durch das historische Zentrum Thorns 4,50 € pro Person.

MAASTRICHT, DIE STADT DER GENIESSER

Die Geschichte der Provinzhauptstadt an den Ufern der *Maas* lässt sich bis in die Römerzeit zurückverfolgen. Im historischen Zentrum sehen Sie Kirchen aus verschiedenen Epochen. Der bekannteste Platz ist der **Vrijthof** nahe der **Servaaskirche.** Die **European Art Fair,** kurz TEFAF, lockt alljährlich Kunstliebhaber und -sammler aus aller Welt ins Messezentrum **MECC.** Einige hundert Kunst- und Antiquitätenhändler bieten Gemälde Alter Meister, kostbare Statuen und Juwelen an. Auch moderne und zeitgenössische Kunst steht dort zur Auswahl. Maas-

Typisch Maastricht: An jeder Ecke gibt es hübsche Straßencafés

© NBT

✹ *Die **Grotten St. Pietersberg** mit vielen unterirdischen Gängen sind wegen ihrer konstanten Temperatur von 10 Grad Überwinterungsplätze für Fledermäuse. Eine Besichtigung ist im Rahmen einer ⭷ Rundfahrt auf der Maas möglich.*

tricht ist wegen der Vielzahl an sehr guten **Restaurants** bekannt bei Gourmets. Das **Preuvenemint** ist ein viertägiges kulinarisches Fest auf dem Vrijthof. Es findet am letzten Augustwochenende statt. An 40 Ständen werden Kostproben aus den Restaurantküchen der Stadt angeboten. Ein Rahmenprogramm mit Musik sorgt für Unterhaltung.

ⓘ *VVV Maastricht, Kleine Staat 1, 6211 ED Maastricht. ℂ 0031-43/3252121. www.vvv-maastricht.eu. info@vvvmaastricht.nl. **Bahn/Bus:** Bhf Maastricht Bus 1 Richtung Malberg, Bus 2 Richtung Oud Caberg, Bus 4 Richtung Villapark oder Bus 6 Richtung Daalhof bis Mosae Forum/Centrum. **Auto:** A2 in südwestliche Richtung, über Viaductweg und Brücke Noorderbrug auf Bosscherweg und Boschstraat, wird Maasboulevard. **Zeiten:** Mo – Fr 10 – 18, Sa 10 – 17 Uhr, Mai – Okt Mo – Sa 10 – 18, So 11 – 15 Uhr. **Infos:** VVV Maastricht ist stilvoll im Untergeschoss des Dinghuis, dem früheren Gerichtsgebäude, untergebracht.*

Maastricht per Vespa oder E-Bike entdecken

Bei **La Dolce Verhuur** werden elektrische Fahrräder und Vespas ohne Helmpflicht vermietet. Eine kostenlose Karte mit 12 verschiedenen Routen wird Ihnen vom Vermieter zur Verfügung gestellt. Für Gruppen können geführte Ausflüge und Aktivitäten organisiert werden. Autos oder Reisebus werden kostenlos auf dem Parkplatz von La Dolce Vespa abgestellt. Zugreisende werden auf Wunsch am Bahnhof abgeholt.

⊙ *La Dolce Vespa, Postwagenstraat 8e (Brusselseweg), 6219 NP Maastricht. ℂ 0031-43/6090705. www.ladolceverhuur.nl. info@ladolcevespa.nl. **Bahn/Bus:** Auf Wunsch Abholung ab Bhf Maastricht. **Auto:** A2 bis Viaductweg, rechts über Viaductweg und Brücke Noorderbrug, geradeaus auf Frontensingel, rechts halten, wird Cabergerweg und Carl Smuldersingel bis Kreisverkehr, 1. Ausfahrt Brusselseweg, rechts Postwagenstraat. **Zeiten:** April – Okt 8 – 20 Uhr, übrige*

☕ **Gelateria Luna Rossa**, Graanmarkt 4, HG Maastricht. ℂ 0031-43/3215147. 11 – 23 Uhr. Neapolitanisches Eis vom Feinsten.

Eine himmlische Buchhandlung

Die Maastrichter Filiale der landesweiten Buchhandelskette *Selexyz* hat ihren Sitz in einer ehemaligen Dominikanerkirche aus dem 13. Jahrhundert. Das Kirchenschiff wurde 2007 nach einem preisgekrönten Entwurf des Architekturbüros *Merkx & Girod* umgestaltet. Die britische Zeitung *The Guardian* bezeichnete Selexyz Dominicanen 2008 als schönstes Buchgeschäft der Welt. Bücherfreunde stöbern in diesem ungewöhnlichen Ambiente gern und ausgiebig im internationalen Angebot. Die Galerie im 2. Stock ist per Treppe und Lift erreichbar. Sie bietet neben einem reichhaltigen Buchangebot einen nahezu ungehinderten Blick auf das Kirchenschiff.

◉ *Selexyz Dominicanen, Dominicanerkerkstraat 1, 6211 CZ Maastricht. ℂ 0031-43/3210825. www.se-*

Coffeelovers Dominicanen, Dominicanerkerkstraat 1, CZ Maastricht. ℂ 0031-43/3561944. www.coffeelovers.nl. Mo 10 – 18, Di, Mi, Fr, Sa 9 – 18, Do 9 – 20.45, So 12 – 17 Uhr. In der Buchhandlung *Selexyz Dominicanen.* Kaffeespezialitäten, kleine Gerichte.

Hier weht ein besonderer Geist durch die heiligen Hallen: Buchhandlung Selexyz

MAASTRICHT & DER HÜGELIGE SÜDEN

lexyz.nl/winkel/38/selexyz-dominicanen. klantenser-
vice.dominicanen@selexyz.nl. **Bahn/Bus:** *Bhf Maastricht Bus 3 Richtung Wolder, Bus 4 Richtung Villapark oder Bus 9 Richtung Pottenberg bis Vrijthof.*
Auto: *Beschilderung Centrum und Parkhaus Vrijthof
folgen.* **Zeiten:** *Mo 10 – 18, Di, Mi, Fr, Sa 9 – 18, Do
9 – 21, So 12 – 17 Uhr.* **Preise:** *frei zugänglich.*

Rundfahrt auf der Maas

Die Reederei Stiphout führt verschiedene Rundfahrten auf der *Maas* durch. Auf der 50-minütigen
Tour fährt das Schiff am ⤢ **Bonnefantenmuseum**
mit seiner imposanten Kuppel vorbei. Auch das
Gouvernement wird passiert. In diesem Gebäude,
in dem die Provinzverwaltung von Limburg ihren Sitz
hat, wurde 1992 der **Vertrag von Maastricht** unter-
zeichnet. Weiter geht die Reise zum Hochplateau
St. Pietersberg mit seinem Grottenlabyrinth und bis
zur belgischen Grenze. Von dort kehrt das Schiff
nach Maastricht zurück. Weitere Ausflüge wie eine
Fahrt nach Lüttich, eine Rundfahrt mit Besichtigung
der Grotten oder eine spektakuläre 4-Schleusen-
Tour stehen auf dem Programm der Reederei. Zwei
der fünf Schiffe sind rollstuhlzugänglich und mit ent-
sprechendem WC ausgestattet.

☀ *Die Europäische
Union wurde mit
dem **Vertrag von Maas-
tricht** gegründet. Darin
beschlossen die 12 Mit-
gliedsstaaten eine Inten-
sivierung der polizei-
lichen und justiziellen
Zusammenarbeit, eine
gemeinsame Außen-
und Sicherheitspolitik
sowie die Einführung
einer einheitlichen Wäh-
rung.*

*Markante Kunstrakete:
Das Bonnefantenmu-
seum am Ufer der Maas*

DER BESONDERE TIPP Hotel Mabi

Mabi steht für *Maastricht Bioscoop* (Maastricht Kino). Es war das erste **Kino** der Stadt und wurde 1997 in ein komfortables Hotel umgewandelt. Dabei flossen die Themen Kino und Film auf geschmackvolle Weise in die Dekoration ein. Mabi bietet 55 freundlich eingerichtete Zimmer mit Bad, Flachbild-TV, Safe und kostenloser Internetverbindung. Im früheren Kinosaal wird heute das reichhaltige Frühstücksbuffet angeboten. Als zusätzliche Aufmerksamkeit des Hauses stehen im stilvollen Mabi-Salon täglich 10.30 – 17 Uhr kostenlos Kaffee

oder Tee und ab 15 Uhr auch die Limburger Kuchenspezialität Vlaai bereit. 17.30 – 19 Uhr stellt das gastliche Hotel dort Weiß-, Rosé- und Rotwein mit einer kleinen Auswahl an Tapas zur Verfügung.
Hotel Mabi, Kleine Gracht 24, 6211 CB Maastricht. ℗ 0031-43/3514444, www.hotelmabi.nl. info@hotelmabi.nl.
Bahn/Bus: Ab Bhf Maastricht Bus 3 Richtung Wolder, Bus 4 Richtung Villapark, Bus 5, 6 Richtung Daalhof, Bus 9, 10 Richtung Pottenberg, Bus 53, 66 Richtung Maastricht bis Mosae Forum/Centrum. **Auto:** Q-Parkhaus Mosae Forum (max. Tagespreis 22 €), rechts auf Markt, Seitenstraße rechts.
Preise: Ü DZ 95 – 155 €, Frühstücksbuffet 14,50 € pro Pers.

Rederij Stiphout, *Maaspromenade 58, 6211 HS Maastricht. ℗ 0031-43/3515300. www.stiphout.nl. info@stiphout.nl.* **Bahn/Bus:** *Ab Bhf Maastricht Bus 3 Richtung Wolder, Bus 4 Richtung Villapark, Bus 5, 6 Richtung Daalhof, Bus 9, 10 Richtung Pottenberg, Bus 53, 66 Richtung Maastricht bis Mosae Forum/ Centrum.* **Auto:** *Der Kai liegt in der Fußgängerzone an der Maas. Beschilderung Stiphout folgen, Parkhaus Mosae Forum/Stiphout.* **Zeiten:** *Mai – Sep 11 – 17, Okt – April 12 – 16 Uhr jede volle Std.* **Preise:** *8,75 € (50-minütige Rundfahrt); Kinder 4 – 12 Jahre 4,95 €; Gruppen ab 20 Pers 5 % und ab 100 Pers 10 % Ermäßigung.* **Infos:** *Für Reisebusse gelten andere Regeln zur Anfahrt in der Fußgängerzone, bei Reederei erfragen.*

Alte und zeitgenössische Kunst

Dieses Kunstmuseum befindet sich in einem futuristisch anmutenden Gebäude, das von dem italienischen Architekten *Aldo Rossi* entworfen wurde. Auffällig ist der mit Zink verkleidete Kuppelturm. Die Sammlung umfasst alte Kunst, italienische Malerei aus den Jahren 1325 – 1525, niederländische Gemälde aus dem 16. und 17. Jahrhundert und international orientierte zeitgenössische Kunst. Dabei dominieren Werke der Kunstrichtungen *Minimalismus* und *Arte Povera*. Neben diesen Dauerausstellungen finden regelmäßig viel beachtete Wechselausstellungen statt. Dienstags haben Besucher die Möglichkeit, bei der Restaurierung von Kunstgegenständen zuzuschauen.

☀ *Satay (Saté) ist Indonesisch, man versteht darunter Fleisch, das auf Bambusspießchen über Holzfeuer gegrillt wird.*

Ⓜ **Bonnefantenmuseum,** *Avenue Ceramique 250, 6221 KX Maastricht. ℂ 0031-43/3290190.*

DER BESONDERE TIPP **Bistro 't Örgelke**

Das Restaurant ist weit über die Stadtgrenzen hinaus bekannt für seine **schmackhaften Schmortöpfe** und **herrlichen Satéspieße.** Letztere werden in einer selbst kreierten Marinade eingelegt. Auch die Satésauce auf Erdnussbasis wird nach einem von der Chefköchin ausgetüftelten Rezept hergestellt. Die

© Bistro 't Örgelke

Atmosphäre in dem kleinen Lokal ist gemütlich, der Service überaus freundlich. An Wochenenden kann es sehr voll werden. Daher ist eine Reservierung zu empfehlen.

Bistro 't Örgelke, Tongersestraat 40, 6211 LP Maastricht. ℂ 0031-43/ 3216982, Handy 00316/4648501. www.orgelke.nl. info@orgelke.nl.
Bahn/Bus: Bhf Maastricht Bus 4 Richtung Villapark bis Tongersestraat. **Auto:** Parken Tongersestraat max. 4 Std. **Zeiten:** Täglich ab 17 Uhr. **Preise:** Schmortopf mit Rind, Lamm oder Fisch 17 – 19 € 3 Satéspieße 14,75 €.

www.bonnefanten.nl. info@bonnefanten.nl. **Bahn/ Bus:** *Ab Bhf Maastricht Bus 1 Richtung De Heeg, Bus 5 Richtung Heugem oder Bus 50 Richtung Aachen bis Bonnefantenmuseum.* **Auto:** *A2, Ausfahrt Europaplein, Beschilderung Wijk 21 folgen, Eingang Daemslunet. Ins Navigationssystem Daemslunet eingeben.* **Zeiten:** *Di – So 11 – 17 Uhr.* **Preise:** *9 €; Jugendliche 13 – 18 Jahre 4,50 €; Gruppen ab 10 Pers mit Reservierung 6 €.* **Infos:** *Bei besonderen Wechselausstellungen wird ein Zuschlag von 2 € erhoben.*

Pop as Pop can: Buntes im Bonnefantenmuseum

Museumscafé Ipanema, Avenue Ceramique 250, KX Maastricht. ✆ 0031-43/3290157. www.ipanema.nl. Di – So 10.30 – 17.30 Uhr. Kaffee und Kuchen, kleine Gerichte wie Pasta, Salat oder belegte Brötchen.

ROMANTISCHE KLEINSTADT AN DER GEUL: VALKENBURG

Der traditionell touristisch geprägte Ort liegt am Flüsschen *Geul,* das im belgischen Eynatten entspringt und bei Meerssen in die *Maas* mündet. In der verwinkelten Altstadt reihen sich **Restaurants,** Straßencafés und Bars aneinander. Darüber hinaus bietet Valkenburg eine Vielzahl an Sehenswürdigkeiten wie die höchste **Burgruine** der Niederlande, die **Mergelgrotten** und den kleinen Freizeitpark **De Valkenier** (www.pretpark-de-valkenier.nl).

M **Kasteelruïne,** Daalhemerweg 27, BJ
Valkenburg. ☎ 0031-43/
8200040. www.kasteel-
valkenburg.nl. Jan – Dez,
genaue Zeiten ↗ Internet-
seite. Burgruine aus dem
11. Jahrhundert. 9 €, Kinder 4 – 12 Jahre 7,50 €,
Rabatt für Gruppen.

ⓘ **VVV Valkenburg,** *Theo Dorrenplein 5, 6301 DV Valkenburg.* ☎ *0031-43/6098500. www.vvvzuidlim-
burg.nl. valkenburg@vvvzuidlimburg.nl.* **Bahn/Bus:**
*Bhf links über Stationsstraat links auf Nieuweweg,
am Ende links auf Reinaldstraat, rechts auf Louis van
de Maesenstraat, wird im Verlauf Theo Dorrenplein.*
Auto: *A79 Ausfahrt 4 Hulsberg, Richtung Nuth, Kreisverkehr 1. Ausfahrt Emmaberg, weiter auf Nieuweweg, links auf Reinaldstraat, rechts auf Louis van de
Maesenstraat, wird im Verlauf Theo Dorrenplein.*
Rad: *Ab An der 125 km langen, grün beschilderten
Mergellandroute, Start am Bhf Valkenburg.* **Zeiten:**
Mo – Sa 10 – 17 Uhr.

🖘 Eine deutschspra-
chige Broschüre zu
Valkenburg und Umge-
bung können Sie kosten-
los herunterladen:
http://media.vvvzuidlim-
burg.nl/documents/will-
kommen-in-zuid-limburg.
pdf.

Sommerrodelbahn am Wilhelminaturm

Oberhalb von Valkenburg ragt der 1906 erbaute
Wilhelminaturm in die Höhe. Für die einen sind Panoramablick übers Geultal und das **Café-Restaurant** zu Füßen des Turms Grund, hierher zu kommen. Für die anderen eher die Sommerrodelbahn.
Nach einer kurzen Fahrt mit dem **Sessellift** erreichen Sie auf 90 m Höhe Aussichtspunkt und die
beiden **Sommerrodelbahnen;** sie sind 325 und
375 m lang. Nach der ersten Talfahrt zieht ein
Schlepplift den Schlitten wieder hinauf und es geht
auf der zweiten Bahn erneut hinab.

⊘ **Kabelbaan Valkenburg,** *Neerhem 44, 6301 CJ Valkenburg.* ☎ *0031-43/6090609. www.agogovalken-
burg.nl. info@agogovalkenburg.nl.* **Bahn/Bus:** *Bhf
Valkenburg Bus 41 Richtung Gulpen bis Berkelplein
Valkenburg.* **Auto:** *An der N595.* **Zeiten:** *sehr unterschiedlich, meist zwischen 11 und 17 Uhr, ↗ Internetseite.* **Preise:** *Sessellift Pers ab 13 Jahre 4 €, Sommerrodelbahn 2 Fahrten 3,50 €; Kinder 3 – 12 Jahre
2,50 €.* **Infos:** *Sommerrodelbahnen 2 Fahrten, je eine
pro Bahn 3,50 €, Kinder unter 9 Jahre nur in Begleitung eines Erw.*

Glück auf! Eine Bergwerksbesichtigung

In einem unterirdischen Kinosaal wird zu Beginn der
Führung ein Film der staatlichen niederländischen

Bergwerke über den Steinkohleabbau gezeigt. Im Anschluss daran nimmt ein ehemaliger Kumpel Sie mit hinab in die dunkle Welt unter Tage. Dort erläutert er, wie Steinkohle abgebaut wurde und wie die Gerätschaften und Züge bedient wurden. Die Führung dauert einschließlich der Filmvorführung etwa 75 Minuten.

🕐 *Steenkolenmijn Valkenburg, Daalhemerweg 31, 6300 AA Valkenburg . ℰ 0031-43/6012491. www.steenkolenmijn.nl. info@steenkolenmijn.nl. Bahn/Bus: Bhf Valkenburg Bus 48 oder Bus 191 Richtung Margraten bis Grendelplein. Auto: Parkplatz gegenüber des Eingangs. Im Stadtzentrum Hinweisschildern mit der Aufschrift Sibbe/Magrater oder Steenkolenmijn folgen. Zeiten: Führungen ganzjährig täglich, April – Okt 10 – 17 Uhr, übrige Zeit um 12, 13.30 und 15 Uhr. Preise: 8,25 €; Kinder 4 – 12 Jahre 5,75 €; Senioren ab 65 Jahre 7,50 €, Gruppen ab 21 Pers 6,50 €.*

Entspannen im Thermalbad

In dem Thermalbad entspannen Badegäste in den **Innen- und Außenbecken** in 32 Grad warmem Heilwasser, das aus drei eigenen Quellen gespeist wird. Eine ausgedehnte **Saunalandschaft** mit Dampfbädern, finnischen Blockhüttensaunas sowie Bio- und Tuli-Sauna vervollständigt den Wellnessbereich. Zudem werden kostenlose Programme wie

Mitten im Grünen: Thermae 2000

© NBT

Holland Casino, Cauberg 28, BT Valkenburg. ☎ 0031-43/6099600. www.holland-casino.nl. Täglich 12 – 3 Uhr. Spielcasino. Spannung und Entspannung in gepflegtem Ambiente. Eintritt 5 €, Zutritt ab 18 Jahre.

➡ Thermae 2000 vermietet Elektroroller zum Preis von 49,95 € pro Tag.

☀ **Tipp:** Einige 100 m hügelan kann der Nachbau der Grotte von Lourdes besichtigt werden.

Thermae Motion, eine Entspannungsübung mit Licht und Unterwasserklangtherapie oder die aktive Wassergymnastik Thermae Vital angeboten. Badetücher, Slipper und Bademäntel können Sie gegen Gebühr ausleihen. Eine Brasserie, ein Grand Café, ein Restaurant und eine Bar sind im Gebäude untergebracht. Da findet jeder Hungrige und Durstige einen Platz. Für Fkk-Anhänger gibt es jeden zweiten und letzten Donnerstag des Monats einen textilfreien Badetag.

🌊 *Thermae 2000, Cauberg 25 – 27, 6301 BT Valkenburg. ☎ 0031-43/6092000. www.thermae2000.nl. info@thermae.nl. Bahn/Bus: Bhf Valkenburg Bus 51 Richtung Maastricht Pottenberg bis Cauberg. Auto: Beschilderung Cauberg/Valkenburg und Thermae 2000 folgen. Zeiten: 9 – 23 Uhr. Preise: Tageskarte Mo – Fr 31,50 €, Sa, So 33,50 €; 9 – 13 Uhr 21,50 – 23,50 €, 17 – 23 Uhr 22,50 – 23,50 €.*

Radtour durch die Grotten

Im Labyrinth der unterirdischen **Mergelgrotten** herrscht eine konstante Temperatur von 3 – 4 Grad Celsius. Die Gänge werden auf einem einstündigen Fußmarsch unter Leitung eines Führers oder bei einer 30-minütigen Zugfahrt erkundet. Zu sehen sind u.a. **Wandmalereien** und ein **Schutzkeller** aus der Zeit des Kalten Krieges. In der Vorweihnachtszeit findet in einem separaten Teil der Gemeentegrot ein weit über die Landesgrenzen hinaus beliebter und sehr stimmungsvoller **Weihnachtsmarkt** statt.

Jeden Samstag und Sonntag können sich Pedalritter einer geführten **Fahrradtour** durch die unterirdischen Grottengänge anschließen. Die Touren starten um 12, 13 und 14 Uhr. Im Preis von 26 € pro Person ist die Materialmiete inklusive Fahrrad und Helm mit Lampe enthalten. Infos dazu gibt es unter ☎ 0031-43/6040675 oder im Internet unter www.aspadventure.nl/minderdan10.php.

🕐➡ **Gemeentegrot,** *Cauberg 4, 6301 BT Valkenburg.*
✆ 0031-43/6012271. www.gemeentegrot.nl.
info@gemeentegrot.nl. **Bahn/Bus:** *Bhf Valkenburg*
Bus 48 oder Bus 191 Richtung Margraten bis Gren-
delplein. **Auto:** *P-Beschilderung folgen.* **Zeiten:** *Jan –*
März und Nov Führung zu Fuß 11, 12.30, 14, 15 Uhr,
Sa, So, Fei 11 – 16 Uhr, per Bummelzug 10.30 – 16
Uhr; April – Juni und Okt – Sep zu Fuß Mo – Fr 11,
12.30, 14, 15.30, Sa, So, Fei 11 – 16 Uhr, per Bum-
melzug Mo – Fr stündlich 11 – 16 Uhr, Sa, So, Fei
10.30 – 16.30 Uhr; Juli – Aug täglich zu Fuß 10.30 –
16.30 Uhr, per Bummelzug 10.30 – 17 Uhr; Dez nur
per Bummelzug 13, 14, 15 und 16 Uhr. **Preise:** *6 €;*
Kinder 4 – 11 Jahre 4 €; Gruppen ab 26 Pers 5,50 €,
Kinder 3,75 €. **Infos:** *Eintritt Weihnachtsmarkt im Sei-*
tenabschnitt der Gemeentegrot 5 €.

Mexikanische Spezialitäten

Mitten im Zentrum von Valkenburg, unweit des
Stadttors *Grendelpoort,* liegt das mexikanische
Spezialitätenrestaurant **El Castillo.** In südamerika-
nischer Atmosphäre mit Grünpflanzen, Tieren und
einem Wasserlauf werden montags bis donners-
tags Leckereien von der umfangreichen Speisekarte angeboten. Von Freitag bis Sonntag bedienen Sie
sich auf Wunsch am reichhaltigen Vor-, Haupt- und
Nachspeisenbuffet. Die Namen der teils recht exo-
tischen, jedoch stets schmackhaften Speisen sind
angegeben. Zusätzlich erhalten Sie vom
freundlichen Personal Erklärungen und
Tipps.

☀ **Tipp:** Es gibt auch
eine vegetarische Speise-
karte.

Viva mexicana: Guaca-
mole wird aus Avoca-
dos, Zitronensaft und
Koriander angerührt
und ist nicht scharf

✉ **El Castillo,** *Muntstraat 6, 6301 BW Val-*
kenburg. ✆ 0031-43/6015755,
6015921. www.elcastillo.nl. info@elcas-
tillo.nl. **Bahn/Bus:** *Bhf Valkenburg Bus*
48, 191 Richtung Margraten bis Grendel-
plein. **Auto:** *Unweit der N590 Cauberg in*
der autofreien Innenstadt. **Zeiten:** *Mo –*
Sa 16.30 – 22, So 15.30 – 21.30 Uhr.
Preise: *Buffet 25,50 €; Kinder 4 – 6 Jah-*
re 6 €, 7 – 12 Jahre 12,75 €.

© Wikipedia

✳ Tipp: Zum Brunch ist eine Reservierung erforderlich, da die Plätze begrenzt sind.

🔺 Hotel Brakke Berg, Wolfsdriesweg 10, PM Berg en Terblijt. ✆ 0031-43/6041888. www.brakkeberg.nl. 8 DZ ab 70 € pro Nacht.

Lunch in den Kavernen

In ungewöhnlicher Umgebung, 30 m unter dem südlimburgischen Hügelland, liegt diese (fußbodenbeheizte) Grotte, die von 400 Kerzen beleuchtet wird. Fast jeden Sonntag wird dort in gemütlicher Atmosphäre bei offenem Kaminfeuer ein 5-Gang-Grottenbrunch organisiert. Die warmen und kalten Spezialitäten werden teils am Tisch serviert und teils in Buffetform angeboten.

✉ *La Caverne de Geulhem, Wolfsdriesweg 8a, 6325 PM Berg & Terblijt bei Valkenburg. ✆ 0031-43/ 6041000. www.caverne.nl. info@caverne.nl.* **Auto:** *A79 Ausfahrt 3 Valkenburg, Beschilderung Houthem, Geulhem und Berg en Terblijt folgen.* **Zeiten:** *So 12 – 16 Uhr.* **Preise:** *Brunch 35 €.* **Infos:** *Zum Preis von 25 € wird ein Getränkearrangement angeboten.*

➡ Auf der Internetseite www.wandelgids-zuidlimburg.com finden Sie Infos auf Deutsch sowie eine Karte zu einer 8,2 km langen Wanderung durch das Strijthagerbeekdal.

Edle Tropfen: Das Weingut Fromberg lädt zur Weinprobe ein

Winzer-Führung mit Weinprobe

In der Nähe des Dörfchens **Ubachsberg** liegt das 2,5 Hektar große Weingut der *Familie Wiertz.* Eine Führung beginnt mit dem Empfang in der **Probierstube** des Weingutes. Dort wird ein Glas Fromberger Wein kredenzt. Im Anschluss erhalten die Besucher Informationen zur Geschichte des Weingutes. Alternativ kann, je nach Saison und Wetterlage, das Anbaugebiet besichtigt werden. Bei einem zweiten Glas Wein geht es in den Weinkeller, wo der Rebensaft in Fässern und Flaschen lagert. Am Ende der Führung haben Sie die Gelegenheit, in der Probierstube in geselliger Runde ein weiteres Glas Wein mit regionalen Spezialitäten zu genießen.

🍷 *Wijngoed Fromberg, Hunsstraat 42a, 6367 JL Voerendaal-Ubachsberg. ✆ 0031-45/5754461. www.fromberg.nl. wijngoed@fromberg.nl.* **Auto:** *Ins Navi Breedenweg in 6367 JN Ubachsberg eingeben.* **Zeiten:** *Weinladen Do, Fr 13 – 18, Sa 10 – 17 Uhr, Führung nur nach Absprache.* **Preise:** *12,50 € (min. 15 Pers, max. 50 Pers).*

© NBT

LANDGRAAF, DIE HOCHBURG DES POP

Der Ort im Süden der Provinz hat 38.000 Einwohner. Das **Naturschutzgebiet Strijthagerbeekdal** mit seiner für Südlimburg typischen Flora und Fauna liegt in der unmittelbaren Umgebung. Seit 1970 findet hier alljährlich zu Pfingsten das Popfestival **Pinkpop** statt. Dabei treten zahlreiche Künstler und Bands, darunter auch so bekannte Namen wie *Bruce Springsteen, Coldplay* und *The Cure* auf.

ℹ️ *VVV-ANWB Landgraaf, Hoogstraat 150, 6373 HZ Landgraaf. ✆ 0031-43/6098500. www.vvvzuidlimburg.nl. info@vvvzuidlimburg.nl.* **Bahn/Bus:** *Bhf Heerlen Bus 22 Richtung Waubach oder 33 Richtung Landgraaf bis Centrum op de Kamp, Landgraaf.* **Auto:** *N299 bis Reeweg, 1. links Brunssumerweg, Kreisverkehr 1. Ausfahrt Hoogstraat.* **Zeiten:** *Mo 13 – 17, Di – Fr 10 – 17, Sa 10 – 16 Uhr.*

Die Gärten der Welt

In diesem 25 Hektar großen Park können Sie an einem Tag durch tropische Gärten streifen oder durch Japans, Chinas, Russlands, Englands, Portugals und Italiens grüne Welten reisen. Teilweise wurden zum Garten passende Gebäude errichtet. So sehen Sie im italienischen Garten den Nachbau des berühmten Trevi-Brunnens und eine toskanische Villa, in »Marokko« erwartet Sie ein traditionelles **Teehaus.** Weitere Teile des weitläufigen Parks beherbergen einen kleinen Zoo, eine Dinowelt sowie den Freizeitpark mit Spielgeräten.

🕐🏛️ *Mondo Verde, Groene Wereld 10 (Einsteinstraat), 6372 PW Landgraaf. ✆ 0031-45/5350161. www.wereldtuinenmondoverde.nl. info@wereldtuinenmondoverde.nl.* **Bahn/Bus:** *Bhf Heerlen Bus 26 Richtung Kerkrade bus Mondo Verde.* **Auto:** *N281 Ausfahrt Kerkrade-West, Beschilderung Park Gravenrode und Mondo Verde folgen. Parken 4 €.* **Zeiten:** *täglich 10 – 16 Uhr (tageslichtabhängig bis 17 oder 18 Uhr).* **Preise:** *16,50 €; Kinder 3 – 12 Jahre 10 €;*

☀️ **Tipp:** Einsteinstraat ins Navigationssystem eingeben!

Senioren ab 65 Jahre und Behinderte 15,50 €, Gruppen ab 20 Pers 13,50 €.

Unterkunft idyllisch und niveauvoll: Landgut Winselerhof

Inmitten eines Naturgebietes und unweit der deutschen Grenze liegt das komplett renovierte Vier-Sterne-Bauerngut aus dem 16. Jahrhundert. Die luxuriösen 49 Zimmer und Suiten gruppieren sich um einen hübsch angelegten Innenhof. Acht Unterkünfte befinden sich in der zweiten Etage. Die Weltgärten Mondo Verde sind ganz in der Nähe, Tennisplätze und ein Reitstall liegen gegenüber.

🏠✉ *Hotel Winselerhof* ✳ ✳ ✳ ✳, *Tunnelweg 99, 6372 XH Landgraaf.* ✆ *0031-45/5464343. www.chateauhotels.nl. winselerhof@chateauhotels.nl.* **Auto:** *N281 Ausfahrt Kerkade-West, Kreisverkehr 1. Ausfahrt Euregioweg, rechts Rukkerweg, wird im Verlauf Tunnelweg.* **Preise:** *Ü DZ ab 85 €, Frühstück 21,50 € pro Person.*

➡ Das Hotel Winselerhof hält Wander- und Fahrradrouten für seine Gäste bereit.

GRENZSTÄDTCHEN KERKRADE

Das Städtchen liegt in Südlimburg und grenzt an Heerlen sowie an den deutschen Ort Herzogenrath. Die jahrhundertealte **Abtei Rolduc,** heute ein Hotel und Konferenzzentrum, hat eine beeindruckende romanischer Kirche und eine Rokokobibliothek (www.rolduc.com).

ℹ *VVV Kerkrade, Museumplein 2, 6461 MA Kerkrade.* ✆ *0031-43/6098500. www.vvvzuidlimburg.nl. info@vvvzuidlimburg.nl.* **Bahn/Bus:** *Direkt am Bhf Kerkrade Centrum.* **Auto:** *N300 Hamstraat Kreisverkehr auf Hambosweg, dann Museumplein.* **Zeiten:** *Di – So 11 – 17 Uhr.*

Wissenschaft und Technik im Alltag

Das **Continium** wurde 1998 unter dem Namen *Industrion* als Museum für Technik eröffnet und erhielt 2003 seinen heutigen Namen. Es handelt sich um das erste **Discovery Center** der Niederlande. Und der Name ist Programm. Sie erfahren auf unterhaltsame Weise, welche Rolle Wissenschaft und Technik in unserem Alltag spielen. Sie können sich mit Robotern messen, das Arbeitsumfeld von Minenarbeitern nachvollziehen und das rätselhafte Nano-Niveau entdecken. Zusätzlich gibt es interessante Wechselausstellungen.

☀ *Der Name **Discovery Center** weist darauf hin, dass es sich um ein interaktives Museum handelt.*

Ⓜ *Discovery Center Continium, Museumplein 2, 6461 MA Kerkrade. ✆ 0031-45/5670809. www.continium.nl. info@continium.nl. **Bahn/Bus:** Neben dem Bhf Kerkrade Zentrum. **Auto:** Beschilderung Discovery Center Continium folgen. **Zeiten:** täglich 10 – 17 Uhr, Juli und Aug 10 – 18 Uhr. **Preise:** 12 €; Kinder und Jugendliche 4 – 17 Jahre 9 €; Online-Karten 1 € ermäßigt, Familienkarte (2 Erw, 3 Kinder) 39 €, Gruppen ab 15 Pers erhalten 25 % Rabatt. **Infos:** Da die Öffnungszeiten saisonbedingt angepasst werden, empfiehlt sich stets ein Blick auf die Internetseite!*

🏛 **Bits 'n Bites,** Museumplein 2, MA Kerkrade. ✆ 0031-45/5670809. www.continium.nl. 10 – 17, Juli, Aug 10 – 20 Uhr. Kleine Gerichte, Erfrischungen.

Zoo mit ökologischem Anspruch

Der **Gaia Park** ist ein moderner Zoo auf einer Fläche von 25 Hektar, in dem die Tiere in großzügig bemessenen, artgerechten Gehegen leben. Der Tierpark wurde in mehrere Bereiche entsprechend der natürlichen Lebenswelt seiner jeweiligen Bewohner eingeteilt. Ein Teil des Geländes ist heimischen Wild und Haustieren vorbehalten. Dort gibt es einen Streichelzoo. Bonobos, Zwergflusspferde und wunderschön gefiederte Vögel haben im *Rainforest* ihren Lebensraum. In der *Savanne* begegnen Sie afrikanischen Tierarten wie Giraffen, Nashörnern, Löwen und Zebras. Kinder toben sich im *DinoDome,* Europas größtem Indoorspielplatz, aus.

Sitzt selten still: Totenkopfäffchen im Gaia Park

© NBT

*Namenspatin des Parks ist **Gaia,** die griechische Göttin der Erde. Die Gaia-Theorie besagt, dass die Erde ein großer, lebendiger Organismus ist. Die Elemente Wasser, Luft und Erde und alle Lebewesen sind ein Teil davon.*

🕐 **Gaia Park,** Dentgenbachweg 105, 6468 PG Kerkrade. ✆ 0031-45/5676070. www.gaiazoo.nl. info@gaiazoo.nl. **Bahn/Bus:** Bhf Heerlen, Bus 28 bis GaiaZoo. **Auto:** A4, N281 Richtung Heerlen/Kerkrade, Ausfahrt Kerkrade-West, Beschilderung Park Gravenrode/GaiaZoo folgen, Parken 4,50 €. **Zeiten:** März – Juni, Sep – Okt 10 – 17 Uhr, Juli – Aug 10 – 18 Uhr, Nov – Feb 10 – 16 Uhr. **Preise:** 18,50 €; Kinder 3 – 9 Jahre 15,50 €; Senioren ab 60 Jahre 16,50 €, Gruppen ab 20 Pers 16,50 €.

Botanischer Garten Kerkrade

Im Stadtteil *Twinselen* liegt der denkmalgeschützte Botanische Garten aus dem Jahr 1939. Er ist 1,5 Hektar groß und im englischen Landschaftsstil gehalten. Auf der relativ kleinen Fläche gelang es dem Landschaftsarchitekten *John Bergmans* (1892 – 1980) durch eine geschickte Kombination von Landschafts- und Steingarten ein Gefühl von Weiträumigkeit zu erzeugen. Sie finden eine Vielfalt an Pflanzen aus vorwiegend gemäßigten Klimazonen vor. Im Gewächshaus wachsen Sukkulenten von der Insel Madagaskar. Die große Koniferensammlung umfasst mehr als 250 verschiedene Sorten. Regelmäßig finden Veranstaltungen wie Kunstausstellungen, Blumenmärkte oder Musikvorführungen statt.

🕐 **Botanische Tuin Kerkrade,** St. Hubertuslaan 74, 6467 CK Kerkrade. ✆ 0031-45/5415615. www.botatuin.nl. directie@botatuin.nl. **Bahn/Bus:** Ab Busbhf Kerkrade Bus 41 bis Kaalheidersteenweg/Papaverplein. **Auto:** N281 Ausfahrt Kerkade-West, Kreisverkehr 1. Ausfahrt Euregioweg, rechts auf Heerlenersteenweg, Kreisverkehr 3. Ausfahrt Schaesbergerstraat, rechts aus Singelweg, links auf Sint Hubertuslaan. **Zeiten:** März – Okt Mo – Fr 9 – 17 Uhr, April – Sep zusätzlich So 11 – 17 Uhr. **Preise:** ab 13 Jahre 3,50 €; Kinder in Begleitung eines Erw frei; Gruppen ab 10 Pers 3 €.

KARTEN & PLÄNE

77 schönste Orte Holland

Terschelling
Forme
West-Terschel
Oost-Vlieland
Jae
Waddenzee
Vlieland
Harlingen

2

De Cocksdorp
De Koog
Texel
Bols
De Waal
Makkum
Den Burg
Wy
Oudeschild
Nijeturd
Koudum
Stavoren

DEN HELDER

Callantsoog
Kleine Sluis
Wieringermeer
IJsse
Schagen
Medemblik
NOORD-
Hoogwoud
Stede Broec
Langedijk
Enkhuize
Bergen
Heerhugowaard
Koggenland
Hoorn
Egmond aan Zee
Alkmaar
Heiloo
HOLLAND
Marker-
Castricum
Edam
meer
Heemskerk
Volendam
LELYS
Beverwijk
Purmerend
Wijk aan Zee
ZAANDAM
Monnickendam
IJmuiden
Velsen

N

1 cm
65 km

www.PeterMeyerVerlag.de

Bloemendaal

Noordzee

HAARLEM

3

ALMERE

Zandvoort
AMSTER-
Heemstede
DAM
Diemen
Bennebroek
Huizen
Bunsc
Hillegom
Bussum
Laren
Noordwijk
Aalsmeer
Weesp
Wilnemeren
Teylingen
Lisse
Uithoorn
Katwijk
Mijdrecht
HILVERSUM
Baarn
Oegstgeest
Soest
LEIDEN
Nieuwkoop

4

ZUID-

6

Utrecht
Wassenaar
Alphen
Woerden
De Bilt
Voorschoten
Leiderdorp
Zeist
Scheveningen
UTRECHT
DEN HAAG
ZOETERMEER
Houten
Westland
Waddin-
veen
IJsselstein
Vianen
Pijnacker
Oudewater
Nieuwegein
Delft
Gouda

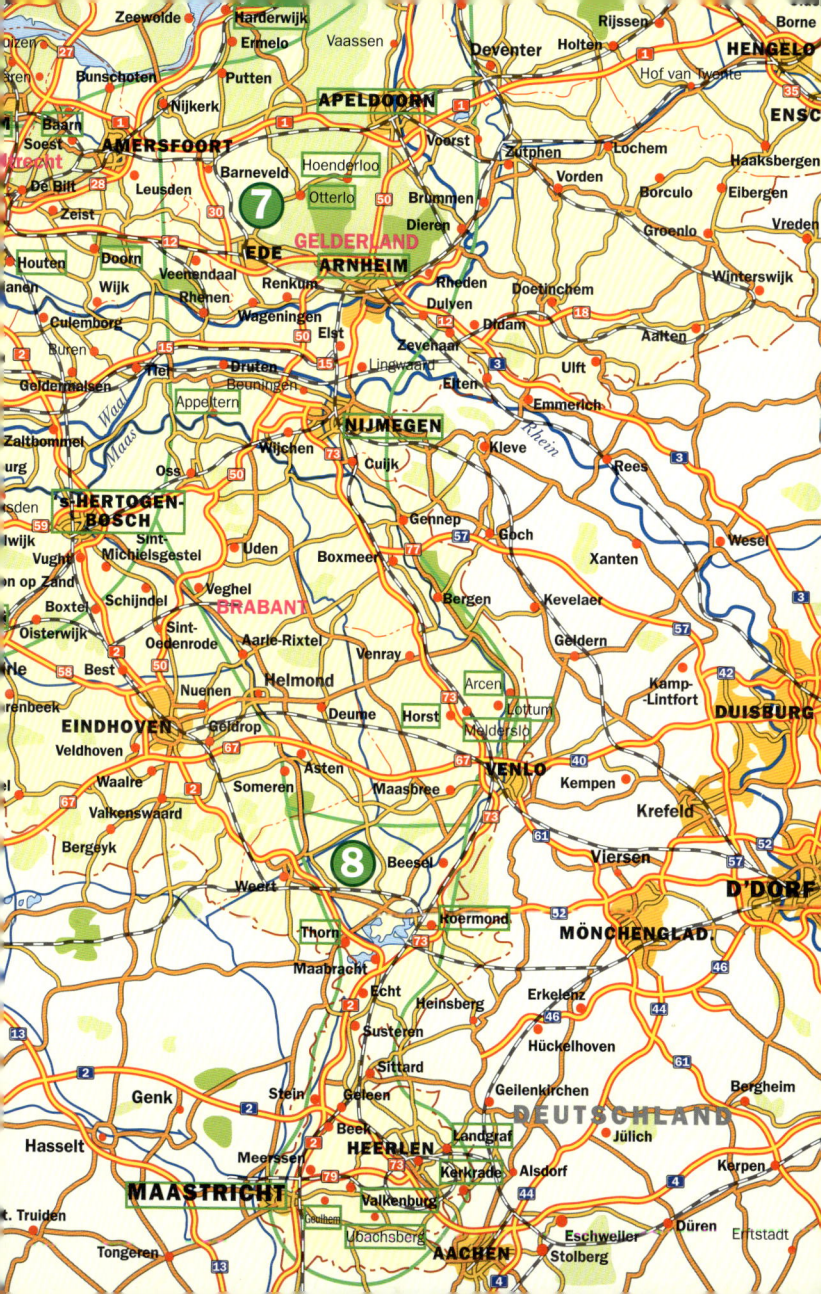

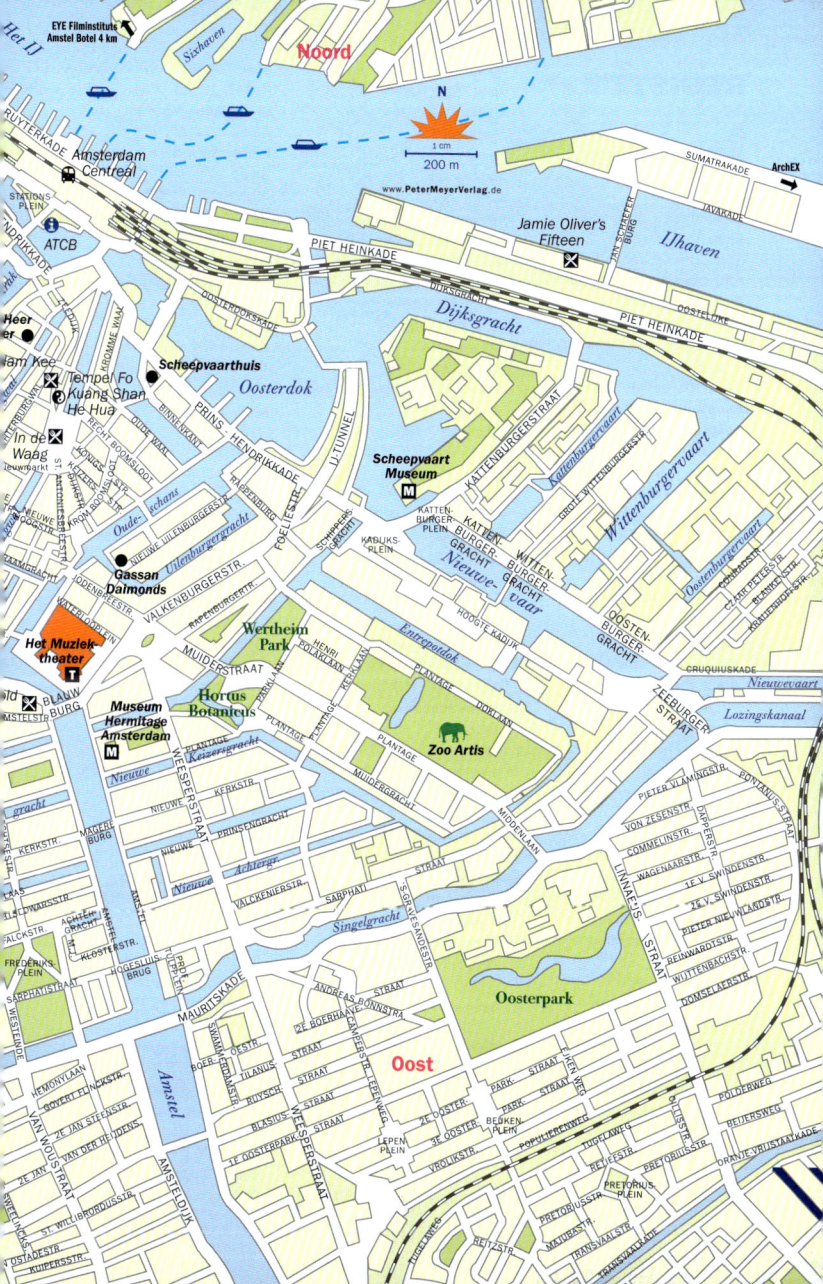

REGISTER

WALDWANDERN HESSEN

33 Premiumwege und Traumpfade durch Hessens schönste Wälder. Mit GPS-Angaben und Karten
Hessen-Forst (Hrsg.)

Wer kennt den Wald besser als die Förster? Bald sind auch Sie Experte, denn dieser neuartige Wanderführer gibt echtes Insider-Wissen wieder. 33 Rundwege von 2 bis 5 Stunden Länge, 33 Karten, genaue Wegbeschreibungen und 186 Zusatztipps in den Randspalten machen Sie schlauer und Ihre Wanderung schöner.

»Hessens Förster verraten Wandertipps.«
Bild Frankfurt

ISBN 978-3-89859-307-6
256 Seiten; 16 Euro

WEITWANDERN HESSEN

Die 10 schönsten Trekkingtouren. Mit Einkehr, Unterkunft & Bahntransfer
Michael Schnelle

Wandern, einkehren und übernachten: Gründlich recherchierte Mehrtagestouren für Wanderer, Naturfreunde, aktive Entdecker und Hessenliebhaber, die gern mal ein bisschen länger durch Hessens schönste Regionen unterwegs sind.

»Darauf haben Hessen-Liebhaber gewartet!«
Wiesbadener Kurier

ISBN 978-3-89859-306-9
256 Seiten; 16 Euro

SCHLEMMERTOUREN RHEINGAU & TAUNUS

22 Touren zu Winzerhöfen und Gartenwirtschaften
Anna Steinmaus

Ausfliegen und Genießen je nach Lust und Laune, Wind und Wetter, Zeit und Kondition: 22 Tourenvorschläge kombiniert mit 22 Einkehrtipps, aktuellen Informationen, aussagekräftigen Bildern und detaillierten Karten – dieser pmv-Freizeitführer schmeckt der ganzen Familie, sportiven und geselligen Genussmenschen!

ISBN 978-3-89859-324-3
192 Seiten; 16 Euro

Besuchen Sie uns auf
f PeterMeyerVerlag!

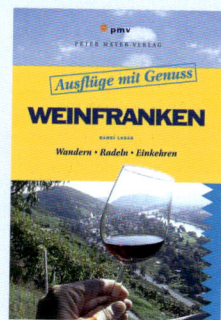 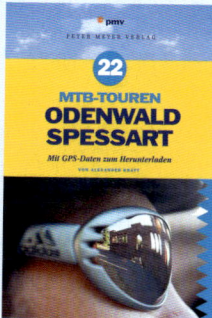 

WEINFRANKEN
Wandern, Radeln, Einkehren
Barbi Lasar

Ob Freunde, Kinder, Groß-
eltern oder gleich der
ganze Kegelverein – die-
ser vielfältige Freizeitführer lockt jeden vor die
Haustür. 86 x Einkehr,
29 x Einkaufen beim Win-
zer und Bauern kombiniert
mit abwechslungsreichen
Aktivitäten für jeden
Geschmack. Genussvol-
les Radeln, Wandern und
Einkehren zu allen Jahreszeiten.

»Genuss wird hier (…)
nicht nur aufs Kulinarische
bezogen, sondern schließt
den Augenschmaus, den
die fränkische Landschaft
mit Fluss, Wald und Wein-
bergen bereithält, mit ein.«
Fränkische Nachrichten

ISBN 978-3-89859-316-8
224 Seiten; 14,95 Euro

22 MTB-TOUREN ODENWALD SPESSART
Mit GPS-Daten zum Herunterladen
Alexander Kraft

Von seinen Fans heiß
erwartet: 22 MTB-Touren
von Alexander Kraft für
Odenwald und Spessart.
Kompakt, mit Karten und
GPS-Tracks zum Herunter-
laden.

»Hier finden Radanfänger,
Profis und Genießer
ihren Ausflug fürs
Wochenende!«
mtb-rhein-main.de

ISBN 978-3-89859-321-2
216 Seiten; 16 Euro

außerdem:
22 MTB-Touren Taunus
Vogelsberg
ISBN 978-3-89859-322-9
22 MTB-Touren Rheingau
Rheinhessen
ISBN 978-3-89859-323-6

33 SCHÖNSTE RAD-TOUREN RHEIN-MAIN
Radeln von leicht bis weit
rund um Frankfurt
Rheingau – Vogelsberg,
Rheinhessen – Rodgau
Mit Extra-Tourenkarte
Alexander Kraft

33 x Radeln in Rhein-
Main. Vom Rheingau bis
zum Vogelsberg, vom Tau-
nus bis zur Bergstraße.
Mit Sehenswürdigkeiten,
An- und Abreise mit Bahn,
Höhenprofilen und einer
extra-Tourenkarte mit
genauer Navigation. GPS-
Tracks im Internet.

»Schon beim Blick ins
Inhaltsverzeichnis findet
jeder, was er sucht, oder
wird zumindest neugierig
gemacht auf das, was er
vielleicht nicht gesucht
hat.«
Wiesbadener Kurier

ISBN 978-3-89859-320-5
224 Seiten; 18 Euro

 pmv PETER MEYER VERLAG

77 SCHÖNSTE ORTE RUND UM BERLIN

Ausflüge zu Schlössern, Seen und Sehenswürdigkeiten.
Mit 166 Einkehrtipps
Wolfgang Kling

Raus aus der Stadt und rein in die Natur! Jedes Ziel ist mit der Bahn erreichbar. Vom Schloss Rheinsberg im Norden bis zur Spreestadt Lübbenau im Süden ist für jeden der passende Ausflug dabei. Zum Radeln, Wandern, Entspannen. Mit Beschreibung, Einkehrtipps und farbigen Karten.

»Ob Familien, Freunde, Senioren – der Reiseführer ›77 schönste Orte rund um Berlin‹ bringt jeden vor die Haustür.« Berliner Woche

ISBN 978-3-89859-314-4
304 Seiten; 16 Euro

77 BESTE PLÄTZE BERLIN

Sehenswertes & Unbekanntes, Museen & Treffpunkte, Ausgehen & Vergnügen
Wolfgang Kling

Der aktuelle Reiseführer zeigt Berlins schönste Seiten, alle Sehenswürdigkeiten und wichtigen Museen. Gärten, Parks und Promi-Friedhöfe sowie Cafés, Clubs und Kneipen sorgen für Abwechslung, Wolfgang Klings profundes Wissen für tiefe Einblicke in die Geschichte unserer Hauptstadt.

»Allein die Anekdoten, Zusatztipps, Internetlinks und Adressen am Rande sind eine Fundgrube für jeden Streifzug durch die Hauptstadt.« Oranienburger Generalanzeiger

ISBN 978-3-89859-201-7
256 Seiten; 18 Euro

FRANKFURT AM MAIN

Sehen & Erleben, Ausgehen & Vergnügen.
Mit 9 Stadtrundgängen
Annette Sievers

9 Spaziergänge, 33 Museen, 60 x Theater, Kabarett und Musik von klassisch über Jazz bis modern, 250 Ausgehadressen – so viel geballtes Wissen gibt es kein zweites Mal. Besonders: Stadtgeschichte in chronologisch aufgebauten Rundgängen. Hintergründig: Jüdische Vergangenheit und Studentenrevolten der 70er. Informativ: 1001 Adressen, Anfahrten und Öffnungszeiten.

»Machen wir es kurz: Selten habe ich einen so guten, einen so informativen Reiseführer gelesen.« hr-Info

ISBN 978-3-89859-200-0
416 Seiten; 20 Euro

66 SCHÖNSTE AUS-
SICHTEN HESSEN
Burgen, Türme, Berge –
Wandern, Radeln,
Einkehren
Alexander Kraft

Sie sind oft die heim-
lichen Höhepunkte eines
Ausflugs, liegen aber
genauso oft eher zufällig
an der Route: grandiose
Aussichtspunkte. Anders
bei diesem Buch. Hier
stehen die Fernblicke im
Mittelpunkt. Ob Türme,
Burgen oder Klippen –
das Panorama ist jedes-
mal einzigartig.

»Wandertouren, Radtou-
ren und die perfekten Ein-
kehrmöglichkeiten vermit-
teln Hessens schönste
Seite.«
Frankfurter Rundschau

ISBN 978-3-89859-319-9
256 Seiten; 16 Euro

199 KM MOSEL
Sehenswertes, Ausflüge &
Einkehr zwischen Trier und
Koblenz
Annette Sievers (Hrsg.)

Ob Rebhänge, Mosel-
schifffahrt oder Porta
Nigra – wer mit diesem
prall gefüllten Reiseführer
aufbricht, erlebt abwechslungsreichen Kulturge-
nuss. Ansprechend
gestaltet und hintergrün-
dig beschrieben, führt
dieses Buch zu den
schönsten Orten und
Sehenswürdigkeiten ent-
lang der deutschen
Mosel, Einkehr und Über-
nachtungsmöglichkeiten
inklusive.

ISBN 978-3-89859-310-6
256 Seiten; 16 Euro

66 SCHÖNSTE ORTE
ODENWALD
BERGSTRASSE
Ausflüge zu Burgen, Wäl-
dern & Sehenswürdigkei-
ten. Mit Einkehr & Einkaufen auf dem Bauernhof
Anna Steinmaus

Die schönsten Orte, Bur-
gen und Schlösser, alle
Kultur-Highlights und inte-
ressantesten Naturtouren
stets mit profunden Tex-
ten und Hintergrundwis-
sen. Dazu Empfehlungen
zum Einkehren, zu Unter-
künften und Einkauf auf
dem Bauernhof! Von
Darmstadt bis Heidelberg,
vom nördlichen Odenwald
bis zum Neckar, von der
Bergstraße bis Franken.

»Hoher Nutzwert in kom-
pakter Form« Main-Echo

ISBN 978-3-89859-211-6
256 Seiten; 18 Euro

 pmv PETER MEYER VERLAG

HARZ MIT KINDERN

500 spannende Ausflüge und Aktivitäten rund ums Jahr
Kirsten Wagner

Mit der Sommerrodelbahn den Brocken runterrasen oder doch lieber die Barbarossaburg erkunden? Im Harz gibt es für Familien Spannendes und Schönes zu erleben. Das neue Reisehandbuch des Peter Meyer Verlags bietet 500 Tipps für Ausflüge und Aktivitäten. So heißt es im Sommer wie im Winter: Langeweile ade!

»Das alles macht Spaß und ist zudem interessant.«
DIE ZEIT

ISBN 978-3-89859-419-6
320 Seiten; 16 Euro

ODENWALD MIT KINDERN

500 x Abenteuer und Erlebnis von der Bergstraße bis zum Main, von Darmstadt bis zum Neckar

»Papa, was machen wir heute?« Die Antwort auf die gefürchtete Frage unserer Sprösslinge liegt nahe: Dieser Freizeitführer zeigt die spannendsten Erlebnisse im Odenwald für Sommer wie Winter, Wind und Wetter.

»Viele Tipps für gelungene Ausflüge … für alle Jahreszeiten … sehr brauchbar und ausführlich.«
Darmstädter Echo

ISBN 978-3-89859-429-5
320 Seiten; 16 Euro

TAUNUS MIT KINDERN

500 Ausflüge, Aktivitäten und Adressen für Ferien und Freizeit
Heike Katharina Ewald, Michael Köhler

Zwischen der Metropolregion Rhein-Main und der Lahn liegt der abwechslungsreiche Taunus, den Familien mit diesem umfangreichen Freizeitführer mit viel Spaß erkunden können.

»Ferien und nicht weg? Gar nicht schlimm. Auch in der Frankfurter Umgebung können Familien viel erleben.«
Bild Frankfurt

ISBN 978-3-89859-438-7
320 Seiten; 16 Euro

SCHWÄBISCHE ALB MIT KINDERN

Über 500 spannende Ausflüge und Aktivitäten rund ums Jahr

Anregungen für Ferienspaß und Wochenende: Ausflüge, Aktivitäten, Höhlen, Baden, Sport und Spiel zwischen Neckar und Donau, Schwarzwald-Ausläufern und Nördlinger Ries. Jeweils mit Beschreibung, Adressen, Anfahrt, Öffnungszeiten und Preisen. Zum Losstürmen für die ganze Familie und für jede Jahreszeit!

»In diesem Führer ist alles drin, was Spaß macht – und zwar der ganzen Familie.«
Die Neckarquelle

ISBN 978-3-89859-415-8
320 Seiten; 14,95 Euro

BERCHTESGADENER LAND & CHIEMGAU MIT KINDERN

Über 400 spannende Aktivitäten zwischen Rosenheim und Salzburg
Katja Faby, Antje Kindler-Koch

Was können Familien im Berchtesgadener Land und im Chiemgau neben wandern und baden noch unternehmen? Dieser pmv-Freizeitführer stellt über 400 spannende Aktivitäten vor, die Urlaub und Freizeit verschönern und auch bei schlechtem Wetter für gute Laune sorgen

»Übersichtlich, vielseitig und preiswert: Ein Reiseführer an dem Eltern samt Kindern Spaß haben werden.«
Berchtesgadener Land Tourismus

ISBN 978-3-89859-427-1
272 Seiten; 16 Euro

BODENSEE MIT KINDERN

400 x Abenteuer und Erlebnis rund um den ganzen See
Wolfgang Taschner, Michael Reimer

Eine der beliebtesten Ferienregionen mit Kindern wieder- oder neu entdecken: Vom Bootsverleih über Tierparks bis zur kinderfreundlichen Unterkunft, vom Aquarium über die Radtour bis hin zum Apfelzügle-Express. Tipps für D, A und CH.

»Voll gestopft mit Informationen, für die Eltern mehr als dankbar sein werden.«
DIE ZEIT

ISBN 978-3-89859-428-8
272 Seiten; 16 Euro

 pmv PETER MEYER VERLAG

BERLIN UND UMGE-BUNG MIT KINDERN
1001 Aktivitäten und Aus-flüge mit S & U
Ina Kalanpé, Wolfgang Kling

So umfassend, gründlich und anregend wurden Berlin und seine Umgebung für Kinder und Familien bislang noch nicht vorgestellt. Allein 210 Adressen und Aktivitäten zu Berlin vom Strandbad bis zum multikulturellen Kindertheater!

»Der pfiffige Freizeitführer für die ganze Familie.«
Berliner Rundfunk 91.4

ISBN 978-3-89859-436-3
320 Seiten; 16 Euro

Die Buchreihe »… mit Kindern« ist mehrfach prämiert!

HANNOVER & REGION MIT KINDERN
400 spannende Ausflüge und Aktivitäten im Herzen Niedersachsens
Kirsten Wagner

Was können Familien in Hannover und der Region unternehmen? Welche Radeltouren machen Kindern Spaß, wo kann der Nachwuchs paddeln lernen, wo die Familie schwimmen gehen? Antworten auf diese und 400 noch ungestellte Fragen gibt dieser konkurrenzlose Freizeitführer.

»Wer in Hannover noch Langeweile hat, braucht diesen Freizeitführer!«
www.reisegezwitscher.de

ISBN 978-3-89859-418-9
304 Seiten; 16 Euro

FRANKFURT RHEIN-MAIN MIT KINDERN
400 preiswerte und spannende Aktivitäten für draußen und drinnen
Eberhard Schmitt-Burk

Vom Miniausflug über leichte Wander- und Radeltouren, Spaß im und auf dem Wasser, von Naturerlebnissen an frischer Luft bis hin zu Aktivitäten, die bei schlechtem Wetter die miese Laune vertreiben: Der Freizeitführer »Frankfurt Rhein-Main mit Kindern« beweist, dass es in Frankfurt und Umgebung für Familien jede Menge zu entdecken gibt. Gegen Elternstress und Kinderlangeweile!

»Perfekt für die Ferien!«
BILD Frankfurt

ISBN 978-3-89859-434-9
304 Seiten; 16 Euro

EIFEL MIT KINDERN
Über 500 Aktivitäten und Ausflüge bei jedem Wetter zwischen Aachen und Trier
Ingrid Retterath

Über 500 Ausflüge und Aktivitäten von Aachen bis Trier, von Luxemburg bis zur Aar, zeigen Kindern zwischen 3 und 13 Jahre wie spannend Freizeitvergnügen in der Eifel ist. Spaß in und am Wasser, Radeln und Natur erleben, Museen, Burgen und Schlösser – Unternehmungen jeder Art und rund ums Jahr, immer persönlich recherchiert und komplett mit Anfahrt, Öffnungszeiten und Preisen.

»Diese Vielfalt lässt nicht nur Kinderherzen höher schlagen.«
DIE ZEIT

ISBN 978-3-89859-440-0
320 Seiten; 16 Euro

RHEINLAND MIT KINDERN
Über 500 Aktivitäten und Ausflüge bei jedem Wetter in und um Düsseldorf – Köln – Bonn
Ingrid Retterath

Für spontane Ausflüge gründlich recherchiert: Der neue pmv-Freizeitführer »Rheinland mit Kindern« bietet rund 500 Ausflüge und Aktivitäten für kleine Naturfreunde und Kulturfans inklusive Preisen, Öffnungszeiten und Anfahrtsbeschreibung. Ob Schwimmbad, Radtour oder Museum, hier findet jedes Familienmitglied schnell seinen Lieblingstipp.

»Deses Buch macht Ferien und Freizeit in der Region garantiert spannender.«
BILD Düsseldorf

ISBN 978-3-89859-411-0
320 Seiten; 16 Euro

SAARLAND MIT KINDERN
400 spannende Ausflüge und Aktivitäten rund ums Jahr
Carola Schulz

Mit diesem Buch können Familien mit Kindern in ihrer Region Neues entdecken, Erfahrungen sammeln und Grenzen überwinden. Denn im Saarland und seinen angrenzenden Regionen, die die gleichen kulturellen Wurzeln besitzen, gibt es jede Menge Ritterburgen, Bergwerke, Höhlen, Seen und Tierparks zu erkunden.

»Bietet in ansprechender Bebilderung und übersichtlich alles an Infos, was man so braucht.«
Saarbrücker Zeitung

ISBN 978-3-89859-425-7
256 Seiten; 14,95 Euro

 pmv PETER MEYER VERLAG